智能媒体时代普通高等院校新媒体全能专攻复合型人才培养
数字化规划教材

专家委员会

主 任
张骏德　复旦大学新闻学院教授、博士生导师

副主任
刘海贵　复旦大学新闻学院学位委员会主席
　　　　复旦大学新闻学院教授、博士生导师

委 员（排名不分先后）
胡百精　教育部新闻传播学类专业教学指导委员会副主任委员
　　　　中国人民大学新闻学院执行院长，教授、博士生导师
张涛甫　教育部新闻传播学类专业教学指导委员会副主任委员
　　　　复旦大学新闻学院执行院长，教授、博士生导师
王晓红　教育部新闻传播学类专业教学指导委员会秘书长
　　　　中国传媒大学教务处处长，教授、博士生导师
李本乾　教育部新闻传播学类专业教学指导委员会委员
　　　　上海交通大学媒体与传播学院院长，教授、博士生导师
韦　路　教育部新闻传播学类专业教学指导委员会委员
　　　　浙江大学媒体与国际文化学院院长，教授、博士生导师
严三九　教育部新闻传播学类专业教学指导委员会委员
　　　　上海大学新闻传播学院院长，教授、博士生导师

编审委员会

主 任
严三九　教育部新闻传播学类专业教学指导委员会委员
　　　　上海大学新闻传播学院院长，教授、博士生导师

副主任
陈建云　复旦大学新闻学院副院长，教授、博士生导师
韩立新　教育部新闻传播学类专业教学指导委员会委员
　　　　河北大学新闻与传播学院院长，教授、博士生导师
杨海军　上海大学新闻传播学院副院长，教授、博士生导师

委 员（排名不分先后）
姜智彬　上海外国语大学教务处处长，教授、博士生导师
武志勇　华东师范大学传播学院，教授、博士生导师
王冬冬　同济大学艺术与传媒学院副院长，教授、博士生导师
姜　红　安徽大学新闻与传播学院院长，教授、博士生导师
杜友君　上海体育大学新闻与艺术学院院长，教授、博士生导师
郑　欢　上海师范大学人文与传播学院教授、博士生导师
赵为学　上海大学新闻传播学院副院长，副教授

智能媒体时代普通高等院校新媒体全能专攻复合型人才培养
数字化规划教材

总主编 严三九　　副总主编 赵为学

网络新闻编辑实务

（第二版）

Intenet News Editorial Practice

李名亮 ◇ 编著

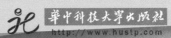

中国·武汉

内 容 简 介

本书共分九章,前两章为网络新闻基础理论的简要梳理,后七章注重网络新闻传播实务理论的传授。本书是作者同名教程的更新版(第二版),保持着理论与实务有机结合的编写特色。它是一本网络与新媒体领域新闻传播理论的教科书,也是一本实务操作教程。本书不仅适合作为高校新闻传播类各专业的学习教材使用,也便于对希望从事网络与新媒体新闻工作的社会人员提供指导。

本书的一大特色是新颖、与时俱进。书中所采用的典型案例均来自近年各大主流网络和新型社会化媒体新闻应用。正文中设有"知识拓展"板块,并附电子版经典案例评析;每章后附录有拓展内容、参考文献和思考题。这些具有互动色彩的人性化设计环节,便于学生理解知识和老师教授课程。本书在版式设计上和互联网的风格保持一致,给读者一种代入感。总之,这是一本为培养既有扎实专业知识,又有实际动手能力的复合型人才而编写的实务性教材。

图书在版编目(CIP)数据

网络新闻编辑实务:第二版/李名亮编著.—武汉:华中科技大学出版社,2019.12(2025.2 重印)
智能媒体时代普通高等院校新媒体全能专攻复合型人才培养数字化规划教材
ISBN 978-7-5680-5913-8

Ⅰ.①网… Ⅱ.①李… Ⅲ.①互联网络-新闻编辑-高等学校-教材 Ⅳ.①G210.7 ②G213

中国版本图书馆 CIP 数据核字(2019)第 289499 号

网络新闻编辑实务(第二版) 李名亮 编著
Wangluo Xinwen Bianji Shiwu

策划编辑:周晓方 杨 玲
责任编辑:唐梦琦
封面设计:原色设计
责任校对:封力煊
责任监印:周治超

出版发行:华中科技大学出版社(中国•武汉) 电话:(027)81321913
　　　　　武汉市东湖新技术开发区华工科技园　邮编:430223
录　　排:华中科技大学惠友文印中心
印　　刷:武汉科源印刷设计有限公司
开　　本:787mm×1092mm　1/16
印　　张:14.25　插页:2
字　　数:359 千字
版　　次:2025 年 2 月第 1 版第 3 次印刷
定　　价:48.00 元

本书若有印装质量问题,请向出版社营销中心调换
全国免费服务热线:400-6679-118　竭诚为您服务
版权所有　侵权必究

总序
Introduction

随着信息传播技术的快速发展,智能媒体时代、全媒体时代的到来,媒体深度融合向纵深推进,中国的新闻传播教育也处在大变革、大发展时期。为了大量普及新传播技术背景下的当代新闻传播学知识,为全国普通高等院校新闻传播学类专业的学生提供符合新传播技术发展要求的最新、实用的教材,华中科技大学出版社和上海大学新闻传播学院等单位共同组织编写了一套智能媒体时代的新闻传播学系列教材。

本套教材编撰宗旨:

本着与时俱进、不断革新的精神,大力普及新传播技术背景下的当代新闻传播学理论、知识和技能,并为全国普通高等院校的新闻学、传播学、广播电视学、广告学、网络与新媒体等相关专业提供符合智能媒体时代、全媒体时代要求的实用教材。

本套教材编撰原则:

(1) 与时俱进,不断革新,具有时代特色、中国特色。

(2) 深入浅出,删繁就简,基础理论与实务训练并重。

(3) 继承学术传统,吸收中国新闻改革 30 多年来的学术成果和典型案例。

本套教材编撰特色:

(1) 吸收当前新闻传播学的最新研究成果。

(2) 以智能媒体、全媒体的新闻传播主要平台为视角。

(3) 以实务为基点阐述新闻传播的主要理论。

(4) 采用大量案例,聚焦新闻传播学类专业新的知识要点。

(5) 注重实际训练,培养学生的基本技能。

本套教材在编撰过程中尽量做到文字通俗易懂但不肤浅,教学案例众多但有特色,紧扣智能媒体、新媒体技术但尊重传统。

本套教材的指导委员会、编审委员会成员来自复旦大学、中国人民大学、中国传媒大学、上海交通大学、浙江大学、华东师范大学、同济大学、安徽大学、上海外国语大学、河北大学、上海师范大学、上海体育大学和上海大学等众多高校的新闻传播学院,因而这套教材是各兄弟院校教师大协作的产物。

参加本套教材编著的老师都长期工作在新闻传播学专业及其相关专业的第一线,多年从事专业课程的教学、科研,具有丰富的教学经验并获得过重大的研究成果。其中,有的是教育部高等学校新闻传播学类专业教学指导委员会委员,有的长期参加中国新闻奖与省部级新闻奖的评委;大多数老师参加过国家级、省部级规划教材的编写;同时他们都参与了大量的新闻工作实践,为本套教材的新颖性和实用价值提供了有力的保证。

本套教材着重强调基本知识理论和案例分析相结合,在内容上既有科学性、系统性,又有很强的可读性、实用性和示范性,同时注重吸收30多年新闻改革的最新成果。每本教材的主编都有多年教学和实践的经验,能够对同类教材及参考书编写的传统结构有所突破,以方便读者更好地掌握课程精髓为目的,以创新为核心,重新构架全书的结构。

在人工智能、大数据、移动互联网、物联网、区块链技术大发展的媒介化社会,新闻传播成为当代社会生活的一个重要方面,媒介素养也成为提高干部素质,乃至提高公民素质的重要方面。本套教材不仅可以作为高等院校本科生、高职高专学生的教材,也可以作为新闻工作者与宣传部门从业人员进修的参考书、广大新闻爱好者的继续教育与自学用书。

我们处在一个革故鼎新、新生事物层出不穷、科技日新月异的信息化时代、数字化时代和智能化时代,客观实践经常跑在思想认识和理论研究的前面。因此,在高校教材建设上,强调面向当代社会实践,面向未来,强调以马克思主义、习近平新时代中国特色社会主义思想等为指导,注重科学性、知识性、前瞻性与实用性,这是我们编写这套教材的共同要求。而其中每一本教材,在框架设计、理论知识阐述、材料运用、行文风格等方面,又各具特色。我们每位执笔人,都把编写教材的过程作为总结经验、研究学问的过程,也是十多个兄弟院校老师共同的学术成果,必将受到新闻传播学院师生、新闻宣传工作者以及新闻爱好者的欢迎,必将在开展新闻传播教育和指导新闻传播实践中发挥更大的作用与社会效益。同时,我们也预计到,我们的思考和编写难免有不周之处,敬请读者不吝指正。随着新闻传播学教学、科研、实践的不断发展,这套教材内容肯定要不断充实与更新。我们殷切地期待读者提出批评与建议,使这套教材臻于完善。

张骏德 严三九
2019年7月26日

前言
Preface

这是一个媒介融合不断深化的时代。基于计算机、通信与数字技术的发展,在同一个数字平台上,各种信息得到了有效整合,不同形式的媒介彼此之间的互换与互联,得到了加强。基于新型融合数字平台的"融合新闻"的出现,标志着一个全新的新闻时代的开启。融合新闻突破传统媒体间的限制,整合所有的媒介形式,统一规划,资源共享,建立新的采编流程。

网络编辑已成为最热门的 IT 职业,是广受青年才俊欢迎的社会岗位,职位需求一直呈上升趋势,职业前景可谓光明璀璨。网络编辑从业人员的个人素质和专业素养,直接影响网络媒体队伍的整体水平。

高校呼应着社会对网络传播人才的旺盛需求。目前,开设了网络新闻与新媒体类相关专业的高校已超 110 所。网络传播专业已被中国教育部列入新闻学本科专业目录,如华中科技大学、中国人民大学、中国传媒大学、武汉大学等传统新闻学名校也已开设了网络传播专业。

高校新闻传播类的学生需要介绍最新网络新闻传播理论和实践动态的实用教材,网络编辑从业者更迫切需要真实反映职业技能需求的培训读本。虽然国家网络编辑职业资格考试在 2016 年被取消,但网络编辑的自身专业技能储备和职业培训仍有非常重要的现实意义。

在这种教材和培训读本的市场需求环境中,本书的第一版于 2015 年 1 月由上海世纪出版集团学林出版社出版。借助高校网络专业初设、网络编辑职业考试的火热东风,本书第一版的市场销售令人满意,尤其在互联网经济国内领先的江浙沪地区。本书第一版与其他同类书相比,不再是宽泛的网络传播教材,偏重于基础的网络传播技术和传播知识与理论,而是深入网络新闻传播领域,紧紧围绕网络新闻实践各主要环节和核心技能要求进行编写。为体现教材风格，并体现个性互动、生动鲜明的特点，书中每一节都设有重点难点提示、记一记、想一想、课后拓展等环节。

本次第二版仍维持九章格局，但全文的写作、体例结构与知识重心均有重大改变。主要体现在使本书的特色更为鲜明的以下三个方面。

一是充分追踪媒介融合与融合新闻的理论与实践进展，关注新媒体如各类社会化媒体等信息平台的新闻应用，并将相关知识点有机地融入全书各章。第一版主要基于传统互联网网站的新闻实践，对新媒体如微博、微信等社会化媒介的新闻应用，虽在各章中有所涉及，但并不丰富也未成体系。第二版在第一章增设"媒介融合与融合新闻"一节；在其他网络新闻实践环节的章节中，也增设有与新媒体有关的部分。

二是将第一版第九章的"新媒体编辑的职业内涵"一节，扩展专设为第九章，并从"新闻专业主义坚守""专业核心思维""专业素养与能力新要求"三个方面设置章节。

首先，网络是一把双刃剑，它给人类信息社会带来方便快捷和巨大效益的同时，也导致了诸多的负面影响。当前的网络社会生态，网民网上交往的非理性表现日益突出，这种状况显然与网络编辑的职业操守与专业能力的缺失有关。因此，本版的这一重大改变，充分关照到这一社会现实对新闻学学生和从业人员提出的新要求。

其次，在新时代中国特色社会主义建设的征程中，网络编辑人员必须为实现"网络强国"目标有新作为、新贡献。

最后，网络编辑人员除了要强化"质量第一"的编辑原则外，还要讲究有效地选稿、组稿的方法；内容要注重围绕党和国家的工作中心，关注社会民生等重大热点；主动开展议程设置、策划重点选题，等等。除这些基本的工作要求之外，更要当好"过滤"角色，发挥"把关人"作用，引导网民受众树立正确的历史观、民族观、国家观和文化观，抵制各种错误观点和腐朽落后文化的侵蚀。

党中央十分重视新时代的互联网建设和安全工作，党的十九大报告多处提到互联网，报告鲜明地指出："加强互联网内容建设，建立网络综合治理体系，营造清朗的网络空间。"报告为打造"数字中国"和"网络强国"指明了方向。目前，全球互联网每天发布的信息量约300亿条，成为各类信息、各种思潮的主要集聚平台，也成为我国意识形态领域斗争的主战场，国家安全面临新的挑战，对网络编辑工作及其从业人员提出了更高、更严的要求。

三是体例上有所改变，以与丛书的体例保持一致，但仍保持互动、活泼的特色，并增设电子版内容。如章前设内容提要，引导学生的学习思维；章内附知识拓展，并介绍大量鲜活案例，使理论、知识与资料层次化体现；每章后专设附录，分为拓展内容、参考文献、思考题等三部分。

本书有幸再版，首先要感恩市场读者，是你们对第一版的良好反馈，给了我信心。在这里，我更要郑重地对一些参与者和帮助者表示感谢：上海大学新闻传播学院院长严三九教授、副院长赵为学教授，以及华中科技大学出版社，两位教授和出版社基于对我的信任和第一版的肯定，邀请我参与丛书的编写；我的夫人刘鸿雁女士，作为资深的网络传播精英，被聘任为高校《网络新闻编辑》课程的兼职教授，她的教案，经历多轮授课修正后，更为实用、精练，确定了教材的基本内容和结构框架；我指导的研究生，许宁、胡坤宁等（第一版），以及谢芷诺、吴映仪（第二版），参与了部分章节的资料收集与初稿的写作；责任编辑唐梦琦女士的高效工作和耐心宽容。

作者

2020 年 9 月 15 日

目录 Contents

第一章　网络新闻事业的发展 /1

- 第一节　网络新闻事业的发展 /1
- 第二节　中国网络新闻事业的发展历程 /10
- 第三节　媒介融合与融合新闻 /23

第二章　网络新闻传播的特征 /29

- 第一节　网络新闻的基本特征 /29
- 第二节　网络新闻的优势 /36
- 第三节　网络新闻的劣势 /40

第三章　网络新闻的受众分析 /48

- 第一节　网络传播的受众特点 /48
- 第二节　受众的差异和变迁 /53
- 第三节　网络新闻的分众传播形式 /58
- 第四节　网络受众心理 /61

第四章　网络新闻的选择 /66

- 第一节　网络新闻的采集方式 /66
- 第二节　网络新闻选稿准则和新闻价值判断 /69
- 第三节　信息的真实性判断 /75
- 第四节　网络受众的构成及需求特点 /77

第五章　网络新闻的加工 /84

- 第一节　文字稿件的加工 /84
- 第二节　文字稿件的超链接运用 /89
- 第三节　文字稿件的内容提要写作 /95
- 第四节　新闻图片和加工 /99
- 第五节　视频新闻的基本编辑 /109

第六章　网络新闻标题制作 /116

第一节　网络新闻标题的传播原理 /116
第二节　网络新闻标题的特点 /123
第三节　网络新闻标题的表现形式 /129
第四节　网络新闻标题制作的策略与方法 /134
第五节　网络新闻标题制作的失范与规范 /151

第七章　网络新闻专题的策划与实施 /160

第一节　网络新闻专题概述 /160
第二节　网络新闻专题的策划 /168
第三节　网络新闻专题的形式设计 /179

第八章　新闻页面的组织 /184

第一节　什么是新闻页面组织 /184
第二节　新闻页面组织的目的 /188
第三节　新闻页面组织的方法 /192
第四节　移动新闻端APP的页面设计 /201

第九章　网络编辑的专业内涵与素养 /203

第一节　网络编辑的新闻专业主义坚守 /203
第二节　网络编辑的专业核心思维 /207
第三节　网络编辑的专业素养与能力新要求 /212

引用作品的版权声明 /222

第一章

网络新闻事业的发展

内容提要

网络新闻的产生对传统媒体造成了一定冲击,新闻巨头倒闭和瘦身的消息不绝于耳,但是各类新闻、信息渠道的爆发式增长也让人目不暇接。网络传播究竟有何种魅力能够将影响蔓延至整个传媒业?本章将阐述网络新闻事业的萌芽、成长与壮大的不同阶段,并且为网络新闻的发展做出全景式概述,列举了中国网络新闻事业发展的六个阶段,横向解析网络新闻的发展过程;探讨在大数据技术下移动新闻客户端的信息传播模式,分析不同类型的新闻客户端的发展现状,对《人民日报》、腾讯新闻、今日头条三大不同模式的典型移动新闻客户端分别进行研究,并将不同类型的新闻客户端相互间的优缺点进行对比,这对于探究传媒产业的发展和转型融合之路来说是非常重要的。

第一节 网络新闻事业的发展

在很大程度上,互联网已被看作是一个超级平台,能够为所有使用者提供相对公平的信息传播交流的机会。它不仅为传统媒体提供了新的传播手段,还造就了一种全新的新闻传播形态——网络新闻。在深入分析网络新闻的组成、特征、受众和发展态势之前,我们需要先了解一下网络新闻事业的发展历程。

一、早期网络新闻服务

将两台计算机或是两台以上的计算机终端、客户端、服务端通过计算机信息技术的手段互相联系起来,人们就可以与远在千里之外的朋友相互发送邮件,共同完成一项工作,共同娱乐。作为一个信息系统,如今的互联网能够提供的服务越来越多,如网页浏览、信息检索、电子邮件、新闻组、BBS、即时通信、文件传输、视频通话、网上直播等。其中与新闻传播活动密切相关的早期服务，主要是电子邮件、BBS和新闻组。

（一）电子邮件

在互联网络发展初期，电子邮件（electronic mail，简称E-mail）是网络系统中直接面向人与人之间来进行信息交流的重要工具，它的数据发送方和接收方都是人，所以极大地满足了大量存在的人与人之间的通信需求。最初的电子邮件被设计为一对一的邮件传送工具，但随着一对多发送信息需求的增加，不久又开发出了电子邮件发送清单、发函清单（mailing list）等功能。所谓发函清单是指一组用户的电子邮件地址。就某一个主题，一组用户会形成一个电子邮件地址的清单。借助这个清单，个人可以方便地向组内其他用户发送信息和文件。

知识拓展

《互联网周刊》报道："1969年10月，世界上的第一封电子邮件是由计算机科学家Leonard K.教授发给他的同事的一条简短消息。"

1971年，由为阿帕网工作的麻省理工学院博士Ray Tomlinson测试软件SNDMSG时，首次使用"@"作为地址间隔标示。

1987年9月14日，中国第一封电子邮件由"德国互联网之父"维纳·措恩与王运丰在北京的计算机应用技术研究所发往德国卡尔斯鲁厄大学，其内容为英文，大意如下。①

原文："Across the Great Wall we can reach every corner in the world."

中文大意："跨越长城，走向世界。"

这是中国通过北京与德国卡尔斯鲁厄大学之间的网络连接，向全球科学网发出的第一封电子邮件。

随着互联网络用户的增加，文件需要被传送到更大的范围，此时，电子邮件和发函清单已经不能满足用户的需求了。于是在20世纪80年代初，基于调制解调器和电话线通信的拨接式BBS及其相互连接而成的BBS网络应运而生。

（二）BBS

BBS（bulletin board system）即电子公告牌系统，是目前流行的网络论坛的前身，这一系统先后经历拨接式BBS、登陆式BBS、Web式BBS几个阶段的发展，使得成千上万人能够共同参与到文件传输、阅读新闻与信息交流中。按不同主题，BBS可以划分出很多个小的布告栏，在感兴趣的板块中，用户可以阅读他人发表的关于某个主题的个人看法，也可以毫无保留地将自己的想法发布到公告栏中。因此，在BBS系统中人们很容易形成针对某个问题的集中讨论，故BBS又被称作"计算机讨论小组"。

在BBS上，大家可以自由发布消息，和成千上万的人进行讨论，但不能做到离线浏览、离线回复，不能很快地访问近千个帖子，且在发表带有附件的帖子（或新闻组邮件）时会受到一定限制。因此，我们还需要一种不但可以在线使用而且可以离线浏览和回复，将同一帖子

---

① 张瑾：《参与者口述实录：中国首封电子邮件发送始末》，《京华时报》，2008-10-24。

同时发送至好几个板块的传播方式。而这种传播方式,就是新闻组。大家谈到互联网时,往往对 BBS、E-mail、文件传输甚至网络电话头头是道,但对新闻组则大多只闻其名,不知其实。其实新闻组是一种高效而实用的工具,在国外,新闻组账号和上网账号、邮箱账号并称为三大账号,由此可见其应用的广泛程度。

知识拓展

2013 年 3 月 14 日上映的电影《骇战》,原名《BBS 乡民的正义》,改编自 2006 年中国台湾地区热门的网络暴力事件。《骇战》讲述了一个内部传播的版主聚会视频被公开,聚会中对乡民命运的玩弄和轻视态度激起了公愤,于是大家一起展开人肉搜索的故事。常年混迹天涯、猫扑等论坛的网友,如果看到《骇战》中讲述的网络事件肯定会感同身受。

如今,BSS 论坛早已将社交平台的龙头老大地位拱手让出,取而代之的是微博等平台。鉴于 BBS 如今已不再那么流行,为了方便理解,对于 BBS 强大力量下滋生的所谓正义和语言暴力的理解可以类比于同样作为传播和社交工具的微博当中去。

暂且不论电影的表现如何,本片还是颇具话题性的。科技和网络的发展给我们带来了信息获取和交流沟通的便利,也带来了对于隐私、伦理、人性等问题的思考。在这个网络时代,一个讲述真正的站内文化、网络暴力、舆论危机的电影,值得引起大众关注,因此《骇战》的拍摄出发点还是十分难得的。

相似题材的影视剧作品还可以参考陈凯歌导演创作的电影《搜索》和英国短剧《黑镜》。

(三) 新闻组

在新闻组,人们所发送的信息不是送至每个组员的信箱,而是送至 BBS。用户加入新闻讨论组以后,可以通过电子邮件的方式参加一个或多个主题的联机讨论。作为用户,要在数不清的服务器上近万个新闻组中查找自己关注的新闻内容,订阅世界各地有关同一个主题的新闻,在某个特定的服务器上就能完成。

新闻组在世界各地有联系的服务器之间不断地进行有选择的新闻复制(见图 1-1)。

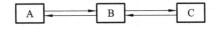

图 1-1　各地联系的服务器示意(1)

新闻组与 Web 页面有一个最大的不同,就是服务器之间互相传递数据,使本地用户无需登录到远处去读取信息。例如,北京的服务器与俄罗斯的服务器之间不断传递数据,在中国的用户只须登录北京的服务器就可以与国外的用户轻松交流(见图 1-2)。正因如此,遍布全球的志同道合的人可以用新闻组来就感兴趣的问题做深层的探讨,不会受网络速度的困扰。除了时效性强、自由度高,新闻组还具有题材涉及面广、信息量大等优点。

互联网上有许多新闻组服务器,每个新闻组服务器按不同主题组织公共信息。新闻组的主题内容,涵盖各个学科门类,包含各种兴趣爱好。在新闻组,人们可以了解许多最新的科学技术动态、新消息、新观点、新方法、新思路,还能从与别人的交流中获得启发。

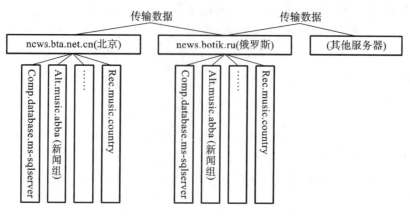

图 1-2　各地联系的服务器示意(2)

新闻组其实并不复杂，使用者也不仅仅局限于新闻工作者。假如你的职业是医生，也可以选择订阅一些医学专题，探讨医学理论，交流临床心得，开阔研究视野，随时掌握该领域的最新动向。所以在新闻组发布的消息是以讨论为主的话题，可能只有极少一部分的内容是真正意义上的具有传播价值的新闻。有鉴于此，有人认为应当把互联网的新闻组重新定义为网络"讨论组"。①

人们想要从新闻组里获取新闻或发布消息，就必须先加入一个新闻组，然后可以利用新闻组发布消息，也可以接受他人向自己订阅他们感兴趣的消息。于是，在互联网上出现了个人主页和BBS经营，产生了定时向订户发送新闻的传播方式。互联网上这一新的传播形式，很快引起了新闻传播机构（传统媒体）的注意；同时，政府机构、企业以及网络服务提供商也看到了网络新闻的巨大潜力，纷纷开设站点，发布新闻、信息或获取新闻服务。网络新闻由此蓬勃发展起来。②

二、全球网络新闻成长历程

上一节讨论的三种形态只是网络新闻传播的起源，不能说是一种成熟的形态。网络新闻传播真正成为一种专门化的新闻事业，最初是由传统媒体到网上开疆拓土，进而才使各种网站得以蓬勃发展。这些媒体造就的网络新闻报道单元，对单一新闻稿件进行了有效的拓展，用更长的时间跨度、更多元的视角、更丰富的表现形式来完成对某一主题的报道。

学者彭兰将"网络新闻报道单元"定义为：常常围绕一个特定的主题，将不同层次、不同形式的信息共同组成一个小的相对封闭的集合，通过这些信息的相互补充、相互配合，更完整、清晰地展现新闻事件发生的背景、发展的进程，增强新闻报道的深度，提高受众参与新闻报道的能力。③

本节将从宏观的视角，通过探讨传统媒体的嬗变和其他非传统媒体的兴起过程，呈现全球网络新闻传播的成长历程。

---

① 雷健：《网络新闻》，四川科学技术出版社，1999年，第76页。
② 金梦玉：《网络新闻实务》，北京广播学院出版社，2001年，第7—8页。
③ 彭兰：《网络新闻报道碎片化的应对策略》，《中国编辑》，2007年第1期。

(一) 传统媒体转向互联网

网络诞生以后,传统媒体的地位遭受挑战,媒体格局即将发生改变。美国《圣何塞信使报》(San Jose Mercury News)首先将自己的内容送上互联网,成为全世界第一家发展网络新闻产业的先驱。从此,国际新闻界就开始关注传统媒体创办网络版或电子报刊的历史性变革。

20世纪90年代以后,随着网络技术的发展,电子媒体时效性强、传播范围广、费用低廉、便于查阅和长久保存等优越性逐渐显现出来,再加上www站点和浏览器在20世纪90年代中期开始被广泛应用,网络用户的数量急剧增加,大大激发了报刊建立网站的积极性。

到1995年底,互联网上的电子报纸迅速增至1000多家。美国著名报刊相继"上网",从《纽约时报》《华盛顿邮报》到《时代周刊》《新闻周刊》等,传统报刊"上网"行动掀起了一波又一波的浪潮。据美国报协的统计,到1998年3月1日,全美1520家日报中已经有500多家在互联网上开辟了网络版,占总数的三分之一。①

在亚洲,日本全国性报纸《朝日新闻》于1995年8月建立了自己的网站,向读者提供即时新闻和报纸内容。新加坡华文报纸《联合早报》于1995年开始创办电子版,1997年电子版推出新版,点击率在海外华文新闻网站中首屈一指。1997年世界杯亚洲区预选赛期间,"利方在线"以"即时"的时间观登载赛事新闻,给我国传统媒体造成极大冲击。随后,《人民日报》网络版迅速跟进,采取了实时报道的形式。这是一次引起巨大反响的传统媒体跨界经营的现象,为当时的中国媒体人展示了媒体新旧结合的巨大前景。

知识拓展

中国的第一份上网的中文电子刊物是《神州学人》,由国家教委投资,于1995年1月12日正式发刊。然而,真正标志着中国网络新闻事业起步的,是1995年《中国贸易报》网络版的创办,这是国内第一家正式在互联网上发行的电子日报。

《神州学人》其实是国内一个创办较早的综合性刊物,其主要服务对象为我国在外留学人员,对留学生进行爱国教育,并促使其学成早日归国。《神州学人》网络媒体是中国首家网络新闻媒体,并逐渐成为品牌媒体。

除报纸"上网"外,广电传媒和通讯社也开始积极建立网站,向公众提供网络广播电视节目。据统计,到1998年,美国已有约800家电视台、超过150家有线电视和数百家广播电台实现了"上网"。世界著名的通讯社,如美联社、法新社、路透社等,都相继在互联网上创建了自己的网站。

新媒体在新闻传播速度、传播形式等方面大大超过了传统媒体,传统媒体的读者群不断分流,自身生存受到了前所未有的挑战。在这种情况下,大部分传统媒体已经明白了一个道理,就是传统媒体必须"上网",于是许许多多的传统媒体也将自己的内容努力向互联网转移。

传统媒体与互联网结合,将形成一种双赢的格局。互联网的开放性带来了海量的信息,传统媒体的权威性则需要聚合的资源,二者看似矛盾,但实质是共通的。由于从大众传播向

---

① 田智辉、黄楚新:《1995—2001中国网络新闻的发展状况研究》,《现代传播》,2001年第4期。

互联网传播的转变,使得"传播者"也是"接收者","消费者"也是"生产者",传统媒体和新媒体正是基于这种传受关系的变化以寻找共赢模式。

(二) 其他非传统媒体的兴起

互联网为全世界提供了一个功能强大且高度开放的平台,人人都可以在这个平台上发布和获取各种各样的信息,并创造出一个前所未有的信息空间。在互联网渐渐深入人心的时代,世界各国的政府机构和几乎所有的企业集团,甚至包括个人都纷纷建立了对外宣传型的门户网站。尽管大家建立站点的目的各不相同,提供的内容也千差万别,但有一点却是共通的,那就是在这各式各样的最新信息中,包含着大量的新闻信息,由此介入了新闻传播。

1. 商业网站的新闻传播

商业网站随着互联网的发展一并崛起,并逐渐成长为一种新的商业模式,之前既有的许多交易形态或商业行为,都受到网络化的影响,并将交易机制逐渐转移到网站上。拥有网站的企业不仅要了解消费者的需求,也要向其传播相关信息。虽然新闻发布只是商业网站多项服务中的一部分,但是,因为形成了强大的平台,辅以开阔的新闻视野和强大的新闻整合能力,所以网站的新闻发布由此成为网络新闻传播领域的一支生力军。不过值得注意的一点是,商业网站在新闻传播过程中容易存在道德失范现象,这个问题关系着整个网络新闻媒体能否正常、有序、健康的发展。

另外还有一些专门提供贸易信息的国际著名商务网站,如 trade compass、global business network、tradezone 等,它们的性质和服务内容大致相同,宗旨就是促进国际贸易活动,全方位地提供全球或地区性的各类商业信息,但它们的服务也略有不同,如 trade compass 提供市场调研和分析、贸易条款及规定、出口知识必备、货运情况等,界面友好,反映迅捷,经常会有意外收获;global business network 提供全球五大洲及世界范围的企业名录、贸易事件、贸易展会信息;tradezone 则提供贸易机会查询服务。

2. 网络原生媒体的新闻传播

网络原生媒体是指没有依托传统媒体作为背景,也不像商业网站那样提供综合性的商业服务,而是从一开始建立就以传播新闻为专门业务的网站。过去通常是网络媒体向实力雄厚、资源丰富的印刷媒体借内容,而已经停办的《明日报》是首度逆向提供内容给印刷媒体的网络原生媒体。

《明日报》是中国台湾地区第一个完全数位化的电子报,由詹宏志在 2000 年 2 月 15 日创办,是世界第一个只在网络提供服务、没有实体业务的电子报。由于资金不足等原因,《明日报》于 2001 年 2 月 21 日被迫停刊,主要员工转入壹传媒,成为《壹周刊》在中国台湾地区创刊的主力。或许可以用"虽败犹荣"来形容《明日报》为期一年来的短暂拼搏。尽管《明日报》现在从网络上消失了,但作为网络新闻传播发展过程中的一个新事物,其也是一个值得分析的经典个案(见图 1-3)。

作为网络原生媒体,要不断树立网络媒体的公信力,不断发掘网络媒体的独特性。目前,网络媒体在新闻传播方面的规模和影响力正在与日俱增。但值得注意的是,由于专业性或责任感欠缺,一些网站会存在诸如虚假信息泛滥、同质化程度高等问题,部分内容则使得低俗化趋势愈演愈烈。

3. 个人网站的新闻传播

以率先发布美国前总统克林顿的绯闻而闻名天下的"德拉吉报道",可以说是最成功的

图 1-3 《明日报》停刊

个人网站。最初的"德拉吉报道"(http://www.drudgereport.com)是麦特·德拉吉从各种信息源中寻找有价值的资料的集合,但他的一些独家报道引起了"美国在线"的注意,美国在线每年向德拉吉支付 3.6 万美元,将"德拉吉报道"在"美国在线"上同步发送。借助于"美国在线"的庞大用户群,德拉吉拥有了更多的读者,也有了更多的独家新闻。英国王妃戴安娜车祸身亡的消息,是他先于美国各大电视网 7 分钟在美国发布的。据说,全美顶尖新闻网站的约 7% 的流量必须依赖"德拉吉报道"的链接转向。更不可思议的是,"德拉吉报道"的网站由德拉吉一人运营,网站保持了 20 世纪 90 年代的简陋布局,甚至没有视频和搜索优化(见图 1-4)。但就是这么一个网站,产生的新闻转链流量却排在了 Facebook 和 Twitter 之上。可见个人网站的独特魅力,能够连接新旧媒体,将内容呈现在多种不同的平台上。

图 1-4 "德拉吉报道"网站部分截图(2014-2-12)

除了个人网站,还有个人主页(personal homepage),更适合的意思是"属于个人的网站"。事实上,个人主页就是一种最简单的个人网站,与个人网站的区别是,个人主页在一般情况下无下级页面,譬如广为流传的博客即一种个人主页,而个人网站一般则有多层页面。用户根据自己的兴趣爱好或价值取向在网络上创建供其他人浏览的个人主页,一方面可以展示自我,另一方面可以与他人进行交流。与个人网站一样,它也是进行网络新闻传播的重要工具。

4. 政府网站与各种专业网站的新闻传播

政府网站和专业级的网站具有的显著特色是可以第一时间发布该领域最新的、权威的新闻和信息,且这种新闻往往都较具有参考价值。例如在政府网站上,一般都会详细介绍各级政府的组织机构、工作职能和有关公务人员的名单、简历等,发布各种政府公文、新闻简报以及独具特色的专业信息。例如在外交部网站上,就会有介绍外交部新闻发布会的新闻通报和外交部新闻发言人的概况等新闻资料。

例如,湖北文明网(http://www.hbwmw.gov.cn),是由湖北省文明办主办的宣传湖北省精神文明建设工作成果的窗口性网站(见图1-5)。湖北文明网前身为"荆楚文明网",2004年正式开通,2014年改版升级。页面全新设计,栏目设置更合理,每日及时发布精神文明建设的相关信息,每天突出更新重要的新闻栏目,并且PC端、移动端齐齐发力,全方位展示湖北各地践行社会主义核心价值观的良好风貌。

图1-5　湖北文明网部分截图(2019-4-18)

原《时代》杂志(Time Magazine)总编辑沃尔特·艾萨克森说过一段颇有意思的话:"印刷术是一项非常了不起的技术。纸媒是一种非常好的媒介,不需要担心电池电量问题。如果过去450年,我们一直通过电子屏幕来获取所有信息,到今天有一位古登堡(德国现代印刷发明人)式的人物出现,说:'嘿,我可以把你们屏幕上的信息印刷在纸上,送到你的家门口,你可以在公交车上、后院里、浴缸里读这些信息。'我们会说:'哇!印刷,这真是一项出色的技术,而且有可能逐步代替互联网。'"可见艾萨克森对纸媒的态度相当乐观,他不担心新媒体的蓬勃发展会致使传统媒体出局。相反,无论何种表现形式出现,它都是一种信息的承载方式,不应该是对立,而应该是一种相辅相成的存在。

各种非传统媒体网站介入新闻传播的程度虽有所不同,影响也有大小之别,但是这些网站对新闻传播的介入,改变了传统媒体新闻传播一统天下的局面,使新闻传播的主体趋于多元化,大大促进了网络新闻传播的竞争,激发了网络新闻事业的活力,从而大大地推进了网络新闻事业的发展。

三、移动数字媒体信息传播模式

目前,国内移动新闻客户端市场上主要有三类应用:一是门户网站类移动新闻客户端,如网易新闻、腾讯新闻等;二是传统媒体类移动新闻客户端,如《人民日报》、央视新闻等;三是个性化推荐移动新闻客户端,如今日头条、ZAKER。

(一)门户网站类移动新闻客户端信息传播模式——以腾讯新闻为例

纸媒的衰落,让不少专业的传媒人纷纷入驻互联网公司,腾讯成为较多传媒人转型的首选。腾讯新闻利用其从门户时代延续下来的专业新闻采编团队,为其移动新闻客户端的内容资源的整合和内容生态的构建提供了强大助产力,专业的内容及其便捷的浏览方式,吸引了不少的用户。从PC端的发展到移动端的"流量王","腾讯棱镜"坚持"事实的力量",主打"事实派",因此成为腾讯新闻的标志。在个性化资讯推荐的技术浪潮中,众多媒体为吸引用户眼球,打"擦边球",新闻标题有歧义,内容毫无价值等。相反,腾讯新闻在众多移动新闻客户端中,始终有绝对数量的用户活跃在客户端,能够留住用户的主要原因是腾讯新闻坚守媒体属性,报道有价值的信息,将事实传递给受众。

利用前期门户网站积淀的媒体资源和优势,门户网站和移动新闻客户端产品协同打通以满足用户的差异化信息需求。例如,腾讯新闻客户端的内容可以一键分享给腾讯QQ好友、腾讯游戏好友、QQ音乐好友等,从而实现多平台内容的互相补充和分发。移动新闻客户端将门户网站时代的用户迁移到腾讯新闻中,实现腾讯不同产品之间的用户共享。

不仅如此,腾讯新闻致力于开拓优质内容的多元布局,2011年8月,在智能手机还未普及时,腾讯新闻客户端就已经率先增加新闻消息推送功能;2015年1月,腾讯新闻客户端引入微信订阅号内容,将微信的用户引流到客户端;2015年9月,腾讯新闻财经频道开始使用自动化新闻写作机器人"dreamwriter",参与财经新闻的撰写;2016年3月,启动"芒种计划",推出全媒体开放平台。

2019年1月23日,腾讯企鹅号宣布,其创作者数量超过300万个,已聚集约50万家专业内容生产机构;不同标签和类别的资讯分类增长至2000个,客户端内的自制新闻视频每日播放量高达5.4亿,日均视频上传数量也高达4.4万条,足见腾讯新闻移动客户端的用户量之大。门户网站类移动新闻客户端要想增强用户黏性、产品黏性,就要紧跟社会热点动态,追随主流媒体的专业性与真实性,提供权威资讯及深度内容。

(二)传统媒体类移动新闻客户端信息传播模式——以《人民日报》为例

艾瑞咨询发布的《2018年中国传统新闻媒体与新媒体的融合与创新研究报告》显示,《人民日报》客户端的用户黏性仅次于央视新闻客户端[1]。近年来,《人民日报》客户端在新闻主题宣传和新闻专题策划方面充分运用创新手段。2017年10月20日正值十九大期间,《人民日报》客户端发布《十九大思维导图》,用一张图重点阐明十九大报告精华,该图对要点进行脉络化梳理、体系化呈现、可视化推出,一经发布,立即受到了网友们的广泛好评,此思维导图的浏览量超600万次,获得近万网友点赞,而这仅是《人民日报》客户端在十九大期间的特色报道之一。

《人民日报》客户端与其他移动新闻客户端的区别,在于其专业的采编队伍,以及观点鲜明的传播内容。在客户端中呈现的内容,是根据网络信息传播的模式进行分析,经过传统媒体采编,通过用户关注和热点事件,最后推荐给用户。

---

[1] 《2018年中国传统新闻媒体与新媒体的融合与创新研究报告》,http://www.iresearch.com.cn/report/3143.html。

在网络信息传播中,传统媒体的传播主体与传播内容的独特性也决定了其发展模式不同于其他的移动新闻客户端。从传播主体来看,《人民日报》是党的喉舌,作为国家新闻宣传的重要载体,对内、对外起着重要的宣传作用。《人民日报》的影响力和公信力在媒体中也是不容忽视的,其发表的言论必然代表了官方的态度以及政策的走向,它是国家政策、国家法规权威解读的重要平台,也是国际上极具影响力的媒体之一。

从传播内容来看,《人民日报》客户端的主要内容是对国内外政治事件、国家政策的走向、重大事件的报道与解读。近几年来,随着互联网的发展,新闻事件在网络上的迅速发酵,舆论的形成变得更加频繁,《人民日报》能选取社会生活中一些带有典型性、全局性的新闻事件以及网络现象等,及时准确地进行深入的剖析和引导,既能讲明观点、针砭时弊,又能站在群众的角度考虑问题,深受受众喜爱。

(三)个性化推荐类移动新闻客户端信息传播模式——以今日头条为例

今日头条为资讯分发类平台的典型。与传统的移动新闻客户端不一样,资讯分发类平台自身并不生产新闻,仅作为新闻"搬运工"的角色,分析出读者的阅读偏向,向用户推荐个性化的新闻资讯。

作为网络信息的分发平台,今日头条的信息传播模式突破了拉斯韦尔的"5W"模式。在客观信息到达受众的过程中,传播主体被弱化,自媒体、公众、传统媒体等所有信息均可呈现在今日头条客户端中。这类资讯分发平台没有新闻采编团队,但是依然可以推送给用户大量信息,大数据技术在信息如何到达受众这个过程中充当了重要角色。

这些移动新闻客户端以大数据技术为服务基础,自身不生产新闻。换句话说,今日头条客户端内的新闻资讯源自其技术平台对于全网的信息抓取,大数据技术为其节约了大量的新闻采编的费用,也为其开辟了一条互联网时代传媒产业发展的新方向。不同于其他移动新闻客户端的发展模式,根据拉斯韦尔的"5W"模式,今日头条客户端的信息传播模式的独特性在于"who"。从这几年今日头条强劲的发展势头来看,其独特的发展模式已经形成了强大的核心竞争力,以至于现在许多新闻客户端也都争相模仿今日头条的这种发展模式,以吸引用户。

第二节 中国网络新闻事业的发展历程

中国于1994年3月20日正式接入互联网以后,互联网在国内呈现出快速发展的态势,并且在经济、文化、政治、教育等各个领域逐渐显现出其巨大的效应,特别是在网络新闻事业方面。从1995年开始,经过1999年的起步、2000年的起飞、2010年后社交媒体的相继迸发,网络新闻业带着饱满的热情进入新纪元。21世纪以来,互联网正在深刻改变乃至重塑着中国新闻事业。根据中国互联网络信息中心(CNNIC)第43次的调查数据显示,截至2018年12月,我国网民规模达到8.29亿,普及率达59.6%。我国手机网民规模达8.17亿,网民通过手机接入互联网的比例高达98.6%。其中2015年,在澎湃新闻的引领下,传统新闻媒体更是掀起新一轮建设新闻客户端的高潮,并读、无界、封面、南方+等移动新闻客户端纷纷亮相,据清华大学沈阳教授发布的《未来媒体趋势报告》统计,110家官方媒体中60%已拥有自己的客户端。

知识拓展

CNNIC,即中国互联网络信息中心。1997年,经原国务院信息化工作领导小组办公室和中国互联网络信息中心工作委员会研究,决定由CNNIC联合四个互联网络单位来实施中国互联网络发展状况的统计工作。1998年起,CNNIC决定于每年1月和7月推出中国互联网络发展状况统计报告。

由于政治体制、经济基础和科技水平等方面的差异,世界各国的网络新闻事业在历史发展进程中形态各异,本节我们专注于探讨中国网络新闻事业的发展道路。

以1995年为起点,网络新闻事业在中国的发展历程,大体上可以划分为六个阶段:起步阶段(1995—1998年)、激活阶段(1998—2000年)、管理与创新阶段(2000—2005年)、网络公民新闻时代、社交网络新闻时代以及个性化新闻的智媒时代。随着移动社交媒体的不断成熟,大数据技术日新月异,网络公民新闻时代渐渐演化为社交网络新闻时代和重视个性化新闻的智媒时代。下面将用编年体的方式,分别介绍此六个阶段。

一、起步阶段(1995—1998年)

中国网络新闻事业的起步,与全球大部分国家一样,也是从传统媒体创办网络版开始的。所谓网络版,是传统媒体的网络化存在方式,即传统媒体在互联网上建立站点,把自己采编的新闻或制作的节目在自己的网站上进行发布或播放的传播形态。起初,网络版也称为电子版或电子报纸(或电子刊物)。

中国国内第一份"上网"的中文电子刊物是《神州学人》,由国家教育委员会投资,于1995年1月12日正式发刊。该刊是文摘性质的新闻周刊,从国内几十种报纸杂志中摘取每周重要的信息汇总而成。然而,真正标志着中国网络新闻事业起步的是1995年《中国贸易报》网络版的创办,这是国内第一家正式在互联网上发行的电子日报。《中国贸易报》网络版的问世,标志着中国新闻媒体跨上互联网的信息传播之路。从此以后,中国的新闻媒体纷纷开始创办网络版或者建立站点。

到了1995年底,国内尝试"上网"的报刊已经有七八家。处在起步阶段的中国电子报刊由于技术及其他因素的制约,水平很低,但在中国新闻媒介演进史上,具有特殊的意义。电子报刊的出现,标志着中国报刊业告别纸笔编排、邮政发行的传统作业方式,进入网络化的新时代,它同时表明中国新闻传媒在互联网领域的国际信息交流中有望扭转原本毫无存在感的局面。

1996年1月2日,《广州日报》电子版通过新加坡报业控购的服务主站"亚洲一号站"正式进入互联网。为了扩大其在世界范围内的影响力,电子版还增加了英文栏目。同日,《中国证券报》电子版也正式面世,其重要内容还通过无线寻呼台向拥有BP机的用户进行播报,这一举动在当时看来非常引领时尚。

到1996年底,在互联网上发行电子版的报纸有《中国贸易报》《人民日报》《人民日报(海外版)》《市场报》《讽刺与幽默》《经济日报》《金融时报》《解放日报》《新民晚报》《南方日报》

《广州日报》《北京日报》《北京青年报》等,总计30余种。

1996年,杂志"上网"亦呈现热烈场面,3月14日《中国集邮》(月刊)电子版进入互联网后,《大众摄影》《经济与信息》《经济导报》《中国青年》总计近20家杂志也相继上网。同年12月,广东人民广播电台在互联网上建立网站,拉开了中国广播电视"上网"的序幕。12月10日,中央电视台也在互联网上建立了自己的网站。

1997年1月1日,《人民日报》网站正式开通,短短10个月内就改版4次,为便于用户获取信息,先后推出了20多个专辑和资料库。1997年11月底,网络版访问人次超过4000万次,每天平均访问人次达到40万左右。由于影响力不断扩大,国内外广告客户开始登门,网络版在1997年的广告收入已突破30万元。

1997年11月7日,新华社在建社66周年之际正式建立了新华社网站。新华社的"上网",更是充分利用了通讯社信息总汇的优势,能够及时、全面地反映国内外各个领域的最新动态。中国新闻社和其他一些广播电台、电视台也开始进入互联网。

1998年夏,一些大报连续刊出了《人民日报》《中国日报》《光明日报》以及新华社、中央电视台等我国5家新闻媒体网站地址的大幅广告,这意味着中国权威的主流新闻媒体在互联网上已形成群体优势,开始发挥出巨大的主导示范作用。此外,中国国际广播电台网站于同年12月26日正式推出,将华语(包含普通话和粤语)、英语、德语和西班牙语四种语言的节目送上了互联网。

至1998年底,在纸媒领域,中国有400多家报纸和刊物"上网";而在广播电视系统,有约百家机构先后建立了自己的网站;而中国的两大通讯社——新华社和中新社也均"上网"。中国新闻界已经大步迈向网络传播的"信息高速公路"。

1995—1998年中国的网络新闻传播尚处在探索起步期。受资金、技术、人员等各方面因素的制约,中国的网络新闻传播事业仍然存在制作水平不高、上网信息少而慢,有的甚至长期存在信息更新不及时等问题。总的来说,这些不足的主要原因为:发展不平衡、缺乏精准定位、没充分发挥优势、技术手段初级和功能服务单一。发展不平衡的原因有三个方面:一是不同层次、不同级别的媒体网站存在着较大差异;二是地区间发展不平衡,东部沿海发达地区明显优于西部内陆地区;三是不同种类的媒体间不平衡,印刷媒体网站略优于广播电视媒体网站。

二、激活阶段(1998—2000年)

作为一种全新的事业,网络新闻传播领域是一个大有可为的广阔天地。中国网络迅猛发展猛促使了互联网传播领域中商业网站的异军突起。正当我国传统媒体纷纷创建网络版之际,商业网站在"内容为王"的理念牵引下也纷纷介入新闻传播领域。新浪、搜狐、网易等门户网站开始全面涉足新闻传播领域,提供新闻之多、之快,其影响力范围之广,甚至让众多传统媒体网站望尘莫及。

从历史角度来看,正是商业网站对新闻传播领域的介入,大大激活了我国网络新闻事业的发展,因此有学者认为,新浪等门户网站的成立对于中国网络新闻事业的发展具有里程碑意义,标志着中国网络新闻事业的发展迈入第二个历史阶段。

1999年起,"第四媒体"的称谓开始流行,年底"网络媒体"这一说法出现,并于次年这一称谓开始流行,至2001年更是大行其道。由于"网络媒体"在概念上较之"第四媒体"更为准确,终于得到业界和学界的认可。

1999年,中国网络媒体记者开始登上新闻报道的舞台。一些对外宣传报道的网站及新闻媒体网站开始派出记者对重大活动和事件进行采访,如"温州之窗"的记者采访报道"2·14"空难事件;中国互联网新闻中心(其前身为中国网,始建于1997年)的记者采访报道3月举行的两会;《人民日报》网络版记者于12月采访报道澳门回归的重大历史事件。

伴随中国互联网在1999年的高速发展,众多报刊社、广播电台、电视台对"上网"及自家网站的建设、经营亦呈现出持续高涨的热情。众多地方新闻媒体开始出现"上网"热潮,地级甚至县级新闻媒体也纷纷进军网络传播领域。此外,新闻媒体网站尤其是广播电视媒体网站在音频、视频的直播和点播方面,也有明显进步。如中央电视台网站自首次直播春节联欢晚会以来,对一系列重大活动包括对中华人民共和国成立50周年的庆典均进行了网上直播。

中国网络媒体在一步步前进的过程中,经营者不断对网络媒体的特性、经营理念和策略进行深入的思考:如报刊的网络版、电子版的母体是印刷版,那么网络版、电子版在制作时是否仅为印刷版的翻版?印刷版市场定位明确,电子版的市场定位又是什么呢?不少报刊社在制作网络版、电子版的实践中,已认识到如果在信息内容上与印刷版没有任何区别,如果不能向用户提供切实独到的服务,将难以吸引更多的用户。

2000年,众多新闻媒体网站加大投入,纷纷进行改版,甚至一改再改,在新闻和信息内容提供、网络服务功能提供、基础设施的改善包括带宽的扩容、自身内部资源的整合和自身机制的调整等诸多方面,全方位地呈现出前所未有的新面貌。如《人民日报》网络版于4月14日改版;中央电视台网站于6月16日改版;新华社网站于7月12日改版;上海东方网在5月28日开通仅100天后,于9月8日再次全面改版。

同时,众多新闻媒体网站开始实行公司化运作,力求突破办传统媒体的老思路和老办法,尽快找到适于网络媒体发展的盈利模式。如2000年5月15日,《中国青年报》网络版改版为"中青在线",网站由北京中青在线网络信息技术有限公司经营,这是以公司化运作的首家中央级新闻媒体网站。

相比于起步阶段,中国的网络新闻事业在激活阶段有了明显进步,然而要媲美发达国家——比如美国,我国的网络新闻事业未来的发展之路还有很长一段要走。从1998年至2000年国内新闻媒体的"上网"情况来看,尚存在一些问题,比如:不少网站由于各种因素发展缓慢,始终处于勉强维持的境地,访问人次量很低,影响力很小;传统媒体与互联网的结合是一个全新的课题,一切尽在摸索中,各方面的不足与问题在发展中逐渐显露出来。

三、管理与创新阶段(2000—2005年)

2000年4月,国务院新闻办公室成立网络新闻管理局,负责统筹协调全国互联网络新闻宣传工作。在中央成立网络新闻管理局之后,各省、市、自治区也陆续设立相应的管理机构。对于网络新闻事业的发展,政府一直予以关注并加大法律和行政管理力度,其根本目的是促进符合宣传主旋律的网络新闻媒体获得更长远的发展。自2000年起,在国家的支持下,有关部门大力推动主流媒体向网络延伸。

中国的主流网络新闻媒体建立之初,面临着两个问题:一是如何遵循网络新闻传播的规律,在业务上不断创新;二是如何遵循市场经济规律,在网站经营上探索具有良好社会效益和经济效益的运营模式。这种新的探索表现为组建新型的网络新闻传播平台。网络新闻传播平台的组建,主要有两种模式:一种以千龙网、东方网为代表;另一种以中青在线为代表。

从总体上看,千龙网、东方网模式和中青在线模式的产生,使中国网络新闻事业由以传统媒体网站和商业网站为主体的二维模式变成了三维乃至多维模式,有利于推动网络新闻事业迈向更高的发展阶段。

2001年,国际上突发事件频频发生,越是在这样的时刻,越能显示出网络媒体的作用。如美国遭受"9·11事件",当国内的传统新闻媒体尤其是电视媒体受到制约而手足无措时,网络媒体几乎在第一时间为受众提供了更具深度的新闻事件报道。

2001年4月底,著名商业门户网站如新浪、搜狐、网易等陆续推出手机短信头条新闻、分类新闻、专题新闻等服务。这是门户网站结合自身的新闻编辑优势,利用手机短信服务平台,与电信运营商合作推出的服务项目。如此一来,网络媒体不仅将新闻的传播渠道推广到无线移动领域,而且通过这一信息增值服务为自己开辟了新的营收渠道。

同年12月,搜狐新闻中心进行改版,除了优化实时新闻部分外,新开辟"搜狐视线"栏目,力求将以往海量的新闻转变成有针对性的新闻,改变网上新闻的纯报摘形态,通过深度报道表达出观点和倾向性。

2002年1月8日,新华网推出"焦点网谈"栏目,栏目内容既是独家报道,也是深度报道,每天少时有一两个主题,多时有三四个主题,亦设有周末版或特别版,彰显了新华网的报道实力。以"搜狐视线""焦点网谈"深度报道栏目为代表,标志着网络媒体报道形态的进一步成熟。

互联网不仅对社会政治、经济产生巨大影响,对社会文化及社会群体、个体也发挥着重大作用。2002年8月"博客中国"网站的开通,标志着"博客"(blog)现象在中国互联网界的显露。2002年11月18日,新闻传播学术网站"紫金网"在改版之际,亦推出"博客擂台"新栏目。从信息传播的角度来看,博客网站、频道的出现对于博客个体而言,意味着将信息采集与发布的通道进行了最大程度的简单化与快捷化,将编辑甚至总编的作用进行稀释,使信息的发布和思想的表达更加开放、自由和多样化。随着以博客为代表的Web 2.0的异军突起,中国开始迈进网络公民新闻的时代。

四、网络公民新闻时代

美国当地时间2013年4月15日,波士顿马拉松比赛终点处发生爆炸案,与2001年发生的"9·11事件"的报道完全依赖于主流的传统媒体不同,几乎在波士顿爆炸案发生的同时,身处事件现场的诸多网友便利用手机等移动终端,将海量的现场目击图片和视频上传到Twitter等社交媒体上。本质上,普通人——不再是专业的新闻机构——利用了全社会的知识资源和信息资源,对新闻事件提供了自己掌握的事实、思想、意见以及技术论证,这就是公民新闻的体现。

公民新闻的概念最早产生于20世纪90年代的美国,指的是"来自公民的非专业新闻报道,即公民个体或群体搜集、报道、分析和散布新闻或信息的行为,旨在提供一个民主社会需要的独立、可信、准确、广泛及其他相关信息"[①]。公民新闻也被称为参与式新闻,它的行为

---

① 赵俊峰、张羽:《公民新闻的发展与传媒生态的再建构》,《国际新闻界》,2012年第6期。

主体是公民,区别于通常提到的大众传媒,这里的"公民新闻"对应的英语词汇是 citizen journalism,特指以往没有机会参与媒体专业运作的普通人,"在搜集、报道、分析和散布新闻和信息的过程中发挥积极作用"。公民新闻涵盖了包括博客、维客、播客以及公民网等多种网络新媒体形式。①

陈力丹、汪露在总结 2006 年我国新闻传播学研究时认为,"博客逐渐从偏娱乐化人际传播的方式,进入与大众传播相结合的发展时期。学术界对博客和大众传媒之间的互动开始进行探讨。博客被认为是公民新闻(citizen journalism)涵盖的主要形式之一……其强烈的去中心化思想和民本特征,将对传统新闻学范式和具体新闻工作流程产生一定程度上的重塑"。②

不管是在更早的孙志刚事件、圆明园渗水事件、黄静案,还是众所周知的华南虎照片事件中,网络公民新闻都起到了扭转局面的超强作用。网络不仅整合了传统媒体的信息,而且还有能力对这些媒体上的信息发出质疑的声音,并迅速对传统媒体报道此案的态度产生影响。此时,公民新闻从新闻联系公民,演化为公民参与新闻,再演化为公民支配新闻,人们利用了全社会的知识资源和信息资源,提供事实、思想、意见和技术论证。如此全面、迅速的信息交流方式,只有在网络这一媒介平台上才能够实现,如此专业、广泛的报道,也只有网络公民新闻中才能够生产。

在突发事件中,信息来源主体已不再局限于传统媒体,使用自媒体的普通公民(或者称"公民记者")日益成为重要的信息源。而公民新闻不仅成为普通受众获取新闻的重要途径,同时也成为传统媒体获取新闻线索和素材的重要渠道。

无论是草根新闻的发布者、受众,还是大众媒体、政府部门、专家阶层等,社会各方面都以各自的方式汇入公民新闻的浪潮。公民新闻在突发事件报道中对传统媒体传播功能进行解构的同时,也为其带来了"凤凰涅槃"式的发展新思路。

公民新闻的兴起,成为专业新闻网站的强大对手。中文公民新闻网"chinfest"的总裁郭涛指出,时至今日,传统新闻机构日益受到公民新闻的冲击,公民新闻为主流媒体"增添了声音,而且是不经加工的真实声音"。

首先,公民新闻极其广泛和深入地影响着网络媒体新闻生产的过程。在新闻的原创性生产和再生产方面,博客、微博、微信等社会化、自媒体平台的出现,移动媒体的普及,使网民有意识地参与到网络新闻的生产中成为可能。他们提供或碎片化的或完整的新闻报道、新闻评论;有意无意地向媒体提供新闻线索;转发自己认为好的或是有意思的新闻或评论;也会根据自己的价值判断,对媒体发布的新闻进行筛选、整合,从而为其他网民提供有序的新闻资源。同时,他们原创性新闻生产中的图片报道、视频报道,也被专业媒体广泛地接纳和使用。

其次,碎片化的公民新闻往往模拟了现实生活中的人际交流形态,有着现实化的感情和情绪。对于大众媒体来说,公民新闻为之提供了一种新的思路,也为之提供了信息的补充和完善的方式。在一些情况下,当公民新闻碎片以一种自然的形态凝结起来时,往往更具有一种舆论号召力,甚至表达出对专业媒体信息的某种对抗。受众往往会以公民新闻作为参照,

---

① 范东升:《公民新闻的兴起和启示》,《国际新闻界》,2006年第1期。
② 陈力丹、汪露:《2006年我国新闻传播学研究综述》,《国际新闻界》,2007年第1期。

来评判专业媒体的新闻报道。

随着互联网技术和各种新媒体的迅速发展,普通人有了越来越多的渠道参与到新闻事件的讨论中,并在各种意见表达和集体讨论中形成了区别于媒体视角的社会舆论。公民新闻的崛起以及公民记者在突发事件中的出色表现,弥补了传统媒体在突发事件报道中时效性、互动性和临场性的不足,新闻报道愈发呈现出专业媒体与普通公民合作生产的趋势。

当然,我们对于网络来源的公民新闻的价值和地位,仍然应该进行审慎的判断。互联网新闻目前仍然无法承担起新闻事业的全部责任,而网络上的公民新闻更是难以取代新闻事业的全部舆论功能。互联网新闻事业及形形色色的准新闻事业(例如公民新闻)仍然只能作为在当代有效的社会传播中的一个有机组成部分。

知识拓展

汶川地震报道是这几年中国新闻传播领域发生的变化的一个缩影:公民新闻的大放异彩,丰富了公众参与渠道,拓宽了新闻来源,增添了透视与解释新闻事件的视野,弥补了传统媒体采集报道新闻中各种资源的不足。

将1976年唐山大地震与2008年汶川大地震新闻报道进行比较,不难发现,新闻报道出现了全新变化。1976年7月28日唐山大地震发生后,第一篇消息是新华社记者3天后发出的,而且没有立即报道任何伤亡数字,也没有提及受损情况,只有党和政府的关怀以及人民群众与自然灾害做斗争的情形。

2008年5月12日,汶川地震发生后的32分钟,新华网最早通过网络媒体发布快讯。紧接着从下午3时起,中央电视台开始对汶川地震进行24小时直播,推出了"抗震救灾,众志成城"的特别节目。然而在当时的报道中,存在着一些假新闻、煽情化报道、"官本位"思想、作秀等违背专业主义的行为。不仅如此,汶川地震时期社交媒体尚未成熟,地震发生后信息的不确定性,与家人的失联,谣言的滋生使得不安与恐慌情绪蔓延。

(资料来源:陈华明、周丽,《从汶川地震到九寨沟地震:灾难新闻报道变化分析》,《新闻界》,2017年第11期。)

五、社交网络新闻时代

随着互联网的发展,微博、微信、网络直播等社交媒体凭借其强大的影响力和普及性,在一定程度上改变了传统新闻的传播模式,同时也促成了公民新闻的传播。在传播速度如此之快的社交媒体环境下,我们不难发现,大多数人都在无意识地充当着记者的角色,他们将自己的所见所闻或拍摄的照片、视频发布到自己的社交媒体上,在不知不觉中参与了新闻信息的生产与传播。

知识拓展

自媒体时代我国公民新闻传播的主要载体有以下几种。

1. 微博平台

微博即微型博客(micro-blogging),是传统博客的一种变体。它可以让用户通过手机、IM、E-mail、Web等方式在个人博客发布140字以内的文本消息、图片、音频等多媒体内容,展示个人的最新动态,也可以转发、评论热点新闻,分享资料信息等。

2. 微信平台

朋友圈和公众号这两类是依托微信这一应用而产生的传播平台。朋友圈主要用于微信用户个人面向好友发布消息,仅限好友之间的信息传播,其传播范围有限。与之相比,公众号的传播范围更广,影响力更大。公众号分为两类:第一类是服务号,此类型公众号通常以公司企业为背景,以公众号为平台,进行消息、新闻的传播,如各大银行的微信公众号等;第二类是订阅号,订阅号在内容及受众群体上与博客类似,这类公众号随着新媒体技术的发展,也将发挥出巨大的作用。

3. 网络直播平台

视频直播是自媒体时代发展较快也较受年轻人喜爱的一种信息传播形式。每个人可以利用一些智能设备,如电脑、手机以及直播软件客户端等,使自己成为一个自媒体,再将直播内容传送出去。随着斗鱼、映客、虎牙、抖音等诸多网络直播平台的发展壮大,直播浪潮迅速席卷全国。网络直播这一种自媒体形式能迅速发展壮大起来就在于其互动便利。通常在直播过程中,受众可以通过弹幕实现与主播的实时交流与互动。

随着互联网的发展和普及,微博、微信、网络直播等传播载体使新闻的传播渠道变得更加丰富,新闻传播的主体也越来越民众化。公众可以通过这些传播载体将自己的所见所闻即时分享,越来越多的公民新闻产生。但是,这些公民新闻在社交媒体中同样存在诸多问题。

第一,传播的公民新闻的内容大多偏向生活性和娱乐性。例如明星绯闻的报道,或对热门人物的"人肉搜索",这些新闻内容充斥着微博传播的版面。当大量社交媒体用户将目光聚焦娱乐明星时,原有的政治、经济、社会等问题就很容易被忽略。由此可见,社交媒体中被大肆传播的公民新闻普遍呈现出一种泛娱乐化的倾向。这种倾向的主要表现是报道重点大多以软新闻为主,大量增加具有煽情性、趣味性的名人趣事,或带有刺激性的暴力新闻、犯罪新闻、花边新闻等,而对那些硬新闻弃如敝屣,这类似于20世纪初在美国泛滥散布的"黄色新闻"。

第二,参与公民新闻传播的大批公民记者是没有接受过专业训练的普通民众。由于他们缺乏专业的新闻素养,只能从目击者或当事人的视角来发布消息,因此他们发布的新闻都流于表面,没有专业媒体记者的报道有深度,并且,在新闻写作方面,他们也不像专业记者那样会从多角度、多层面地展现事件。

第三,传统媒体发布的新闻结构严谨,一般会采用经典的"倒金字塔式"结构,也就是把最精彩、最重要的信息放在开头,并随着信息的重要性向中间和结尾递减。而社交媒体中发布的文章一般结构较松散,没有章法,因为发布者通常是没有接受过专业训练的普通网友,网友发布的微博通常是他们所想的或所看到的,文字结构相对来说存在跳跃性。

总之,移动社交媒体及时传播和多渠道发布的功能大大缩短了信息的更新周期,但是这些信息有些是非理性和碎片化的,不仅占据了微博信息的传播空间,而且降低了大众的深度思考能力。

互联网技术的成熟催生了多样化的自媒体信息传播平台。人们对于新闻传播形式的多样化需求,使得传统的新闻传播形式不再占据有利地位,因此,在多样化的需求下,新闻的传播方式也随之发生改变。移动社交网络时代下的公民新闻传播形式较传统新闻传播形式更容易满足现代人对多元化传播的需求,公民新闻传播也因此具备了一些新的特征。

(一)丰富、多样化的传播形式

无论是传统新闻传播形式还是公民新闻传播形式,文字都属于新闻传播的主要形式。新闻发布人通过文字,将新闻事件的时间、地点、详情等各种细节表述出来,寥寥数语便能使受众对整个新闻事件有着明确而清晰的认识。

除文字外,新闻传播为了达到更加鲜明、直白的效果,同时也为了保证新闻的真实性、准确性,有时还会加上图片。受众能够借助如手机、摄像机等移动设备对新闻素材以图片的形式进行采集和发布,达到在短期内吸引人们的注意力,更好地传递信息的目的。

同样,视频既能避免新闻的枯燥乏味,又能有力地证明新闻的真实性,可以很好地将声音、画面、文字等多种元素组合在一起,形成视听结合的影像存储格式,更直观、清晰地将信息传播出去。现在的手机基本上都具有视频拍摄功能,公民新闻也多习惯以视频形式发布出去。视频拍摄操作简单,用最简单、最直接的方式表达新闻内容,因此常被用作为重大新闻事件提供新闻实证的素材。

(二)广泛、大众化的传播内容

公民新闻由广大社会公民发现新闻、写作新闻、发布新闻、传播新闻。这些人来自社会的各个阶层、各个行业,他们大部分处在社会的底层,以一种平民化的视角关注身边的真人真事,像"新闻线人"一样,搜集到社会方方面面的信息,然后传播给受众。经过观察发现,无论是"老人摔倒无人扶",还是"孩子被碾司机逃逸",或者是"女性被性侵""无差别杀人"等,这些轰动整个社会的新闻最初都是公民新闻予以关注的内容,是主流、权威媒体很少关注到的领域。公民新闻具有覆盖范围广的特点,能够覆盖社会生活尤其是底层社会生活的各个方面,极具社会性,使新闻传播更具生命力和活力。

与此相反的是,公民新闻在话题的选择上,以分享、发布一些发生在自己身边的新闻为主。对于业余记者来说,他们没有专业的新闻编辑与采访能力,仅是将信息发布出去,尽管如此,这些举动还是使传统媒体在新闻传播中一贯的垄断地位和"把关人"的角色受到挑战。依托互联网的便利性,新闻资源实现了长期保存,可进行二次加工后再发布,为公民新闻的传播减少了阻碍,使传播视角更加大众化。

(三)开放、个性化的传播主体

网络时代的便利化和匿名化,使公民新闻少了很多条条框框的限制,在法律和道德准则下,借助相对开放的信息传播交流平台,人们不仅能够利用自己手中的多媒体设备进行新闻的编辑、发布,还可以对他人发布的信息进行补充和评论。此时,人们扮演了双重角色,一方面,他们是新闻的主动传播者;另一方面,他们也是新闻的被动接收者。公民新闻的传播主体已经不再泾渭分明,而是呈现一种开放化与个性化的形态。

知识拓展

2013年4月发生的雅安地震,与5年前汶川地震相比,雅安地震的报道已经在很大程度上从传统媒体向微博、微信等载体偏移,自媒体平台上的传播也呈现出日趋理性和成熟的发展态势。除了快速播报地震消息以外,微博在救援信息扩散、谣言澄清、灾后募捐、救助知识普及等方面均显现出积极意义。而微信作为一种"多模态"媒介,在通信资源紧张的地震灾区被用作应急通信工具。比如,"芦山地震救助""央视评论""四川卫视雅安热线"等微信公众号则利用该平台收集整合寻人救助信息、推送灾情速报和灾区急需等专题信息。微信平台所汇集的信息,体现出传统媒体对自媒体信息的整合与运用(见图1-6和图1-7)。

再来看2017年九寨沟地震,社交媒体成为九寨沟地震信息报道的重要场域。微信朋友圈、微博、腾讯QQ空间等社交媒体用户现场发布的动态、视频成为一手信息。社交媒体不仅做到了地震信息的迅速公开,亦做到了私人联络的快速有效获得。与此同时,主流媒体与政务微信、微博及时转发有关部门的权威信息,填补信息真空地带,对谣言进行回击。例如,《四川日报》微信公众号发布《直击九寨沟震后一夜》《四川地震局:九寨沟地震与汶川地震无关》等新闻报道,不仅还原第一现场,还对虚假消息直接辟谣。

图1-6　四川雅安地震专题(截图1)①

传统媒体时代,社会公众处于被动接收新闻信息的地位,缺少主流话语权,但汶川地震、雅安地震、九寨沟地震中的公民新闻引领他们步入另一时代。正如施拉姆所言:"阅听大众应以传播动态(communication dynamic)主要的推动者自任。我们坚信大众将可获得他们所需要的一种传播制度。"②

我们有足够的理由相信,未来的突发事件报道走向应该是传统媒体与公民新闻相互促进、相互补充的螺旋式上升轨迹。传统媒体应充分利用集成平台和自建平台两种路径,实现公民新闻价值的最大化。

---

① 《四川雅安地震专题》,http://www.xinhuanet.com/politics/earthquake/。
② 张国良:《20世纪传播学经典文本》,复旦大学出版社,2002年,第304页。

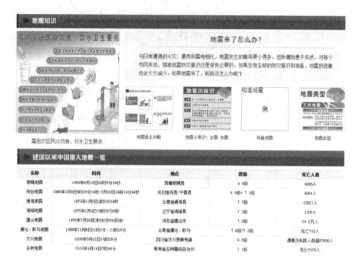

图 1-7　四川雅安地震专题（截图 2）

六、个性化新闻的智媒时代

2016 年是"智媒元年"，人工智能对于传媒业的全方位渗透，使传媒业正在发生从宏观格局到微观业务链的深刻变革。在这种智媒环境中，"个人的兴趣"越来越成为用户获取新闻的关键词，基于对个人兴趣的"用户洞察"所形成的个性化新闻推送，也越来越成为未来新闻事业发展的重要方向。

当人们在浏览电商平台的时候，会惊奇地发现在搜索区边缘和产品介绍栏目推送了与目标商品相关或相似的产品链接；各大音乐平台也有结合用户平时的音乐欣赏习惯推荐音乐的"猜你喜欢"功能；网页上时常会出现一些与用户以往的搜索条目相关的广告，等等。其实这些没有经过搜索就进入你视野中的产品、信息、音乐、广告等都来自推荐系统。在新媒体新技术的条件下，各种互联网平台都设置和增加了推送功能。

目前，个性化新闻推送主要是通过挖掘用户数据，更有效地针对用户兴趣点进行新闻推送。这类个性化新闻通常存在于聚合类新闻 APP，比如以 Facebook 为代表的社交媒体也有相关的个性化推送应用。就聚合类新闻 APP 来说，国内主要是以今日头条、天天快报和一点资讯等算法类资讯平台为代表。与其他传统新闻客户端相比，今日头条增加了用户可利用的闲暇时间。假设一个使用场景，某天早上，一个白领在等待交通工具时，当他打开某个传统新闻客户端后，却不知道自己该看哪一条。在快速滑动的过程中，他努力寻找着自己感兴趣的新闻。而他旁边有一位正在使用今日头条的用户，当这位用户一打开客户端，系统就根据他的喜好向他推荐了其感兴趣的相关新闻，他的筛选时间在理想情况下接近于零，用户体验将远远优于前者。

今日头条作为资讯平台，借助推荐算法技术（见图 1-8），实现个人内容获取方式从主动搜索到个性化分发的本质转变，满足用户对信息的好奇感和"饥饿感"，并在持续的信息刷新中给予用户不确定奖赏。产品自上线以来，用户规模持续高速增长，截至 2017 年 11 月，累计激活用户数突破 7 亿人，月活跃用户数达 2.63 亿人，为国内最大的独立综合资讯平台。同时，公司以今日头条用户流量和个性化推荐算法为基础，先后布局短视频、微博客、问答、垂直媒体、第三方导流、电商等多个领域，陆续推出西瓜视频、火山小视频、抖音等多个明星产品（见图 1-9）。

月活跃用户	2.19 亿
人均单日启动次数	7.92 次
人均单日使用时长	84 分钟
行业安装独占率	17.48%
次月留存率	61.25%

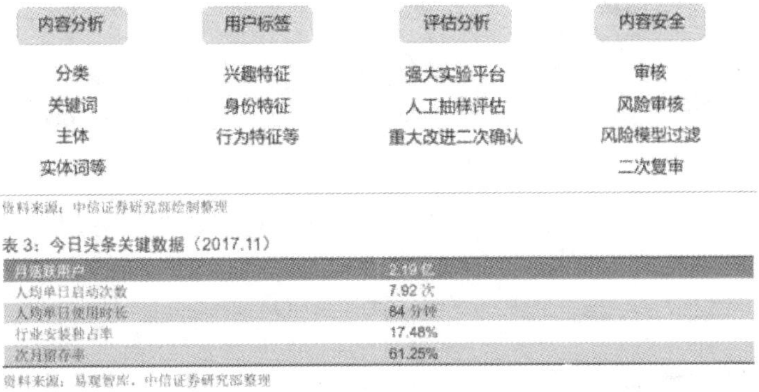

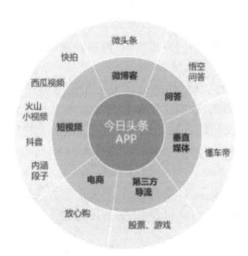

图 1-8　今日头条的推荐算法技术

图 1-9　今日头条产品矩阵①

在美国，以 News Republic 为代表的新闻 APP 市场新星，同样以迅猛的速度在攫取市场份额。News Republic 主要是通过智能编辑、数据分析和数据挖掘等手段，向全球用户提供直击“痛点”和“痒点”的个性化新闻内容推送。用户可以通过 News Republic 完善的个性化分发系统，浏览和阅读属于自己的头条新闻。

今日头条打破传统内容供给模式，首创基于算法个性化的分发模式。传统移动互联网媒体集内容生产与分发为一体，自有记者、编辑团队，在内容生产上有先天优势。今日头条首次打破内容供给的一体化模式，以算法切入内容分发，推进产业链专业化分工。目前移动资讯市场的信息分发主要有以下三种模式（见图 1-10）。

① 资料来源为中信证券研究部会制整理。

图 1-10 移动资讯信息分发的三大模式

1. 媒体型

人工编辑把控质量,内容更权威。以腾讯、网易、搜狐、凤凰为代表,传统媒体和门户网站在向移动互联网转型的过程中,逐步形成了媒体型的信息分发模式。平台通过人工编辑把控内容质量,汇集特定主题信息,内容更权威,消费者获取信息内容更加全面。

2. 关系型

以社交为基础,内容传播具有群体效应。关系型信息分发模式以微博、微信平台为代表,平台无自有编辑和记者团队,内容生产来自自媒体和其他平台,并通过社交关系进行分发,有转发、订阅、关注等社交功能。在关系型平台上,消费者获取内容依赖社交关系,内容传播具有群体效应。

3. 算法型

个性化推荐实现"千人千面"。以今日头条、天天快报为代表,算法型平台同样不生产内容,而是专注于内容分发,首先将内容聚合至平台,再通过算法推荐抵达消费者,满足消费者个性化需求。

依靠算法,运营商能迅速收集用户的个人特征进行数据分析,形成用户画像并匹配数据库内容,然后进行信息分发。这种推送方式使用户获得的新闻都是用户感兴趣的,从而实现了新闻的私人定制,满足了用户的个性化需求。然而,在个性化新闻推送机制下,通过算法过滤和正反馈处理的新闻信息在类型、题材、丰富程度等方面不断受到限制,用户的媒介接触也因自我"兴趣"而导致不断固化。久而久之,会使受众的视野越来越窄,甚至可能出现像桑斯坦所说的"不同群体之间无法沟通,造成群体极化现象"[①]的状况。这样的个性化推送技术的扩散可能使人们脱离具有挑战性的视角,从而降低受众的公众意识。

案例 1.1 百度回应通过搜索引擎进行高考志愿填报

[①] 凯斯·R. 桑斯坦:《信息乌托邦——众人如何生产知识》,毕竞悦译,法律出版社,2008 年,第 86 页。

第三节 媒介融合与融合新闻

一、媒介融合的趋势

人类传播的发展历程,正是一个为了更好地进行交流和沟通而寻找更丰富有效的传播媒介的革命历程。从语言、文字、印刷术、广播、电视,一直到当代最有影响力的发明——计算机网络,都验证了施拉姆的一个观点:人类传播的每一次重要发展总是从传播技术的革新开始的。

对于新闻传播而言,互联网的出现具有里程碑意义。数字化、多媒体和互联网等新技术给现行新闻事业带来了巨大的影响。网络媒体从根本上打破了时间和空间的限制,使全世界都可以进入一个自由、开放、互联的信息空间。互联网同时也打破了传统的地域政治、地域经济、地域文化的概念,形成了信息跨国界、跨文化、跨语言的虚拟空间,使人类得以体验身临其境的感觉。无限宽广的传播范围使得传统意义上的国界不复存在。可以说,网络传播给新闻传播带来的全方位冲击,实现了一次史无前例的革命和飞跃。

上海报业集团的成立,《新闻晚报》的休刊,再一次让媒体转型成为热门话题,很多人认为以报纸为代表的传统媒体即将消亡。有一个试图用新媒体取代传统媒体的例子:默多克的新闻集团在美国推出过iPad独家电子报纸《The Daily》,默多克认为,这一平台可以直接复制纸媒的经验,做出一份电子版的替代品,只不过需要将内容进行数字化,然而这一尝试却以失败告终。正所谓事情确实存在着另一面,新媒体也不是万能的,传统媒体和以网络为代表的新媒体各有其优势和短板。

虽然新媒体的崛起挤占了一部分传统媒体的市场,但是大量带有原创性质的首发报道仍来自传统媒体。据尼尔森数据(Nielsen)评级中一项名为《在线读者行为报告》的研究称,在对数百万博客和社会媒体站点的分析中表明,80%的链接都来自美国传统媒体公司;站点内容中仅有14%为原创,67%的热门新闻站点的新闻来源于传统媒体;站点人员中有13%是收集管理员,专门负责收集传统媒体的新闻。多所大学的研究也表明:即便是美国最好的新媒体平台,其生产内容的能力也是有限的,还是有赖于传统媒体。[①]

在网络时代,传统媒体的核心优势之一就是内容生产力,在内容方面,新媒体对传统媒体具有相当大的依赖性。特别是我国,传统媒体在这一点上的优势更具决定性。因为根据我国当前的相关法规政策,新媒体在新闻报道的采编权限方面受到很大的限制,其发布的新闻信息在很多时候只能转自传统媒体。传统媒体在其长期的发展历程中,形成了丰厚的固有优势,这些优势在短时间内难以被新媒体所取代。

那么,当今的新闻传播呈现出一种什么样的态势呢?显而易见,网络媒体与传统媒体必将在互补格局中求生存,网络不会取代电视、报纸和广播,只能与它们共存、共生、共荣。这

---

① 凌曦:《美国传统媒体应对新媒体竞争的启示》,《传媒观察》,2011年第3期。

种态势可以总结为八个字:互助合作,媒介融合。

网络媒介正以它高度的综合性、充分的交互性、方便性和快捷性,迅速成长为一种立体化的、高效的新闻传播媒介,"它是一种多层面的大众媒介,它融人际传播、组织传播、大众传播于一体,与报纸、广播、电视、杂志、电影、图书等单一化的大众媒介已截然不同"①。网络媒介俨然成为私人的与大众的、有形的与无形的、真实的与虚拟的巨大媒介平台,"建立在这个基础上的网络新闻,则不仅会无远弗届,无物不容,而且极有可能在媒介属性和信息目的上实现多位一体的理想境界"②。

《华盛顿邮报》于2013年被贝佐斯收购之后,所有人都在感叹传统媒体已死。但综合来看,也许只是作为一种单独的传播渠道,传统媒体不如之前那样具有绝对的主导性了。伴随着以网络为代表的新媒体的崛起,传统媒体依然有着广阔的发展前景。

传统媒体要与新媒体融合,不是谁完全取代谁,而是相互间的融合补充,比如线上与线下的补充,线上、线下之间的联动。不能单纯指望建立一个微博账号就能投放广告,而是要考虑如何通过微博的使用给传统媒体带来一定的影响;不能认为做个报纸或杂志的APP或者网站就是新媒体了,而是要真正建立起从生产到流通的数字化新机制。

《雪崩》(Snow Fall)是一个值得学习的案例。这是《纽约时报》获得普利策新闻奖的作品,讲述了2012年12月16日,16位滑雪者在美国卡斯卡德山遭遇雪崩的惨剧。传统媒体出身的《纽约时报》仍然秉承以文字为主体的报道模式,充分发挥了传统媒体强大的采编力量和策划能力,同时又集成了音频、视频、动漫、数字化模型、卫星模型联动等。打开这个作品的新闻网页(见图1-11),呈现在眼前的首先是全屏循环播放的积雪滚落下山坡的视频,往下滑动页面,文字穿插于视频、照片和信息图之间。《雪崩》由11人团队耗费6个月制作而成,上线后6天内获得了350万次的浏览量。《雪崩》成为传统新闻向融合新闻发展的一个标志性报道,期待以《雪崩》为代表的融合新闻能够给新闻事业带来"雪崩效应",引领互联网时代新闻的主流发展方向。③

图1-11 《雪崩》专题截图

"未来的网络,可能是一个整合现有媒介的平台或者各种媒介的流通管道"④,事实上,网络媒介正在成为一种整合式的新闻传播媒介。在传统媒体中,报纸主要载以文字信息,广播主要载以语音信息,电视主要载以图像与声音信息,感官感受因而被分割。而互联网的出

---

① 杜骏飞:《网络新闻学》,中国广播电视出版社,2001年,第48—49页。
② 杜骏飞:《网络新闻学》,中国广播电视出版社,2001年,第48—49页。
③ 韩士皓、彭兰:《融合新闻里程碑之作——普利策新闻奖作品〈雪崩〉解析》,《新闻界》,2014年第3期。
④ 彭兰:《网络新闻学原理与应用》,新华出版社,2003年,(序)第2页。

现,打破了这种新闻传播领域三分天下的局面,在网络媒体上,文字、声音、图像、影像等得以综合展现。现行的新闻传播媒介分别以报纸、广播、电视等各具特色的形态共存共荣,对报纸、广播、电视等传统新闻媒介而言,也因此拥有了一个崭新的互相整合的平台。

案例1.2　主流媒体的媒介融合

二、融合新闻

融合新闻(convergence journalism)的出现,又是一个全新的新闻传播业时代开启的重要标志。它突破传统媒体间的限制,整合所有的媒介,统一规划,资源共享,建立新的新闻采编流程。我们看到,网络媒介将人类信息传播带入传送与收受整体上主动的时代、互动的时代。网络传播已经改变了传统的新闻传播格局,传统媒介的三足鼎立(报纸、广播和电视)局面已经被打破。

网络媒体与传统媒体的互补格局,意味着网络媒体与传统媒体之间存在着既相互竞争又彼此合作的生存与发展的关系。由于网络媒体明显地区分为媒体网站与商业网站,这种关系实际上是在传统媒体、媒体网站、商业网站这三大阵营之间展开的。从整个媒体系统来看,这三大阵营之间的竞争与合作,对于网络新闻事业的发展具有十分深刻的现实意义。

从宏观上看,在媒体优势、资源优势、人才优势、政策优势、体制优势等各方面,中国的传统媒体与网络媒体之间,媒体网站和商业网站之间存在着较大的差异。然而媒体网站本身就是从传统媒体衍化出来的,两者之间存在着十分密切的联系。同时,商业网站在目前只有新闻发布权而没有新闻采访权,这就从根本上决定了在相当长的一段时间内,中国的网络新闻事业必须在合作中求发展。

"合"不是简单的加法,而是在知己知彼的基础上,最大限度地张扬自身优势,吸取对方精华。对于传统媒体来说,可以借力于新媒体的思路、视野和平台,为自身注入新鲜的血液,让传统媒体由内而外焕发新生。对于新媒体来说,也可以通过学习传统媒体的精英化运作,实现整体素质的提升。

传统媒体要紧跟时代发展的需要,加强网络化建设,建立权威、有效的网络宣传渠道。一是建立自己的门户网站;二是畅通移动终端宣传渠道,根据网络发展的形势,充分利用微信公众号、微博等使用群体广泛的软件平台,使移动终端的信息宣传渠道更加便捷,增强传统媒体的品牌影响力和权威性;三是在智能移动终端普及的当下,对于有条件的媒体可以通过创建、设计自己的APP软件,来进一步畅通信息发布的渠道。

知识拓展

2000年1月,美国在线与时代华纳宣布合并组建世界最大的跨媒体集团,人们惊羡地称之为传媒界的"超级航母"。有人说,美国在线为时代华纳装上了腾飞的羽翼,时代华纳则成为美国在线实现飞跃的发动机。可仅仅两年,这艘"超级航母"就举步维艰,曾被看作传统媒体与新媒体的"天作之合"的美国在线与时代华纳,两者被人看好的完美合作关系最终以失败告终。

时代华纳曾希望借助美国在线的平台优势进军新媒体市场,美国在线则希望依托时代华纳的海量内容与有线电视网络打造新的利润增长点。但理论的应然并未转化为盈利的必然,由于受到内、外各种因素的影响,导致了其融合失败的结局。时代华纳与美国在线的合并,曾是媒介融合与市场运营的典型案例,而其"世纪联姻"的终结,充分昭示出媒介融合的复杂性及风险性,并再度引起人们对媒介融合现象的审视与思考。

多年后,拥有100多年历史的老牌报纸《纽约时报》在媒介融合转型方面走在了美国主流媒体的前面。2011年,《纽约时报》在保留纸媒出版的同时,开始全面实施数字发行。为了更好地完成数字化转型,《纽约时报》于2014年推出了两款移动应用——"纽约时报现在"(NYT Now)和"纽约时报观点"(NYT Opinion)。虽然这次尝试以失败告终,但为《纽约时报》抓取用户阅读数据、了解用户网络行为逻辑提供了很好的平台。《纽约时报》《今日美国》等美国老牌传统媒体都建立了自己的全媒体运营部门,通力打造跨平台的多媒体新闻中心,实行所有编辑记者统一管理、全媒体运作,实现了一批人员、一个生产流程创造出了多样化的媒介产品。

传统媒体与新媒体融合后的组织,理应是一个包含了原有媒介样态,并充分发挥了其各自优势原则的新组合形态。媒介融合不需要以牺牲原有的媒介技术与市场的优势为代价,尤其是身居其中的传统媒体更是如此。媒介的相对优势坚守,是融合后的媒体组织模式,以及新媒体的产品生产与市场营销均应遵守的原则。

如果说内容的融合只是初级的合作,那么资金的融合、运营的融合才是真正意义上的全面的融合。传统媒体要实现创新升级,必然要全面融入新媒体,实现媒体渠道升级,拓展丰富的媒体资源。随着社交网站的多样化,以前只能通过新闻平台阅读到的信息,现在可以通过微信、微博等平台进行传播。传统媒体如果还是故步自封,不与它们合作,将会逐渐被受众抛弃。

这里所说的传统媒体的主动融入,并不是简单地办一个官方网站,在线依旧只能接收到传统媒体信息,也不是在其他网站上大量发布其页面,更不是以微信、微博等平台仅仅简单进行互动的这些初级手段。要做的是利用其固有优势,推动传统媒体与新媒体之间真正做到新旧结合。

我们可以思考能否让更先进的信息存留手段进入传统媒体的节目中来,降低受众的接收成本和记忆难度,让受众可以通过手机获取到节目内容和互动服务,通过可存留、可检索、可定制的手段强化它的功能。例如,可以开办一份有声报纸,利用客户端或者直接在中国移动、中国联通、中国电信三大运营商网络上全面推进,拓展收费用户,思考新的盈利方式。又或者,可以通过iPad、智能手机等移动终端为用户体验提供机会,为探索新闻的收费模式创造条件。比如社交新闻聚合网站 NewsMix 把自身打造成了 iPad 上的一本收费的社交新闻读物,以良好的视觉和阅读体验获得了用户认可。

或许在不远的将来,传统媒体应该会被重新定义,而新媒体这个词也会消失。我们不能因为新技术的出现而恐惧,也不应该由于过去的辉煌而故步自封,无论是传统媒体还是新媒体,核心逻辑是受众获取信息的路径和方式已经发生改变,所有的媒体都需要思考如何重新定义自己的内容、生产方式、传递方式,以及与受众的关系。

案例1.3 海南警方上传首个警方抓捕的VLOG

附录

（一）拓展内容

"媒介融合"的本意是指各种媒介呈现出多功能一体化的趋势，这种关于媒介融合的想象更多地集中于将电视、报刊等传统媒介融合在一起。媒介融合（media convergence）这一概念最早由美国马萨诸塞州理工大学（现麻省理工学院）的浦尔教授提出。

美国新闻学会媒介研究中心主任安德鲁·纳齐森将"融合媒介"定义为"印刷的、音频的、视频的、互动性数字媒体组织之间的战略的、操作的、文化的联盟"[①]，他强调的"媒介融合"更多是指各个媒介之间的合作和联盟。

喻国明教授在《传媒经济学》中认为，媒介融合是指报刊、广播电视、互联网所依赖的技术越来越趋同，以信息技术为中介，以卫星、电缆、计算机技术等为传输手段，数字技术改变了获得数据、现象和语言三种基本信息的时间、空间及成本，各种信息在同一个平台上实现了整合，不同形式的媒介彼此之间的互换性与互联性得到了加强，媒介一体化的趋势日趋明显。

以"澎湃新闻"为例，2014年7月22日，澎湃新闻正式向公众宣告它的诞生。随着上海报业集团成立后成功推出澎湃新闻，媒介融合再度成为人们关切和讨论的话题。澎湃新闻继承了传统报纸重视深度报道的特点，又借鉴了新媒体独特的传播优势，一经上线便得到业内人士广泛好评。澎湃新闻作为媒介融合的优秀代表，无论是在内容上还是形式上，都由上海报业集团尽心尽力打造而成。

从内容的报道与分享途径上看，澎湃新闻摒弃了传统图文报道的古板形式，增加了多媒体融合形式，使内容呈现更加完整，更加吸引受众；内容分享支持多种渠道，便于新闻的传播，进而有利于扩大新闻的影响力。

从网站的设计与客户端分类上看，澎湃新闻为受众细分了许多种类，受众可以在网站或客户端上随意选取自己感兴趣的内容和话题。除此之外，根据互联网对用户信息的追踪功能以及澎湃新闻自有的新闻追踪能力，将会在第一时间锁定用户感兴趣的内容，并为其推送相关信息，使之不遗漏任何相关新闻。

无论理论还是实践，我国媒介融合的发展已有诸多成果。但媒介融合的态势目前在我国仍然是目标理想与现实情况不十分相配。大量媒体依靠行政手段将旧内容与新媒体平台做简单拼接，内核照旧，影响力十分有限。

第一，平台融合难以维持内容影响力。目前，我国传统媒体都在推动"两微一端一号"的平台融合建设，而面临的问题是缺乏对用户需求的思考，将传统内容大量复制到新媒体平台，内容同质化严重，产生了大量"僵尸"号，面临着有人发布、没人观看的尴尬境地。

---

① Andrew Nachison: Good business or good journalism? Lessons from the bleeding edge, A Presentation to the World Editors' Forum, Hong Kong, June 5, 2001.

第二，经营模式融合难以应对市场。自2009年起，我国媒体机构尝试向现代企业转型，同时实行股份制改革，以求上市融资增强竞争力。如人民网于2012年整体上市，是我国媒体改革的里程碑。但是，传统媒体在经营模式改造过程中，步伐缓慢，各方利益错综复杂。面对以BAT（即百度、阿里巴巴、腾讯）为代表的互联网企业竞争的局面，新优势不足，传统优势运用不到位，最终以诸多地方门户网站、报业集团被收购而告终，如阿里巴巴收购第一财经、《南华早报》等。

总之，传统媒体与新媒体展现出来的融合态势并不是媒介融合的最终表现，而是其发展过程中的一种表达方式，传统媒体向新媒体进军，是传统媒体顺应时代、勇于突破的表现，也是媒介融合的第一步。媒介融合促进了传统媒体在新网络时代中的转型，是大众传播进一步发展的重要技术手段。

（二）参考文献

[1] 彭兰.智媒化：未来媒体浪潮——新媒体发展趋势报告（2016）[J].国际新闻界，2016，38(11).

[2] 陈力丹，汪露.2006年我国新闻传播学研究综述[J].国际新闻界，2007(1).

[3] 陶明敏.公民新闻的传播现状研究——以微博为例[J].新闻研究导刊，2019，10(3).

（三）思考题

①作为中国网络新闻事业起步阶段的传统媒体的网络版与网站，在总体上一定还存在着诸多不足，这些不足主要表现在哪些方面？

②除了传统媒体、商业网站、个人网站、政府网站外，还有什么网站可进行新闻传播？

③移动媒体传播新闻和资讯可以运用哪几种模式？国内外目前主要的新闻客户端有哪些？

④媒介融合之后，新闻生产的未来变革趋势是什么？

第二章

网络新闻传播的特征

内容提要

网络新闻所特有的快捷方便、信息量大和表现形式丰富等特点,使它在问世之后便备受关注和重视。如今网络新闻传播已成为人类传播领域极为重要的新兴力量,上网浏览新闻也成了网民的习惯性活动之一。

网络新闻越来越成为人们获取资讯的重要渠道,并且逐渐影响着人们的思想观念。与传统媒体新闻相比,网络媒体新闻呈现出种种新的特点。网络新闻是新闻的一个分支,网络新闻必将遵循新闻传播的普遍规律。同时,网络的独特传播介质也赋予了网络新闻新的传播特点。网络新闻的"四化"基础,即数字化、电子化、普及化和生活化,将不断强化网络新闻的传播特点,并愈加广泛而深远地影响着人们的生活。本章将基于网络介质,首先从网络新闻传播和受众两个层面入手,描述网络新闻传播的整体特征,绘制网络新闻传播的大致轮廓;其次分别从网络新闻的优、劣势两方面对其进行分析;最后提出深度思考,同时对本章进行总结与回顾。

第一节 网络新闻的基本特征

互联网的发展对新闻传播的实践和理念产生了全方位的影响,诸如新闻产品采制编排的变革,新闻传播方式和流程的变迁,新闻传播活动交互性的体现,新闻传播者与受众相互关系的变化,以及强化了新闻传播的全时性观念,加速了新闻传播的全球性扩展等。网络新闻传播究竟具有何种魅力,能够对新闻传播领域产生重大而深远的影响?从整体上看,网络新闻传播呈现出以下有别于传统传播方式的特征。

一、网络时代受众的基本特征

（一）传受身份的双重性

在传统媒介的大众传播过程中，传播对象——受众，即被动地接"受"大众传媒信息的大"众"。而在网络传播中，这种情况发生了根本性的改变。网络新闻的门槛很低，只要有一台电脑，能上网，会基本的操作，就可以实现，这使得"受众主动式"的深度优势展现无遗。我们先来看看传统媒体和网络媒体传受关系模式的区别（见图 2-1 和图 2-2）。

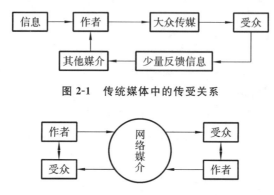

图 2-1 传统媒体中的传受关系

图 2-2 基于网络的传受关系

网络的兴起带来了传播格局的多元化，也强化了受众在传播中的作用。在网络时代，受众也是新闻消息的发布者、传播者，受众和媒介的关系有了根本性的改变。他们不再被动地接收新闻信息，而是主动检索、寻觅新闻信息，还会定制自己感兴趣的新闻信息；不再按媒介的报道和编排顺序去接收信息，而是根据所需通过超文本链接等工具跳跃式、辐射型地去发掘、梳理、了解新闻信息；不再停留在看和听的层面，而是可以方便地说和写，表达对新闻事件的反映和见解，随时把互联网从获取信息的媒介转化为发布信息的媒介。可以说，这种变化在新闻传播史上是空前的。

（二）对象的小众化与个人化

尼葛洛庞帝在《数字化生存》一书中说道："在后信息时代中，大众传播的受众往往只是单独一人。所有商品都可以订购，信息变得极端个人化。"随着时代的发展，大众传媒正面临着一个分众化的抉择与定位，小众化、个人化的趋势已然彰显。

网络传播的个人化特征其实是非常明显的，技术带来的优势可以使受众从容利用检索工具在数据库中"各取所需"；受众还可以自由安排信息接收的时间、地点以及媒介的表现形式。可以说，在这个以用户为中心的时代，新闻信息传播越来越倾向于围绕着个人进行。随便打开一个门户网站，进入新闻搜索、高级搜索，输入关键字，任意搜索自己感兴趣的内容，用户可以感受到该网站完美的个人化服务，并实现了小众化传播。与此同时，作为网络传播另一端的传者也可利用一种专门化的服务，根据用户特定的需求进行信息推送。

（三）传播的去中心化

由网络造成的新闻传播去中心化，是指随着资讯科技与网络科技的发展，传统媒体所掌握的媒体发言权将回归到个人手中。网络技术的发展使传播资讯的成本降到最低，因此只要是有价值的发言内容，就能利用网络进行传播。换句话说，个人发言权不再集中在主流媒体手中,例如传统报纸、广播或是电视,而能够回归到身为受众的个人手上,这种现象就是我们常说的"去中心化"。

传播的去中心化具体表现在三个方面:技术逻辑的无中心化;传播主体的消解与多元化;网民去中心化的思维意识。

1. 技术逻辑的无中心化

网络传播的逻辑结构是网状分布式的,其特点为以下四点(见图2-3):

①拓扑结构中无中心节点,每个节点都可向其他节点发送信息成为信息源;
②双向流动,任何节点都可以向发送信息的节点传回反馈信息;
③网络各节点之间不是孤立的,任意两点间可以通过网络进行双向信息交流;
④任意两点间的交流路径不只一条。

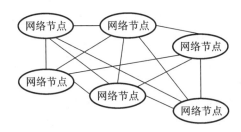

图2-3 网络传播的网状分布式结构

传统媒体仅仅是将信息单向地传递给受众,网络传播则提供一种网状结构的信息渠道,形成网状的复杂信息结构,按照不同查询条件进行链接,从而使网络传播拥有强大的检索功能。这种开放式的传播结构能够聚合各种类型的新闻,使新闻传播在深度、广度以及持久性上比任何一种传统的传播结构更具有优势。

2. 传播主体的消解与多元化

在网络时代,以前传统媒体赋予传播主体的权力被瓦解,无数个体化的传播主体浮现出来。主体由真实走向了虚拟——例如利用网名、昵称发布和传播信息;由确定性走向不确定性。如果是××杂志、××报纸、××电视台发布的新闻信息,主体一般很明确,但网络传播的主体并不确定,因为每个网民都是信息的发布者,每一条信息都有受到众人关注的可能性。这种传播主体的消解与多元化,使网络传播呈现出一种不受约束的无政府状态,带有强烈的个人主义色彩。

当传播主体走向个人化的时候,人们对传统政治身份、阶层身份认同感自然变得淡漠了,专家、权威对现存社会、生活领域的主导权也逐渐被消解。

3. 网民去中心化的思维意识

在现实社会,引人注目靠的也许是权威的力量,而在网络搭建的虚拟社会中,引起关注靠的是信息本身的力量。这种信息可以观点独特、个性鲜明,甚至另类怪诞,也可以阐述深刻、逻辑性强。总之,每个人都有自由表达喜好的权利,不用受制于他人或某些权威角色。网民往往更看中信息本身的观点、态度,而对任何现有权威角色、现成结论都持怀疑态度,去中心化的思维意识极其鲜明。

这种双向交互式、无既定中心的特点,让网民开辟了更多更好的网上言论场所,使人们能够有充足的空间张扬个性、交流情感,跨越媒体作为意见市场的理想与现实之间的距离,改舆论千篇一律的面貌为自由放谈式的宽松情境,使舆论自发、自由和多元的本性得以充分展露。

二、网络时代新闻传播的基本特征

(一) 全时性

报纸使用纸质媒介传递信息,传递速度受制于交通运输和零售环节;广播电视采用无线电磁信号的形式,信号覆盖面有限,中转会大大延迟传播速度。网络传播的全时性特征具体体现在以下三个方面。

1. 传播过程的全时性

传播过程的全时性即全天候处于报道的状态。传统媒体有出版周期、播出时段,网络新闻是即时发布的。

2. 信息存贮的全时性

信息存贮的全时性即信息一直存在于网络空间中。从原则上说,只要互联网发布过的新闻就会存贮在网站里,并且可使用网络提供的搜索工具进行查找。这也就是网络新闻海量信息之间相互链接的原因,而且使网络新闻可循环利用,并进行内容整合发布。

3. 信息接收的全时性

信息接收的全时性即用户可在信息发布后的任何时间获取信息。报纸受储存空间的限制,受众一般会及时阅读,广播和电视更是"转瞬即逝",而网络新闻则是想什么时候看,就可以什么时候看。

(二) 海量性

互联网是一个全球性的开放平台。这个由技术创造的计算机网络时空,几乎可以将全世界的新闻信息全部包揽,使网络新闻具有海量性的特点。

从横向来看,网络新闻几乎可以包揽全世界的新闻信息。互联网将全世界的计算机连接起来,从而形成了一个巨大无比的数据库。与传统媒体相比,网络传播规避了报纸版面、广播电视固定时段、节目容量等诸多限制。技术创造的互联网时空,几乎可以将全世界的新闻信息全部囊括进去。

从纵向来看,这些新闻信息的积累和沉淀,形成了海量的信息。由于数据库的存在,得以保存很多具有历史价值的新闻信息。而正是信息集纳的广度与深度,形成了网络传播海量性的特点。

(三) 交互性

传统媒体仅将信息单向传递给受众,网络传播则提供一种双向传输的信息渠道。传统媒体的逻辑结构是星形,即中心制作,四面传输,使传统媒体基本上仅根据自己的判断来决定发布什么样的信息,受众只能照单全收。而网络媒体基于完全不同的网状结构,提供了一个平等交流的信息平台,使传播活动具有了交互性的特点。

"网络新闻兼有人际传播与大众传播的交互性,受众可以直接迅速地反馈信息,发表意见。同时,网络传播中,受众接收信息时有很大的自由选择度,可以主动选取自己感兴趣的内容。网络新闻突破了传统媒体新闻一对一或一对多的局限,在总体上,是一种多对多的网状传播模式。"[①] 在网上浏览、检索的一般用户固然是受传者,但他们不仅有很大的寻觅信息

[①] 彭兰:《网络传播概论》,中国人民大学出版社,2001年,第15页。

的主动权,而且他们随时都能充当传播者。他们可以通过电子邮件向别人传送信息和观点,可以向新闻讨论组、公告板传送信息或观点,还可以设立个人网页,发布信息或观点,吸引他人来访问。

(四) 多媒体综合性

互联网兼具电视、电话、录音机、游戏机、打印机、传真机等的性能,它将以往各自独立的单一传播方式综合在一起,是各种传统媒介的大熔炉。它又将文字、口语、音响、图像等各种传播形式汇于一体,而且可以根据需要自如地从一种形式转换到另一种形式,或者让几种形式并举,做到图、文、声、像并茂,真正实现多媒体的传播。

网络传播的多媒体性有两层含义。第一层含义,网络这个大平台,可以承载任何一种形式的信息。常见的形式有文字、资料、图形、动画、影像、声音、特效等,互联网整合这些多样化的资源,再由计算机表现出来。第二层含义,在网络新闻或信息传播中,可以在单一报道中综合运用多媒体手段。第二层含义体现了多媒体的综合性,即多种传播方式并举地进行新闻传播。多媒体化的思维能力、表现能力,也是新时代培养的网络新闻工作者的基本要求。

(五) 多级性

美国社会学家罗杰斯提出"N级传播"模式,在他看来,大众传播过程可以分为两个方面,一是作为信息传递过程的"信息流",二是作为效果或影响的产生和波及过程的"影像流"。前者可以是"一级"的,而后者则是"多级"的。网络传播亦是如此,多级传播不仅出现在"影像流"的传播过程中,也出现在"信息流"的传播过程中,因而多级传播的作用范围越来越大,程度也越来越高。

网络新闻传播是大众传播、群体传播与人际传播三者的结合。在传统媒体的多级传播中,一级之后的传播通常是在媒体之外完成的。与传统媒体不同的是,网络中的多级传播可以全部利用网络这个媒介实现,因为互联网这个媒介本身就兼具了大众传播、群体传播、人际传播等功能。

另外,多级性网络信息的组织与发布大多采用层次化的结构。这种特殊性,使得所传播的信息也成为多级的。一个完整的网络新闻作品可以有五个层次,包括标题、内容提要、新闻正文、关键词或背景链接、相关文章的延伸性阅读等。受众通过逐级点开信息作品,以获得完整的信息。

(六) 连通性

这里所说的连通性包括信息与信息之间的连通性、传播者与受众之间的连通性、受众之间的连通性,以及各种网络传播形态之间的连通性四个方面。

1. 信息与信息之间的连通性

与传统媒体不同,网络传播是建构在超文本、超链接之上的全新传播模式。超链接是指节点间通过关系链加以连接,从而构成表达特定内容的信息网络。超文本、超链接赋予网络传播许多优势,包括结构上的连通性,任意两个节点之间在理论上都是连通的。

网络中存在于不同电脑上的信息可以彼此连接、连通,一个网站上的各种信息也可以互相关联。由于超链接的存在,网络中的很多信息之间也是彼此相连的。而网络传播的连通性的更高层面表现为传播者与受众间的连通性,以及受众与受众的连通性。

2. 传播者与受众之间的连通性

新闻发布者发布新闻后,不是新闻工作的结束,而是新闻工作的开始,他需要观察受众的反应,以发觉受众关心的焦点事件。受众会在新闻中选择自己感兴趣的内容,进行跟帖、评论,或者在微博下评论,甚至在博客中写文章发表看法、进行论述。当这个新闻事件成为焦点时,受众的文章、评论往往成为焦点事件的组成部分。传播者与受众之间的连通性在角色分工方面,两者之间渐渐融为一体。

3. 受众之间的连通性

受众在网站阅读信息时,会受到网站的点击率、回帖率等各种排行榜的影响;受众在网络中的阅读行为,还可能受到自己所在的社区的影响;网民通过各种手段来互相转发信息,受众在转发过程中会形成一种自然的选择机制;受众在网络中的个人意见表达,可以借由网络中的"公共话语空间"聚集起来成为一种集体表达。受众的沟通和互动,对新闻的价值取向、网络舆论的走向、网络社会的文化形成都产生直接影响。微博助人的事迹、微博围观、恶性事件的曝光、舆论的监督力量,都是受众之间的连通性在起作用。

4. 各种网络传播形态之间的连通性

除了信息与信息之间直接的连通、传受双方直接的连通、受众之间的连通外,还有各种网络传播形态之间的连通。网络传播不是单纯的大众传播,而是人际传播、群体传播、组织传播与大众传播的结合体,这几种传播形式密切相连、相互渗透。

这种连通更加凸显了网络信息互相影响、广泛传播的特性,从而能够生产出更具纵深感和连续性的新闻,也能促进传受双方与受众之间更为广泛和深层次的沟通,超越组织内部的小范围传播,实现更为广泛意义上的沟通。

三、移动数字媒体的新闻传播特征

手机被认为是继报纸、广播、电视和互联网之后的"第五媒体"。从第一代模拟手机到今天的智能手机,其功能越来越强大,开发应用于新闻传播的媒体形态也越来越丰富。手机报、手机视频新闻、手机新闻客户端正在成为手机新闻传播的主要形态和渠道。作为诞生于21世纪的新媒体工具,作为填补小手机与大电脑之间空白区的产品,平板电脑从出现伊始就带有新技术的烙印。它集合了笔记本电脑、电子书、有线设备、手机、电子相框等诸多电子设备性能于一体,而其强大的功能一旦用于新闻报道,必然会产生不一样的传播特性和价值。iPad新闻类APP每天编排发布最新的新闻资讯,登载报纸、杂志的最新文章,直播、点播最新的视频内容,成为移动新闻传播的又一条重要渠道。

知识拓展

由于手机拥有庞大的用户群,以及手机的移动性、贴身性,所以其作为媒体的使用率一直居于高位。根据2019年1月CNNIC第43次调查报告中关于手机网民应用状况的统计,截至2018年12月,我国网民规模达8.29亿,全年新增网民5653万,互联网普及率达59.6%,较2017年底提升3.8%。我国手机网民规模达8.17亿,全年新增手机网民6433万;网民中使用手机上网的占比由2017年底的97.5%提升至2018年底的98.6%,手机上网已成为最常用的上网渠道之一。

(资料来源:《第43次〈中国互联网络发展状况统计报告〉》,http://www.cac.gov.cn/2019-02/28/c_1124175677.htm。)

尽管有着多种不同的呈现形式，手机和平板电脑上的媒体新闻都是基于移动互联网的技术框架和移动终端介质。除了普及率高、新闻覆盖面广之外，移动终端的新闻传播具有多方面的共性特征。

1. 移动化、贴身性，受众依赖度高

移动互联网技术保证了移动媒体的移动化和贴身性。移动互联网技术基本不受地点、时间的限制，在移动状态下可以随时接收新闻。对传播者而言，移动媒体能够快速、瞬时传播，因此，新闻的传播、更新几乎以秒计算，而不受时间周期的限制。在遇到重大、突发事件时，移动媒体还可以滚动播报，同步跟踪新闻事件的发生、发展，瞬时播出，实现新闻的动态时效。

移动媒体尤其是手机更具有贴身性且功能全面，因此，对受众而言，手机阅读新闻便捷，能够随时随地接收与浏览信息，这就使得用户对手机依赖性大，传播效果相对较好。手机被比喻为"带着体温的媒体"，是众多媒体中与用户黏度最高、零距离的媒体。因此，人类从固定的机器前、禁闭的室内解放出来，可以在世界的任何地点获取新闻信息。从某种意义上看，手机已变成一种半强制性的消费，手机媒体对用户的影响远远超过了其他媒体产品，尤其是用户对手机新闻的主动定制，表明其传播效果远超过其他被动接受的媒体。

移动媒体电脑还具有一定的存储空间，能够满足用户在移动环境中基本的阅读需求。如平板电脑被誉为"随身走的报刊亭和书店"，用户可以下载报纸、杂志和书籍存储到平板电脑中，并按照自己的习惯分门别类地排放。平板电脑的存储特性推动了用户利用碎片化时间进行移动阅读行为的普及，体现出平板电脑的新型传播特征。

2. 融合型的媒介终端

尤其是平板电脑，能够融合以往所有媒介终端的特性和优势，加之其便携性带来的良好的移动传播效果，被认为是一种融合型媒介终端，是一类能够服务于新闻传播并进行多媒体报道的新型媒介终端。不只是报纸、杂志主动走向与平板电脑的融合之路，广播电台、电视台及其栏目、节目都纷纷登录到各种应用商城，作为融合型媒介终端，平板电脑正在成为传统媒体和新媒体竞相角逐的大舞台。

融合型媒介终端的传播特征还体现在内容上。开放、兼容和平等的性质决定了进入平板电脑的信息没有限制条件，从阳春白雪到下里巴人，从严肃的时政、军事、外交到轻松一刻、娱乐休闲，从专业、严谨的学术论文到滚动新闻、快餐新闻，都能够在平板电脑中兼容并蓄。一种纸质媒体总是会有一个固定的主题和基调，受众在其中只能获取单一的信息，平板电脑则可以提供包罗万象的内容资讯。

3. 新闻能够实现定制化，为读者提供个性化阅读

移动媒体具有高度的便携性、贴身性，因而能够提供个性化的愉悦阅读体验，如技术与页面结合的人性化、细节化设计，更利于受众获得良好的体验；如平板电脑在页面尺寸、编排、阅读感受上贴近纸质版杂志，减小与用户之间的使用隔膜。同时，用户也可以在自己的手机上进行专项定制，如同手机新闻类客户端，在平板电脑中，用户可以随意订阅或删除报刊、电视节目，可以自由下载或卸载 APP 客户端，可以基于地理位置阅读本地化新闻。用户还可以预约各种电视节目，对于不定期更新的新闻报刊可以设置推送服务。

4. 终端智能化，多媒体的视听阅效果，新闻文体丰富、形式多样

智能手机的使用率正在逐步上升，其广泛应用表明手机阅读逐渐被人们接受。手机阅读新闻文体丰富,文本结构多层次,既可以是单一的文字、图片、音视频、Flash 动画,又可以是多媒体立体新闻;既可以是简单的标题新闻、导语新闻、一句话快讯等,又可以是深度新闻、专题新闻、背景新闻等。尽管平板电脑目前还不能全面支持 Flash 形式,但这并不妨碍平板电脑的多媒体呈现,也不能阻止用户对 iPad 多媒体视听的享受。形式的包装与多媒体的交融是平板电脑对内容展现的重要要求,也是为了达到良好传播效果的必然选择。

第二节 网络新闻的优势

伴随着互联网技术的日新月异,网络新闻无论是版面的频繁改动,还是传播形式的多样化、报道形式的多元化,都体现了它的与时俱进和创新魅力。在互联网初来乍到之际,有人预言网络可以取代报纸、广播和电视三大新闻媒体,以至于传统媒体惊呼"狼来了"。短短十几年间,网络媒体以及它承载的网络新闻的侵略性扩张与生机勃勃的生命力让人惊叹。这既缘于网络新闻本身的特性,又缘于强烈的时代需求。那么,网络新闻究竟有哪些显著特点?当今所面临的机遇又有哪些?我们将在这一节进行归纳和总结。

一、丰富性与时效性

(一) 丰富性

丰富性主要是指网络新闻内容丰富、形态多样,能够承载海量信息。

互联网将全世界的计算机通过网络连接起来,形成了一个无比巨大的数据库,使网上的信息无所不有、无所不包,相对于传统媒体有限的信息量而言,互联网上的信息量可以说是"海量"的。不仅如此,相对传统媒体发布的新闻来说,网络新闻的内容更丰富、更灵活、更贴近受众,传播方式也更加多样化。

从内容上讲,网络媒体的覆盖面相对来说更大。专业的新闻网站,如新华网,其首页链接的信息量相当于几十份《纽约时报》。还有对重大事件的报道,比如每年召开的两会,涉及改革、民生、中国台湾、国际关系等众多话题的代表提案,可以通过专题的形式在网络上详尽展示,这也是传统媒体无法企及的。

从表现形式上讲,网络新闻通过标题链接方式得以展现,可以随时更新,始终保持变化,"苟时新,时时新,又时新"。而相对的,报纸的版面最多只能做到"苟日新,日日新,又日新",一旦定版印刷,将无法进行更改。

在发展和创新过程中,网络新闻增加了博客、播客、微博、短信、手机报、手机视频等一些新的传播和接收方式。有了这些"利器",网络新闻的发展将如虎添翼。

(二) 时效性

迅速及时,是网络新闻最为鲜明的特征。互联网的触角几乎已经延伸到世界上的每一个角落,信息在网上的流动不再过多地受到时间与空间的限制。并且,有别于报纸的固定排版一日一更新的方式,网络媒体的信息发布完全做到了 24 小时实时更新,几乎把新闻传播的时效性发挥到了极致。

时效性,是"德拉吉报道"在"克林顿绯闻案"中获得主动权的最重要的原因。1998年1月17日,马特·德拉吉在他的博客网站上发布了一条震惊世界的消息:"在最后一分钟,星期六(1月17日)晚上6点,《新闻周刊》杂志枪杀了一个重大新闻。"假如克服技术上的阻碍,《新闻周刊》杂志能够即时发布新闻,那么第一个报道这一爆炸性新闻的将是《新闻周刊》,而非"德拉吉报道"。

如今,我们已经进入一个全时的新闻时代,越来越激烈的竞争导致人们对于时效性的追求近乎苛刻,但这也使得网络新闻直播能够在各种媒体传播方式中展现出其独有的优势,并在许多重大新闻报道中发挥出其不可替代的作用。

二、动态中的真实与较客观的立场

(一)动态中的真实

马克思在传统媒体时代就曾阐述过"报刊的有机运动"这一概念。所谓"报刊的有机运动",其实就是说当事件发生时,如果有明确的消息来源,报刊作为新闻发布机构,有义务迅速发表出来,也有责任根据不断出现的新情况和新证据纠正以前所发布的消息中的误差,直到整个事件真实、完整地展现在读者面前。1843年1月,马克思在《摩塞尔记者的辩护》一文中写道:"只要报刊在有机地运动着,全部事实就会完整地被揭示出来。"这段话的描述,正是当下的网络新闻传播中应该呈现的场景。

新闻的发布者应当遵循客观报道、原样呈现的原则,尽可能迅速、及时地发布信息,而互联网为他们提供了这样的便利。不仅是传播者,在接收信息传播的过程中,受众也突破了广播电视新闻的线性限制,可以不计次数、不限时空地对自己感兴趣的新闻任意进行非线性的查看和阅读,还可以随时刷新以了解最新发布的新闻。这些特点也为网络新闻受众了解新闻事实提供了技术保障。在不断重复、不断更新的过程中,新闻报道内容的真实性不断得到矫正和检验,可信度随之逐步提升。

(二)较客观的立场

互联网凭借其开放和便捷的传播平台,把更多的新闻真实变为公共话题,使之公开在阳光下,弥补了传统媒体在这方面的缺陷。网络媒体的这种特性,较之传统新闻来说,更加接近客观事实,以互联网传播技术为支撑的网络新闻,也越来越被公众关注和使用。

这里说的真实客观并不是指绝对的真实客观,因为传播的每个环节——生产、传播、接收都难以避免主观因素的存在,但较之传统媒体,网络少了一些权力、经济关系的牵扯,在这个层面可以做到相对客观。这也许就是当人们碰到敏感话题时,更热衷于从网络中获取信息的原因。

就网络而言,对于其有利于新闻真实和客观的一面,应当进一步利用和发扬,让互联网能够更好地为保障新闻真实服务;对于其不利的一面,应从网络新闻从业者、公众、政府等不同主体出发,找到改善现状、解决问题的方法,尽可能地避免使网络成为新闻真实的颠覆者,让网络新闻最大限度地远离虚假。事实上,坚持新闻真实,杜绝虚假报道,应该始终作为网络新闻传播的首要任务。

案例2.1 腾讯视频发布不恰当推送

三、汇聚力与多元化

在传统媒体的新闻传播过程中,传者与受众是截然分开的两种角色,前者主动地传播信息,后者被动地接收信息。即使传者要与受众进行双向交流,也只能极其有限地出现在"编读往来"、听众热线、现场直播等形式中。而网络具有强大的交互功能,用户不仅可以按照自己的需要提取信息,还可以通过在线聊天、BBS、社区、论坛、"两微一端"等即时发送反馈意见,并且还会引发更多信息反馈,从而形成强烈的网上意见汇集区。并且,网络媒体在数字化技术基础上,综合多种媒体形式,实现了信息传输的多媒体化。网络媒体能汇聚包括语言、文字、声音、图片和影像在内的各种信息,并做出数字化处理,这使得网络兼具了多种媒体优势。

综上,网络的这种高容量、交互特征,以及分层、分组的能力,使得网络新闻能够在非常短的时间内,在任何一个狭窄的主题领域里汇聚相当数量的人群,并使他们对某一新闻乃至整个频道做出集体化的响应。1998年英国王妃戴安娜去世时,一个又一个纪念戴安娜的网页建立起来,其行动之迅速、内容之丰富、设计之精美使得大量人群得以汇聚,让许许多多的新闻受众开始明晰网络的魅力。由此可见,网络能以第一时间汇聚一定的人群,使他们做出集体化的响应,这也同时推动了网络社区的发展。

在轰动一时的"和颐酒店女子遇袭"事件中,当事人"弯弯"先于微博上提起支援诉求,到2016年4月5日晚上,舆情开始发酵,裂变式传播态势开始形成,网民纷纷评论、转发。而此时传统媒体由于受时间限制或其他原因在4月6日才开始对该事件进行大规模报道。网络媒体舆论倒逼传统媒体舆论,顺利将涉案男子抓获。总之,通过这一事件,我们能够深切地体会到,在网络时代,我们不再仅仅是看新闻,而是在使用新闻,不是单纯地接收信息,而是全方位地将其融入我们的生活中。

从技术上说,网络是一个完全开放的信息空间,任何人都可以随时随地在网络上发布信息、表达意见。相对于传统媒体而言,网络拥有强大的汇聚力,并发展出更加多元化的社区文化。也正是网络传播的这些特征,打破了传统媒体对信息发布的垄断,让每一个人都可能成为网络上的传播者。

四、参与性与公民监督权

网络时代的来临,被许多人认为是推进民主化的开端。在现实中,网络的确为大众提供了一个前所未有的信息交换平台,使高效理想的即时互动成为可能,这种开放性和互动性无疑最大限度地增加了受众融入媒介的机会。

近年来,微博迅速发展成为网络信息传播的主要途径之一,也在事实上成为现今中国最大的网络舆论集散地和众声喧哗的舆论场。2019年3月15日,新浪微博数据中心发布最新的《2018微博用户发展报告》显示,微博月活跃用户4.62亿,连续三年保持7000万及以上的用户净增长。这表明微博持续推进社交赋能,强化社交资产,不断巩固中国最具影响力的社交媒体平台地位。

每一个看似微小的话题都能充分反映网民的参与力量。无数网民积极参与的网络行为,哪怕多数人只是简单地点一个"赞",叠加起来都可以构成强大的意见洪流。2018年12月26日,央视新闻微博推送了《我和我的祖国》MV版,其中一句"我和我的祖国,一刻也不能分割,无论我走到哪里,都流出一首赞歌"引起网友不断转发。微博中所传递出的我们生为中国人对祖国深深的爱意,以及短片中传达的豪情感染了无数人。

同时,网络的普及还促进了公民更广泛地参与政治,使政治民主化程度大大加深。人们已经趋向于通过互联网平台获取相关的信息,在此背景下,以政务微博、政务微信、政府网站等为代表的政务新媒体平台(即"两微一网")应运而生。2014年8月19日,杭州市人民政府新闻办公室实名认证的"杭州发布"网络平台正式上线。至此,"杭州发布"两微开始走进大众视野。在从筹备到成功举办G20杭州峰会的10多个月里,"杭州发布"政务微博共发布G20峰会相关信息235条,设置了26个与G20相关的话题,如"♯G20杭州峰会♯""♯办好G20·人人都是东道主♯""♯如画杭州♯""♯文化杭州♯""♯杭州哪里好♯"等,内容涵盖G20杭州峰会的策划、组织、宣传动员、安全保障等各个方面。

利用网络独特的互动模式来引导民众积极参与重大政策决策制定,成为各级政府部门的工作方式之一。《2018年度人民日报政务指数·微博影响力报告》指出,2018年政务微博在政务公开、政民互动、规范运营方面取得了亮眼的成绩,仅在扶贫领域,新浪微博就联合政府部门、明星名人、企业发起"♯我和我的家乡♯""♯农品上热搜♯""♯百县千红新农人♯"等行动,助力扶贫攻坚。2018年下半年,350多位明星在微博为家乡代言,推动数十种农产品"上热搜"。这不仅加强了线上、线下紧密联系,高效地发挥联动政务处理效率,而且充分彰显了对公民的尊重和平等的对话态度,不断巩固自身公信力。

五、表现性与个性化

如今,个人创办的电子报纸、编排录制的节目,千奇百怪的新闻组,电子杂志、BBS和其他网络服务,使网络信息的分散化和个性化成为可能。网络新闻在传播过程中,得到突出展现的往往不是新闻本身,而是接收信息的人。表现性并不仅仅是指在对图形图像、音频视频等多媒体形式的运用上,在当今这个网络时代,网民成了真正的主角,他们运用自己的无限创意,和网络新闻媒体一起营造出一个极具个性和自我表达的世界。

身为网络新闻媒体,个性化是其本质特点,也是其长期运作的必备条件。从内容的个性化到形式的个性化,能提供这种个人定制服务的网络新闻媒体自然会体现出它的个性来。由于对网络新闻关心的层次不同,个人定制服务使网民很便利地得到"我的专属报纸"或"我的专属频道"之类的个性化服务。网民如同得到了一个一劳永逸的遥控器,可以充分享受呼风唤雨、唯我独尊的乐趣。

网络新闻媒体的个性化服务既具有时代特征,又具有其独特的新卖点。

其实个性化服务正是一种真实服务的高级表现形式。网络新闻媒体如何向网民提供个性化服务,主要包括三个方面的内容:一是网民需求的个性化定制,由于自身条件的不同,网民对新闻和服务的需求也不尽相同,因此,如何及时了解网民的个性化需求是网络新闻媒体的首要任务;二是新闻信息的个性化定制,网络为个性化定制新闻信息提供了可能,也预示着巨大的新闻传播的市场,网络最大的特点是实时、互动、多媒体,更加体现出新闻的传播特性;三是对个性化新闻的需要,网民对新闻不只是以往的被动接受,网络新闻媒体也不单是提供多样化的选择范围了事,网民已经把个人的偏好参与到了新闻的传播过程中。

开拓网络新闻媒体个性化服务这个具有广阔发展前景的市场,对网络新闻媒体的发展相当重要。

六、专题报道是网络新闻的一个重要优势

说到网络新闻的特点,不得不提及它强大的新闻整合能力,这也促使专题报道成为网络新闻的一个重要优势。事实上,网络媒体一直自豪于专题报道这一基于互联网特性、完全独立于传统报道形式的网络编辑手段。专题报道被认为是网络新闻报道的"集大成者",具有包容性、完整性、引导性等优势,一个"集装箱"式的专题报道就是一个新闻事件在网络上的历史档案,以至于重大新闻用专题报道的形式呈现已成为网络媒体的"标配"。中国新闻奖最初设立的两个网络新闻奖项,其中之一就是专门颁给网络专题报道。

尽管传统媒体也有专题报道,但在功能上与网络媒体的专题报道有较大区别。传统媒体的专题报道是面的铺开;网络媒体的专题报道既涵盖面的铺开,又是点的连缀。专题报道里面既有滚动新闻,又有大量的现场图片、视频报道,还有各界的评论,以及背景资料、论坛互动等,是重大事件、突发事件的连续或后续报道的集中展示。网络新闻专题报道可以完整再现事件的由来,多角度、多视野、多语种地跟踪事件全过程。

中国人民大学新闻与社会发展研究中心研究员彭兰指出:网络新闻专题报道的信息构成包括三个层次,即核心信息、周边信息和辐射信息。核心信息是直接针对新闻事件或主题的信息,满足受众对信息的基本需求,实现报道的主要目标;周边信息是与新闻事件或主题相关的背景信息、相关知识等,它们有助于丰富人们对当前对象的认识;辐射信息是从当前新闻事件或主题中引申出来的信息,如同类事件的信息,它们可以方便人们进行纵向或横向比较,在一个更大的坐标系上认识当前对象。①

由于技术手段的发展、信源获取的便利性、信息传播的即时性等特点,网络新闻专题报道已经成为网络媒体在新闻领域内竞争的重要方式。如今,是否提供热点事件的新闻专题报道,以及新闻专题报道的数量、质量,已是衡量网站提供新闻服务质量的重要标志。多种创新报道形式与专题有机结合,使专题报道成为衡量一个新闻网站实力的最突出标准。

第三节 网络新闻的劣势

互联网的迅猛发展,给人们的信息交流和新闻传播提供了极大的便利,产生了广泛的影响。网络新闻因其迅速及时等优点为大众所喜爱,但它也存在诸多问题,它的发展也带来某些负面影响。

简单复制媒体内容导致信息量不足、深度报道欠缺、新闻公信力低、技术依赖性强等,网

---

① 彭兰:《网络新闻专题的特点、发展及编辑原则》,《中国编辑》,2007年第4期。

络新闻传播的局限性会在一定程度上消解其优势。全面而充分认识到网络新闻传播的优势与劣势,才能更好地让其为我们服务。接下来的内容,将详细列出网络新闻的各项弊端,并就其所体现的劣势与蕴含的风险做详细分析。

一、信任问题

新闻报道必须做到真实、客观,这是新闻事业在发展过程中形成的基本准则。只有真实、客观的报道,才能赢得人们的信任,才真正具有社会影响力。网络新闻传播的渠道开放,绝大多数网络信息来源是无限制的,具有非常强的流动性和交互性。网上的新闻传播,由于受众和网络环境的宽容性而变得可信度较低,在为人们提供新闻言论自由空间的同时,却大大降低了新闻的公信力。

种种原因,比如未进行深入采访就抢先报道新闻,比如有人抱着戏谑的心理发布虚假新闻,比如黑客出于特殊目的篡改新闻报道等行为,都会使网络新闻的真实性面临巨大挑战。而论坛、BBS、在线聊天等,由于参与者身份的隐匿性,使网络新闻带有更强的主观色彩。如果发言者不顾事实主观臆断,必然侵害到新闻的真实性与客观性,降低网络新闻的公信力。

虽然前一节中讲过"动态的真实"这个适用于关注度高的新闻信息,但一旦信息因其传播范围的限制,没有经过合理的澄清过程,就会存在信任问题。这个问题也会因为虚拟的身份,而广泛地存在于网络传播中。

例如,2018年10月28日,重庆一辆公交汽车不幸坠入江中,车内15人全部遇难。一开始,有媒体报道称公交汽车是为了避让一辆逆行的小轿车而坠江,一时间,开小轿车的女司机成为舆论焦点,部分媒体甚至在没有核对任何信息的前提下,纷纷参与到对女司机的舆论批判中去。这一时期的网络舆情一边倒地指责女司机。然而,官方经过深入调查,查明事件起因是公交汽车上一名女乘客与司机发生争执打斗,司机受到干扰而操作失误,导致公交汽车坠江。今天的网络舆论环境复杂多变,反转新闻呈井喷式出现,不仅导致媒体公信力大打折扣,也促使我们深思其背后所暗藏的民粹主义身影。

由于网络传播具有开放性,所以任何人都可以在没有检查控制的情况下在网上传播信息,进而为有害信息的传播提供极大便利。特别是在一些非正规的网站网页或个人传播活动中,各种信息泥沙俱下、良莠不齐。散布虚假消息、谣言传闻者有之,宣扬迷信、传播邪教者有之,煽动民族仇恨、助长种族歧视者有之,这些都会危害社会的稳定和发展。

真实是新闻的生命,没有真实性,新闻就失去了存在的价值,对于网络新闻而言,对真实性的要求更加严格。与传统媒体的报道不同,网络新闻的来源更广,时效更迅捷,更新率更快,这些方面与新闻的真实性要求有时并不呈正相关,反而容易造成虚假新闻泛滥、以讹传讹之风盛行。

知识拓展

2018年2月2日,国家互联网信息办公室公布《微博客信息服务管理规定》(以下简称《规定》)。该《规定》自3月20日起施行。《规定》共十八条,包括微博客服务提供者主体责任、真实身份信息认证、分级分类管理、辟谣机制、行业自律、社会监督及行政管理等条款。微博客服务提供者应当按照《规定》要求,切实履行职责和义务,自觉接受社会公众和行业监督,积极营造清朗的网络环境。

新闻的真实性是网络媒体的生存之本、发展之基,是网络新闻的生命,如果视新闻的真实性为无物,把公信力当儿戏,就会失去公众的信任。一些网站为追求点击率,随意刊载未经核实的新闻,甚至故意隐去新闻要素以制造轰动效应,这不仅是新闻素养的缺失,而且是新闻职业操守的缺失。

如何确保网上信息传播的真实准确,是当前网络媒体面临的重要课题。网络媒体失去了公信力,传播力就无从谈起;没有了公信力,传播力越强,危害就越大。网络媒体不仅要追求新闻传播更新的时效性,更要追求内容的客观真实、全面准确。不论是新闻网站还是商业网站,都要承担起一定的社会责任,恪守媒体操守。网站要采取有效措施,加强内部管理,严格规范新闻信息传播秩序,决不让网络媒体成为乱象之源和虚假新闻背后的推手。

二、噪声问题

网络噪声并不是一个全新的概念。早在20世纪40年代,香农和韦弗就在《传播的数学理论》一书中,第一次从传播学的角度引入了噪声的概念。如果说在传统的新闻传播时代,噪声就已经存在,那么在网络时代,噪声才得以最大限度地发挥并引起人们的关注。

我们无法保证信息在一个完全封闭的真空环境下进行传播,因此噪声成为传播过程中一个无法忽视的要素。在网络环境下,由于网络媒介自身所具有的特点,更加剧了网络噪声对于网络传播的影响。主要表现在:第一,接收信息太多容易形成记忆上诸多内容之间的相互抑制;第二,对于选择来说,过多的信息导致选择的困难,甚至产生冲突;第三,一个接收少量信息的人,或许能够更加深刻地理解并思索新闻本身。总之,对于阅读时间有限、兴趣不太广泛和对新闻的指向性要求偏高的受众来说,经常会受到网络噪声的干扰。

从表象看来,网络新闻信息接收的个人化和主动化,极大地促进了受众积极性的发挥。但从根本上讲,网络受众所选择的信息,基本都来源于网络,网络上的信息决定了受众接收个人信息的范围。网络上信息的浅显直白、优势媒体的垄断地位,都使个人主动收集信息的行为受到了相当多的限制。"太多的选择等于没有选择",一方面是网络上的信息浩如烟海,另一方面则是有效信息严重不足。不少网友肯定都有过这样的感慨:在获取信息时,与其在网上苦苦寻觅,还不如干脆让别人把关,看看电视、翻翻报纸,反而更为轻松有效。

网络新闻个人化的接收方式还有可能造成另一种不容忽视的影响:个人化信息接收方式对个人兴趣最大程度的满足必然会大大强化个性和特殊性,导致某些人对自己兴趣以外的事毫无兴趣,甚至无知。这种情况也许要付出一定的代价,这种代价可能是社会共识的减少、集体意识的淡漠以及交谈词汇的失语。

同时,互联网的兴起也催生了一种全新的广告方式——在线广告。如今,在线广告以其传播的广泛性、表现形式的多媒体性以及强大的互动性,日益成为品牌传播活动中不可或缺的组成部分。然而,网络开放式的传播环境中,在线广告也对网络用户造成了一定的噪声干扰,影响到网络新闻传播的有效性。

另外,不容忽视的是,有相当一部分网民把网络作为宣泄不良情绪的场所,或谩骂诋毁,或造谣惑众,或侮辱他人人格,不管什么消息一旦发布出来,他们都会先批评指责一番,这种行为扰乱了网络的视听环境,严重影响到他人的价值判断。还有一些网民,受到微薄利益的诱惑,变成个别组织或个人的推手,经常组织"网络水军"摇旗呐喊。这样的网络发声看似充满正义,其实也是一种噪声。

网络传播是通过为受众个人服务的方式来服务社会的媒介,应当不断改进在传播过程中影响个人信息接收效果的状况。同时,提高网络受众的自身素质和净化网络传播的内容和环境也应列入重要的问题之中并加以考量。

三、网上信息安全的问题

由于网络空间的虚拟性,网上的行为不像现实世界中那样可触可摸、有据可查,因而也为一些违法犯罪行为带来了可乘之机。通过网络诈骗钱财、从事毒品交易、密谋恐怖活动,甚至为卖淫嫖娼牵线搭桥,诸如此类的犯罪活动并不罕见。更有些所谓的计算机高手,通过网络窃取商业机密、政治军事情报,蓄意攻击破坏网络,这些行为严重威胁着网上信息的安全。

QQ、微博、微信等即时通信工具为互联网的发展提供了不少的帮助,而其交流功能更是借由互联网得到发挥。随着社交网络的发展,会有更多的个人、企业甚至是政府机构加入进来,相关的数据争夺也会变得更加激烈。账号等重要的用户信息说到底也是数据,而且其数据价值根据使用者的不同而有高有低。由于交流中会产生意想不到的商业价值,不少人盯上了一些相对"值钱"的交流账号,破坏交流信息安全,以赚取"黑心钱"。

社交网络的出现让在互联网中遨游的人们有了"身临其境"的体验,也让网络生活进入了人们的视野。而随着移动互联网和智能机的出现,社交网络和现实生活的融合度也越来越高,关于隐私数据和安全问题被人们提上了议程,可见安全问题是阻碍现代社交网络发展的重大问题。

网络服务商为了管理或个性化服务的需要,定制了个性化的新闻信息,这就需要用户授权算法推送系统,从而获得用户信息,如性别、年龄、社交关系、阅读兴趣、身体健康素质、两性关系特征、位置等,只有在获得这些信息的前提下,系统才能分析并描绘出用户的个人画像,进而聚合并推送符合画像兴趣的内容来满足用户的信息私人定制需求。

四、语言暴力问题

随着互联网的迅速发展,网络已成为人们学习办公、联络感情的重要工具。微博、博客、社交网站、视频网站、网络论坛的兴起和应用,更使网络传播成为当今信息传递和人际交往的重要方式。然而,网络传播拥有很强的自由度,发布的言论不易查究责任,因而很容易出现侵害他人权利的行为。散布流言蜚语、造谣诽谤他人、损害他人的名誉权、侵犯他人的隐私权等行为在网上时有所见。网络世界在给我们的生活、生产和学习带来便利的同时,也导致了人肉搜索、网络暴力等一系列问题的发生。

所谓语言暴力,是指在虚拟身份下,无道德约束的感性冲动言行。网络语言暴力以网络为载体,用言语攻击的形式侵犯其他公民的合法权益,从而在思想或心理上对他人造成某种程度的伤害的行为。这种无形伤害他人的行为在网络上迅速蔓延,开启了一个新的"网络流氓"时代,部分网民也得到了"网络暴民"的称号。代表事件有:2018年5月的"郑州空姐遇害案",受害者不幸罹难却被某些网友诋毁侮辱;同年8月,四川德阳女医生遭人诬陷,不堪忍受网络暴力自杀身亡;等等。

互联网的开放性与互动性,使人们往往忽略了自己应承担的责任和义务,把这种开放自由当成了绝对自由而加以滥用,在网络上肆无忌惮地随意用语言攻击或辱骂他人,再加上网络更新速度快,各种观点会以雪崩式的效果扩散开来。

网络语言暴力不会直接给身体造成什么样的伤害,或许大家觉得事不关己,并不会深有体会,然而换位思考一下,如果你自己成为下一个遭受网络语言攻击的对象,你能不能承受网络语言的暴力行径?答案应该是否定的。因此,我们必须正视网络语言暴力,并且大力整治网络世界,这才是我们的首要责任。

五、人肉搜索的人身伤害

2006年2月26日晚,网民"碎玻璃渣子"在国内知名论坛"猫扑"发表一则帖文,用数幅视频截图显示一位女子将幼猫踩踏至死的血腥过程。帖子迅速引起强烈反响,一时间,极端的愤怒、无情的谴责、巨大的声讨如潮水般涌向镜头里的踩猫女子及其背后可能存在的组织策划团体。全国各地网民自发组织,查找虐猫"凶手",仅6天,虐猫事件的地点及三个"嫌疑人"就被网民找到。三个当事人的姓名、照片、工作单位、电话号码、邮箱地址、QQ号,甚至身份证号和车牌号等个人隐私全被公布在网上。

事发后,"虐猫女"不能回原单位上班,称已承受不了压力,如网民继续纠缠,"可能要跳楼";拍摄者失去了工作;视频网站站长说随时担心车子会被人砸烂,家里也不停地有人敲门,感觉惶惶不可终日。"虐猫事件"中三个当事人的行为的确可恨,但众多网民通过人肉搜索的方式给他们造成的人身伤害也是不容忽视的,特别是"虐猫女"的女儿,一个无辜的小孩,也因"虐猫事件"被迫停学。

从2006年具有标志性意义的"虐猫事件"到2008年被称为"人肉搜索第一案"的"女白领死亡博客事件",再到2018年的"高铁霸座男事件"、2019年的"66万奔驰漏油事件",人肉搜索导致的悲剧不断上演。但凡看过电影《搜索》的观众,恐怕都对人肉搜索导致的恶果有所惊惧,对人肉搜索背后的病态人格深恶痛绝。随着互联网的日渐平民化、普及化,人肉搜索甚至"登堂入室",似乎越来越常见,因此导致的悲剧不胜枚举。人肉搜索是社会转型期众多社会问题和社会心理的反映,在网络普及化的当下,这些问题通过一部分网民映射到网络社会中,它造成的影响和产生的问题需要我们以一个客观平和的心态来看待,既不能任其肆意发展,也不能约束过度,应结合自律和他律两种手段对其进行合理引导。

2009年,一份名为《人肉搜索公约1.0beta版》的帖子出现在各大网络论坛,"公约"赢得了众多网友的支持。这份由网友共同讨论修订而成的网络公约共包含8条内容,主要涉及人肉搜索的目的、行为规范与个人隐私的关系等方面。由此看来,人肉搜索问题已经得到了相当一部分人的关注和反思,媒体、公众、网友都已将人肉搜索当作一种独立的网络交往行为来看待。事实上,人们都期待以人肉搜索为代表的网络交往行为能有较为合理的形态和组织形式。

与法律法规外在的约束力量相比,网民自觉的道德规范行为反而有着更强大的和更持久的力量,正如亚当·斯密所说,这是"出自一种对光荣而又崇高的东西的爱,一种对伟大和尊严的爱,一种对自己品质中优点的爱"[①],它是主动的,而不是被动的。这种自律的实现只能寄希望于网民素质的提高,除了网民自身文化水平、道德水平的提高外,还有网络使用经

---

① 匡文波:《网络传播理论与技术》,中国人民大学出版社,2007年,第101页。

[4] 张瑜烨,郑幼东,张诗琪.信息茧房:智媒时代个性化推荐系统运作逻辑与反思——以今日头条APP为例[J].现代视听,2018(11).

[5] 贾晓通,邓天奇.网络公共领域下的个性化新闻推荐[J].新媒体研究,2019,5(5).

(三) 思考题

①试分析比较传统媒体时代的专家、权威的影响力与当今新浪微博"V"族的影响力。

②网络新闻传播中的交互方式有哪些?

③为什么关于传统媒体已死的命题,大多是由传统媒体提出的?

④智能手机与平板电脑的传播特征有什么异同? 在运用与新闻传播实践时各有什么优势?

⑤如果媒体一味追求即时性报道,会不会出现虚假新闻?

⑥知识拓展中的三段资料分别表现出网络新闻的什么优势?

第三章

网络新闻的受众分析

内容提要

随着社会的发展和传播媒体的演进,受众特征发生了深刻的变化,尤其是网络媒体的出现颠覆了传统的受众概念。与传统理论中的"传者中心"与"受众本位"相比,在新媒体时代,自我意识的觉醒和参与条件的成熟,使得受众主动参与的意愿和能力都大大增强。网络传播中的受众在构成、参与传播的方式和作用等方面呈现出日益多样化、复杂化的特征。在网络媒体并不长的发展过程中,决定网络命运的最终力量是受众,而不仅仅是日新月异的传播技术。因此,以受众为轴心来分析网络新闻传播的过程是促进网络传播发展的必要条件。本章将对网络新闻的受众进行系统的分析,旨在阐明网络传播受众的特点、差异、心理特征,网络新闻的分众传播形式以及未来的传播路径。

第一节 网络传播的受众特点

一、自主性

网络技术使受众根据自己的需要"拉出"信息成为可能,也就是说,受众可以更加自由地选择自己喜欢的网站、信息或服务。因此,所谓自主性,就是指受众不再像传统媒体时代那样必须受传播者的限制,而是可以自主地选择内容。在网络传播中,受众媒介消费行为的自主性首先体现在时间和空间两个方面。受众不必再根据电台、电视台的时间来安排自己的行动,也不一定非要在某个固定的空间里观看电视。而在传统媒体时代,特别是电视时代,人们的生活规律则要受媒体节目的制约和影响,例如,为了收看一个自己喜欢的节目,人们或许不得不放弃其他社交活动。而在网络时代,人们对于自己的日程安排,则有了更多的选择权。不仅如此,在信息接收方面,人们也有了更多的自主权。在网络传播中,受众对于信息接收的数量与质量,可以完全取决于自己的意愿。

受众的自主性,对网络中的传播者来说是一个重要挑战,这意味着媒体的传播意图并不总能得到充分实现。面对受众逐渐增强的自主性,传播者必须满足甚至是迎合受众的口味和需求。这就促使了网络媒体在传播内容、手段、方式等方面的变革,也推动了分众传播与"拉"技术等传播模式和传播手段的广泛应用。

二、个体性

在传统媒体中,受众往往被定义为"较大数量的""异质的"传播对象,即传统媒体的传播对象是"不定量的多数"。基于这一前提,传统媒体采用的是"点对面"的传播方式,个体只是作为受众中的一员存在,任何一个传媒组织都不会刻意满足某个个体的特别需求。因此,在传统媒体中,受众只能自己在"大众化"的信息产品中进行挑选,来满足自身的个别需求。

然而,网络技术的发展则使受众能够真正地作为个体而存在。如尼葛洛庞帝所说的,"在数字化生存的情况下,我就是'我',不是人口统计学中的一个'子集'"①。在这一前提下,网络传播选择的是"点对点"的传播模式,即任何一个"节点"都可以向另一个"节点"进行传播。网络能够为个体"量身定做",提供个人所需要的有关信息,这就是我们所说的"个性化"服务。

对于个性化服务的含义,尼葛洛庞帝有几个理想化设想:"在后信息时代里机器与人就好比人与人之间因经年累月而熟识一样:机器人对人的了解程度和人与人之间的默契不相上下,它甚至连你的一些怪癖(比如总是穿蓝色条纹的衬衫)以及生命中的偶发事件,都能了如指掌。"②"数字化的生活将改变新闻选择的经济模式,你不必再阅读别人心目中的新闻和别人认为值得占据版面的消息,你的兴趣将扮演更重要的角色。"③

当然,这些描述目前还只是一种理想,一个停留在理论上的结果。以我国为例,截至2018年12月底,我国网民规模达8.29亿。那么,网络能实现对8亿多网民每个人的个性化服务吗?答案显然是否定的。一方面,个性化的真正实现,靠的是"人",即提供网络信息服务的网站。而网站的观念、人员及提供个性化服务所需的成本等问题,都可能成为种种障碍。另一方面,作为大众传媒的网络,需要提供大众化的内容与服务来完成其社会整合的功能。过分个性化的服务,可能削弱网络的这一功能。因此,单纯强调网络服务的个性化也是不可取的。

三、社会性

虽然,网络传播中的受众逐渐趋向于个体性,但其社会性的一面也是毋庸置疑的。而且,网络受众社会性的这一特点与传统媒体时代相比,显得尤为突出。受众在网络中进行信息消费或从事其他活动时,往往会受到他人的影响或干扰,其个性化行为的背后,往往隐藏着非常强烈的网络社会环境的因素。

首先,网民个体的信息消费作为一种社会行为直接作用于信息生产。网民的点击、转发、评论等,都会对他人产生影响。当个别行为集合起来时,更是有可能对网络信息传播的

---

① [美]尼葛洛庞帝著,胡泳、范海燕译:《数字化生存》,海南出版社,1997年,第192页。
② [美]尼葛洛庞帝著,胡泳、范海燕译:《数字化生存》,海南出版社,1997年,第193页。
③ [美]尼葛洛庞帝著,胡泳、范海燕译:《数字化生存》,海南出版社,1997年,第181页。

大局产生影响,并由此形成一种调节机制作用于信息生产。

其次,网络的互动氛围在很大程度上影响着个体的态度与行为,并形成群体效应。在网络中,人们最终对信息的评价,往往不是基于自己的独立判断,而是来源于一种群体性的认识。这种认识是在人际传播或群体传播渠道中与他人互动后形成的,是一种社会因素作用下的结果。

此外,网络还是将个体能量聚合为社会能量的重要方式之一。随着网络技术的发展,Web 3.0技术赋予了个体"一石激起千层浪"的潜在能量。而网络传播则能将这种潜在能量聚合起来,产生更强大的社会冲击波。这种能量的聚合效应,主要表现在网络议题、网络舆论、网络事件等方面。

值得注意的是,群体的影响在受众的社会性特点中扮演着十分重要的角色。在网络传播中,受众并不是一个个孤立的个人,而是从属于正式或非正式的各种不同类型群体,这些受众群体是基于各种原因聚在一起的信息接收者的集合。由这些群体产生的压力和合力对受众接收信息的态度及行为有着很大的影响,同时也对网络意见的形成、网络文化的发展起着重要的作用。群体能够帮助个人完成社会化过程,训练和分配社会角色,形成社会规范和准则。不仅如此,群体还通过社会分工与协作,将分散的个人力量集结起来,能够完成个人所不能完成的社会工作和事业。

然而,由于群体效应的存在,这种社会聚合力所产生的消极影响也十分令人担忧。以越来越受关注的"后真相时代网络群体极化"为例,从表面上看,这些网络行为都是网民表达个性的行为,但是近年来,网络暴力现象在互联网平台上肆意蔓延,各类网络群体极化现象不断发生,如"上海女孩逃离江西""罗尔事件""榆林产妇坠楼"等事件,都引起了网络上的阵阵喧嚣。网民在意见表达方面趋向于更强的一致性,甚至最终违背自己固有的人生观、价值观。此时,网络聚合力的消极作用得以充分暴露。

网络技术的发展,正使网络新闻受众的社会性特征愈发明显,其影响也越来越深刻。如何避免受众社会性造成的负面结果,则是从事网络新闻编辑工作时需要特别关注的问题。

四、虚拟性

与传统媒体的受众不同,网络的受众是在网络这一虚拟环境下接收信息的。虚拟性就意味着受众是用符号的方式进入网络世界:很多时候人们完全不使用名称而进入"全匿名"状态,或使用昵称这样一种假名进入"半匿名"状态。美国网络专家埃瑟·戴森认为:"假名更可能是这样一种面具:人们使用它来表现自己的真实面目而不是隐藏自己的本性;或者说它允许一个人真正表现其性格的某一方面。"[①]因此,相对现实空间而言,网络为人们提供了一种无须掩饰自己的环境。

网络的虚拟性使得受众可以在"匿名"的状况下,对自己的角色进行多重设定,自由分解。而人们所扮演这些的角色又受到心情、环境等复杂因素的影响。因此,人们在网络环境下的表现往往不是单一的,一个受众可能分化成几个性格截然不同的人,这就使网络受众不像物理受众那样清晰可感。

即便如此,在虚拟世界中,人的心理并没有发生本质的变化。正如埃瑟·戴森所持的观

---

① [美]埃瑟·戴森著,胡泳、范海燕译:《2.0版数字化时代的生活设计》,海南出版社,1998年,第70页。

点,"网络会对人类机构带来深刻变化,而对人性则没有什么影响"①。在虚拟化的网络背后,毕竟是一个个活生生的人在行动,他们的行为仍受现实中的大脑的指挥。可以说,网络生活仍是一面反映现实的镜子,只不过更像哈哈镜。如果没有现实中的人,就没有镜中的像。因此,要想更好地了解"虚拟化"的受众,仍须借助传统的心理学、社会心理学等理论。只有通过对人的深层心理进行探究,才能更好地理解与把握网络受众。

五、参与性

互联网的互动性为受众进入网络传播领域、参与新闻传播提供了一个更高的平台。受众作为新闻信息的补充者、再加工者、整合者和解读者,已经成为新闻生产环节中独特的价值部分。根据中国人民大学彭兰教授的观点,受众参与新闻生产的方式包括以下五种。

(一)启动式新闻生产

不论是受众主动向网站提供的线索,还是网民通过微博、BBS等途径对新闻事件进行的最原始的报道,往往都能够有意无意地帮助网站寻找新闻线索、搜集稿件题材,从而启动报道。在这一过程中,新闻报道是由受众提供的新闻线索开始的,因此受众就成为新闻的启动者。

(二)增殖式新闻生产

在网络中,受众会自然而然地对自己感兴趣的新闻进行讨论,并通过发邮件、即时聊天工具交流、发微博等自己所习惯的方式来对新闻进行传播。这种方式虽然并不直接生产新闻,但它能使新闻扩散,从而实现新闻价值增殖。在这种情况下,网民扮演的是新闻义务推销者的角色。此外,由于网民往往是基于自身的自然判断标准来选择用于再生产的新闻,因此,网站的新闻选择标准只有契合受众的标准,才有可能实现新闻的最佳传播效果。

(三)互动式新闻生产

互动式新闻生产指的是,新闻的生产过程本身就需要受众和传播者的共同努力来完成,比如新闻专题报道里的互动板块,与专题报道有关的聊天室讨论、BBS讨论、微博互动、博客话题等。在一些新闻报道中,我们也常见到媒体利用一些手段加入与网民的互动中,从而使读者感同身受,加深对新闻的理解。

(四)提升式新闻生产

在更多的时候,即使网民不直接传播、扩散新闻,但他们对于某一个事件、某一则新闻的意见反响,会在很大程度上提升事件或新闻的被关注度。此时,受众主要通过参与论坛讨论、受众调查等意见生产的方式来完成对新闻的生产,例如《媒体大搜索》等网络搜索、搜集类的电视节目,就是利用提升式的新闻生产方式来扩大新闻影响力的。

(五)资源式新闻生产

网民的个人网站、BBS中张贴的各种帖子、博客中的文章、微博上的评论等,这些都在无形中构建起了网络新闻报道的丰富庞大的素材库。

受众的参与性不仅仅意味着传播者与受众之间界限的模糊,也不仅仅意味着受众地位

---

① [美]埃瑟·戴森著,胡泳、范海燕译:《2.0版数字化时代的生活设计》,海南出版社,1998年,第15页。

的提高,还意味着网络信息的多样化、网络意见的多元化,以及传播过程的复杂化。因此,珍视并想办法带动受众搜集和整合新闻素材,是网络新闻工作者的重要工作内容之一。正如国际传播问题研究委员会在《麦克布莱德报告》中所指出的:"不要把读者、听众和观众当作消息情报的被动的接受者,大众媒介的负责人应该鼓励他们的读者、听众和观众在信息传播中发挥更加积极的作用。"

典型案例

2012年11月8日在北京召开的中国共产党第十八次全国代表大会,就是一个体现网民高度参与性的典型案例。清华大学媒介调查实验室主任赵曙光表示,十八大在党的历史上是互联网应用程度最高、参与网民最多、互动性最强的一次党代会。据统计,截至11月8日19时,腾讯微博"聚焦十八大"的微博广播就已经多达36143977条。中国专业社会化分享服务商bShare提供的数据也显示,在十八大召开后,与十八大相关的关键词新闻分享量与回流量,呈现持续成倍增长的态势(见表3-1)。不仅如此,网民对新浪、搜狐、网易这三大网媒的十八大新闻专题的关注度也持续升温(见图3-1)。赵曙光认为,网民围绕十八大的报告内容进行讨论,直接表达自己的政治观点和意见建议,网络已经成为距离十八大会场最近的窗口。互联网为每个民众直接、平等地获取资讯、展开讨论,提供了便捷、低门槛的渠道,为每个民众创造了置身十八大的现场感,将"庙堂之高"与"草根社会"的互动融合推到了新的高度。

表3-1 三大网络媒体十八大专题头条区新闻互动数据(截至2012年11月8日19时)

网络媒体	跟帖数	分享数	参与人数	评论数
新浪	1724	12046	24523	1423
搜狐	1532	13564	22475	1246
网易	74257	5676	78655	73544

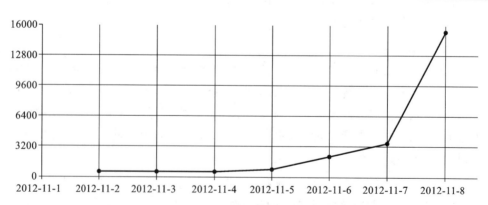

图3-1 关键词"十八大"在三大网络媒体分时段的分享量

(资料来源:《中国网十八大专题报道》,http://news.china.com.cn/18da/2012-11/08/content_27051540.htm。)

案例3.1 像爱护爱豆一样爱国

第二节 受众的差异和变迁

一、受众的差异

分众传播的出现,为受众"群体化"需求的满足提供了可能。然而,要实现这种分众传播,就必须根据受众的特点对受众群体进行细分,而细分受众市场的前提正是对受众差异的把握。一般来说,受众差异可以从如下三个方面来加以把握。

(一)受众本身的差异

受众是千差万别的,不同的成长经历、教育经历造就了不同的受众特征。受众本身的差异首先体现在个人心理结构方面。

网络是人际交往的重要空间,换言之,人际交往是网民必不可少的网络活动,因此,我们可以从受众社交类型的角度,理解网络受众在个人心理结构方面的差异。迈克·高弗雷指出,人的社交类型可以从"控制指标"和"情绪指标"两方面加以衡量[①]。而其中的"情绪指标",就是用来衡量人际交往中的情绪成分的。这一指标能充分地展现受众在性格以及心理结构方面的差异。根据相应指标的高低,受众的网络行为被划分为外向的行为与内向的行为两个极端:外向的行为被描述成开放的、热情的、友善的、快乐的、感情丰富的、冲动的、善于表达的、合群的、善交际的、外向的、想象力丰富的、具有创造性的,等等;内向的行为被描述成封闭的、保守的、谨慎的、迂腐的、小心翼翼的、没有感情的、井井有条的、难以交流的、逻辑性强的、守纪律的、神秘的、固执的,等等。

可以看到,外向型和内向型的受众之间存在较大的性格差异。即便是同一种行为类型,不同受众所表现出的具体行为特点也是复杂多样的。

此外,古希腊医生希波克拉底也曾提出,人的气质可以分为胆汁质、多血质、黏液质、抑郁质四种不同的类型,每种类型的人都具有不同于他人的鲜明的性格特点。这些气质、性格等方面的差异体现出受众在个人心理结构方面的差异。

除去个人心理结构方面的差异,受众在先天禀赋和后天习性、态度和价值观、社会理论所形成的观点、素质这四个方面也存在差异。在这些差异的综合作用下,不同的受众在接触媒介时会表现出不同的反应。

(二)受众媒介接触方式的差异

受众本身的差异直接影响着他们在处理媒介信息时的处理方式,而受众接收和处理信

[①] [美]威尔伯·施拉姆、威廉·波特著,陈亮、周立方、李齐译:《传播学概论》,新华出版社,1984年,第4页。

息的不同方式又决定着传播效果所在的层面。20世纪60年代以后,许多效果理论都认识到,大众传播的效果是多层次的:信息传递给受众后,有的会被马上过滤掉,有的会在脑中存留一段时间再消失,而有的则被受众认知且记忆。从传播效果的角度来说,最后一种方式是大众媒介最理想的也是最常见的传播效果。

因此,如果大众媒介想要达到最理想的传播效果,就必须考虑到由受众接收信息的心理过程所推进的信息过滤机制。一般来说,受众接收信息的心理过程有四个环节,即选择性接触、选择性注意、选择性理解和选择性记忆。

选择性接触的表现有很多种,为了避免一种不和谐的心理,受众倾向于选择那些与自己既有的立场、态度一致或接近的内容加以接触,以达到心理上的平衡。这种选择性接触行为更容易强化受众的原有态度,而不是导致原有态度的改变。

选择性注意是指受众接触信息后,会倾向于注意那些与自己态度、信仰一致的信息,而与自己不一致的信息则会被过滤掉。如图3-2所示,注意的过滤器会根据受众的选择,让与自身一致的信息通过容量有限的通道,而将相抵触的信息排斥在注意之外。

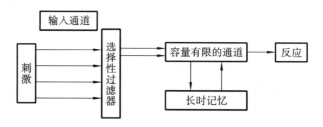

图 3-2　注意的过滤器信息加工模型①

选择性理解是受众心理选择过程的核心。经过"注意",信息初步到达受众,受众则依据自己的假设、动机、情绪等特征对信息进行解码,并将理解后的信息储存进记忆。由于在这一过程中,受众的心理、感情、经历、需求以及所处的环境等是综合起作用的,因此选择性理解具有偶然性和即时性。比如,在情绪稳定和不稳定时,受众理解信息的方式显然是不同的;当受众对该信息所蕴含的观点有预设和无预设时,其理解的方式也是不同的。

只有到了选择性记忆这一步,传播的效果才能得到最大限度的实现。在这一环节,受众会根据自己的需求,在已被注意和理解的信息中挑选出对自己有用、有利、有价值的信息储存在大脑中。研究表明,受众对那些和他们原有态度和信仰一致的信息较容易记忆。而当受众不得不接触正反两方面信息时,这些与他们原有态度一致的信息在记忆中保留的时间则会更长。

由此可见,信息要想真正地进入受众头脑并长时间停留,就必须经过选择性接触、选择性注意、选择性理解、选择性记忆这四层"防护罩"(见图3-3)。其实,受众的媒体接触行为的心理过程是极其复杂的,除了上述的选择性心理,受众还有逆反心理、从众心理等,这些心理都会在受众的媒体接触行为中表现出来。

典型案例

我们以《韩某出版手稿证清白 10元一本 书店怕亏损拒售》这篇报道为例,来

---

① 连榕:《认知心理学》,高等教育出版社,2010年,第29页。

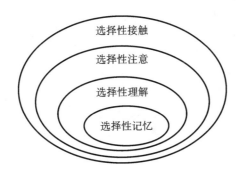

图3-3 受众接收信息的四层"防护罩"

分析受众接收信息过程的差异。

报道的内容摘要:①该书近700页,却只以10元出售,并以9.5折发货,韩某没拿一分钱稿费;②《光明与磊落》这本书是为了证明《三重门》是韩某的亲笔创作;③网络预订热;④实体书店诉苦,声称"韩某和方某某闹与我们何干?我们只是实实在在地卖书,挣点糊口钱。实体书店已经奄奄一息了,韩某还要横冈一棍,也太不厚道了";⑤路某某回应,这本书限量只印刷30万册,现在各方的预订要求已经60多万册了;⑥路某某还透露,出版《光明与磊落》之前,"我们已经和很多经销商,甚至印刷厂,达成一个共识。其实这本书,不只我们图书公司亏本做,韩某没拿一分钱版税,别的无论哪个环节,也都不大可能从这本书身上赚到钱。这已经不是钱的问题,大家有一个共识:在替韩某完成一个心愿——答谢他的读者。"

关于受众媒介接触方式差异的分析如下。

选择性接触:这篇报道涉及了当时方某某对韩某进行打假的话题背景。在浏览新闻网站时,对这一话题感兴趣的受众,就会点击新闻标题,对这篇报道仔细地阅读,从而进一步了解报道的内容。而对这一话题缺乏兴趣的受众则会选择不予阅读。这就是受众在接触新闻时表现出的差异。

选择性注意:同样是阅读这篇报道,不同的受众所注意到的信息是不同的。例如,韩某的粉丝们所注意到的可能只是与韩某本人相关的信息,而与方某某和书店相关的内容,则可能被忽略掉。

选择性理解:同样是面对报道中所提到的六个方面,持有不同立场的受众对事件的理解也是不同的。支持方某某打假的受众,就有可能将韩某"出手稿证清白"这一行为理解为无谓的挣扎。相反,韩某的粉丝们则会认为这是韩某对方某某的有力还击。

选择性记忆:当不同的受众阅读完整篇报道后,留在他们脑海中的"信息片段"也是不同的。留在韩某粉丝头脑中的记忆,可能全部都是关于韩某的正面消息。而站在对立立场的受众,记住的可能都是"书店拒售"之类的负面消息。

(资料来源:《韩某出版手稿证清白10元一本 书店怕亏损拒售》,http://news.qq.com/a/20120318/000053.htm。)

(三)受众需求、动机的差异

媒介是反映现实的镜子,同时也是对"拟态环境"的重组。受众通过媒介的这些功能来满足各种截然不同的需要。"使用与满足理论"将受众理解成一个积极的解读者(reader),第一次改变了受众被动、消极的形象。如图3-4所示,这一理论把受众看作是有着特定需求的个人,把他们的媒介接触活动看作是基于特定的需求动机来"使用"媒介,从而使这些需求得到满足的过程①。因此,了解受众的需求和动机,是媒介与受众契合的关键。

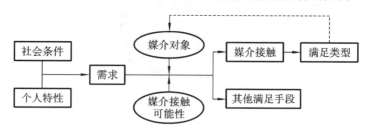

图3-4 "使用与满足"过程的基本模式②

一般来说,受众接触媒介是出于以下几种需求。

(1)获取知识。威尔逊认为,"为满足人的理想、感情和认知的需求,其就可能需求信息"③。媒介是"拟态环境"的建构者,因此受众需要依赖媒介获取这个社会急速流动的信息,从而完成对世界的判断和认知。

(2)宣泄压力。受众不仅有基于现实的需求,还有来自心理上的需求:放松心情,舒缓压力。面对现代社会快节奏的生活和巨大的工作压力,不堪重负的人们纷纷将媒介作为一种宣泄压力的渠道。越来越多的人沉浸在电视剧和综艺节目之中无法自拔。

(3)获得社会认同。通过媒介这一"公共场合",受众的自信可以得到放大。无论是通过广播参与问答节目,还是通过电视参与竞赛节目,都能使这种需求在一定程度上得到满足。

受众有自身的差异,有不同的信息过滤机制,有不同的心理需求,只要把握好受众的差异,就能够细分受众市场。对受众进行分割以后,传播者所传播的信息不再是大杂烩,而是经过分门别类。信息一经分类,并被放入不同的媒介组织,就会进入一种更加专业化的流程,实现传递的高效率和产品的高质量。受众则可以依据自己的需要配置信息,享受一种分工明确的信息服务。

二、受众的变迁

互联网时代的受众,有各种不同的称谓。有网民、网众,也有创造性受众,更多的是与用户相关的合成词,旨在从使用者的意义上重新定义受众。比如,有观看用户(viewer),意指电视观众兼手机或网络内容的使用者;有生产用户(prosumer),特指参与维基百科或Youtube内容生产的用户,等等。

在互联网的大背景下,我们需要重新认识受众。如今媒介面对的受众,既非传统意义上的大众受众,或传播意义上的受众,也非特指互联网语境下的用户,而是"后受众时代"的新主体。"后受众时代"的主体仍然保留着许多受众的特点,只是已处在剧烈的嬗变中,不仅受

---

① 郭庆光:《传播学教程》,中国人民大学出版社,2011年,第167页。
② [日]山根常男:《社会学讲义》,见《大众传播》第6卷,有斐阁,1977年,第113页。
③ T. D. Wilson, On User Studies and Information Needs, Journal of Documentation, 1981(37).

众由被动向主动转变,而且所对应的受众生态环境也在发生改变。

社交式分发是当今网络新闻传播的重要特征,即指依托社交媒体平台,如微信、微博等,向特定受众群体进行的信息分发。社交式分发所面向的受众,是小众或分众,又叫圈层受众,是通过受众之间的强连接或弱连接而形成的具有相同或相似的属性、经历、偏好和价值观的群体。

例如在微信平台上,以朋友圈、微信群、订阅号、看一看(见图3-5)等为入口形成的用户群。其特点是,大众传播中被遮蔽的小众和个体,在社交式分发的开放性网状结构中,成为内容生产—分发—消费的能动主体或节点;他们在虚拟空间里进行的关注、建群和订阅等活动,建构出对自身社会关系的真实感知;信息把关的权力部分下沉,除了社交平台的过滤把关,主要由社交用户自主把关;被大众传播所忽略的个体之间的相互作用,在社交平台上的阅读、点赞、转发、评论等行为,成为影响信息流的关键因素。

图3-5 微信小程序"看一看"的页面

基于圈层的社交式分发,是指依托受众关系网过滤和分发信息,基本符合圈层受众的偏好和需求,能够覆盖较大的可响应人群。如此一来,相同或相似的属性和倾向,容易引发兴趣共鸣和喜好共振,推动受众完整阅读或收看。但是,有时候圈层受众以自身关系网来进行信息把关和过滤,难免会出现信息品质良莠不齐的现象,稍有不慎,容易损害人与人之间的信任,侵蚀社交关系的根基。同时,容易导致对固有偏好和观点的强化,排除异类或异质声音,产生所谓"回音室"和"信息茧房"效应。

网络用户的圈层化,是近年来受到关注的一个新现象。在网络世界里,人们会依据各自的兴趣爱好和话语模式参与到特定的圈层中,进行圈层之间的群体互动,形成各种各样的社群传播,并且建构出一个又一个圈层。有学者将网络语言传播的圈层归结为以下三类①。

(一)"被动"的圈层:从从众跟风到寻求共鸣

用户在使用某种特定的网络语言时,其背后蕴含着一种"被动"。一方面,他们使用的网络语言是为了在该圈层内部能够"入流";另一方面,他们认为使用此类网络语言在所处圈层间的交流过程中能够实现与他人的共鸣,并以此来促进和维系群体间的感情与互动。

(二)"主动"的圈层:脱离大众的个性化追求

"主动"的圈层主要表现为追求个性化、渴望展现自我。这种圈层的特征是使用者抑或传播者被网络语言本身的特征所吸引,表现出对某些语言的兴趣,认为这些语言"新鲜好玩""够快""沟通方便"以及"形象、幽默、生动有趣",因此,这一类小众文化群体在追求个性化自我的同时,也促进了圈层与大众文化的分化,反过来也强化了该圈层的特征。

(三)"孤立"的圈层:群体认同抑或小众区隔

"孤立"的圈层是基于强烈认同而形成的较为生僻的文化圈层,这种圈层被极少数人"支撑",因而近似一个"孤立"的团体。从社会心理学的角度来理解这一圈层,即人们对于一种非正式群体的选择与参与主要基于自己情感的好恶。他们通过参加某种非正式群体来满足情感需要这一既定事实,使得非正式群体往往比正式群体的凝聚力要高得多。这一圈层内部坚持的第一原则是只有基于共同的话题才有可能进一步交流,直至交往。

基于算法的智能推荐或分发,是根据受众兴趣和需求进行的个性化推荐或分发,对受众需求进行一对一的个性化满足,做到千人千面,打通连接受众的"最后一公里"。然而,它也出现了将同类或同质化信息周而复始地向用户推荐的情况,将受众封锁在一个闭环之中,导致"信息茧房"效应的产生。如今,网络新闻传播从电视大屏向电脑中屏和手机小屏迁移,与传统的大众受众不同,读屏时代的受众以移动触屏、视觉认知、参与创新为主要特征,游走于多个屏端,可以自由出入和切换。移动小屏的主场化,为受众能动性的发挥打开了新空间。

案例 3.2 　漫威电影《复联 4》热映

第三节　网络新闻的分众传播形式

一、网络媒介分众传播的特点

相对于传统的大众传播,窄播化、分众化的传播更加关注个体存在的意义。然而基于传

---

① 郑欣、朱沁怡.《"人以圈居":青少年网络语言的圈层化传播研究》,《新闻界》,2019 年第 7 期。

统媒介的技术模式,大众传播的窄播化、分众化在发展中受到了诸多限制。它只能达到相对的"小众化",而难以对受众进行更深层次的分割。直到网络媒介的产生,才使分众传播的优势得以充分显现。

传统媒介要想实现分众传播,就必须重新区隔媒介空间,这就需要高成本的投入,并耗费大量的人力和物力。而网络则可以采用各种低成本的方式架设信息平台,并使得同一主题的大量信息在第一时间聚集,减少了人力和物力的耗损。

不仅如此,网络媒介的分众传播方式更具互动性。传统媒介的分众传播往往是单向性的:分析受众,获取受众的需求——传递受众需要的信息以飨受众。而网络媒介的分众传播则是全方位式交流:当媒介所传递的信息与受众的需要相左时,受众可以及时反馈,媒介据此及时做出调整。分众传播带有明确的传播目的,在这种互动与反馈中,不断向前发展。

另外,网络媒介的分众传播还可以达到一种无限的细分。传统媒介基于对盈利的需要和对广告商的依赖,所选的目标受众必须具有一定的规模和数量。虽然像一些高档奢华类杂志能将受众细化到少数的高收入阶层,但这类群体却具有强大的经济实力和极高的消费水平,杂志可以借此引来广告商的光顾。所以,出于经济利益方面的考虑,传统媒介的分众传播无法做到彻底的细分,而网络则具有这样的能力。以新浪网为例,新浪网首页设有"新闻""财经""科技""娱乐""教育"等十几个大板块,在每个板块下又做了更加具体的细分,比如"新浪教育-考研-英语-试题"(见图3-6)。如此具体的划分,使得受众能够在最短的时间内获取自己想要的信息。此外,网民还可以通过开设微博、在论坛上发帖子等形式吸引与自己有相同兴趣的受众群体,在一个小众的范围内进行传播。当这些传播内容被大网站看好并将其纳入媒介组织的传播内容时,这种人际交流形式的传播就进入了大范围的分众传播领域。

图3-6　新浪教育板块划分

简而言之,如果说传统媒介满足受众需求的方式是通过单向传递信息来填补需求,那么网络媒介的方式则是通过共时的交流来填补需求。

二、网络媒介分众传播的主要形式

基于上述特点,网络媒介分众传播的形式主要有以下几种。

(一)用不同的频道、栏目或专题区隔不同的主题内容

一般在门户网站的首页,都设有"新闻""体育""博客""财经""娱乐""视频"等链接(见图3-7)。这些链接被放置在页面的最上端,并按照受众关注程度的高低分行排列,一目了然。点击链接进入相应的专题后,受众就能看到相关主题全方位的最新信息,以及其他网友的评论。

图 3-7　新浪网首页链接

（二）用不同的小型社区汇集不同的兴趣点

这类小型社区与大型虚拟社区不同的是，受众往往会围绕一个专门的兴趣集中点展开讨论，完成信息的交流与互换。一些门户网站建立的明星俱乐部就是比较典型的例子（见图3-8）。这些明星俱乐部以各个明星为单位进行分类，吸引了大批歌迷、影迷。这些明星俱乐部就是网民兴趣表达的空间，他们在其中交流看法，分享信息。正如豆瓣网的创始人杨勃所说："我们从30多万用户中找到和你看东西最相近的人，让你们自己去交流，自己去组成群体。"

图 3-8　新浪网明星俱乐部

（三）用不同的论坛进行不同的主题式交流

在互联网中，基于BBS功能的网络论坛具有多人参与、即时互动、讨论交流、去中心化等特征。这些论坛的形式比较单一，纯粹以交流的形式来支持传播。论坛的存在形式就是发帖和回帖：网民在注册后会取得发帖资格，而后就可以把自己的观点以帖子的形式发布到网络上，当别的网民对这个看法感兴趣时，就会以回帖的形式回应。由此可见，论坛的核心就是网民针对一个主题进行观点的自主交流，只有对这个主题感兴趣的网民才会进入这个论坛（见图3-9）。因此，论坛是一种内容远远多于形式的分众传播形式。

图 3-9　新浪教育论坛

（四）微博的小众传播

微博是网民个人依据自己的兴趣而开辟的网络空间。从传播的意义上说，微博是较小范围的分众传播——主题小、受众少。网民借助微博中的"关注"功能，去关注自己感兴趣的明星、朋友或业界杰出人物的微博,从而形成利己的小众传播群体。由于微博不以营利为目的,也就使得诸如微群、微话题、微访谈、微直播等这类小众传播方式能够以大量的形式存在。

(五) 融媒体时代的精准传播

当浏览一些网络 APP 时,如果你曾打开一条关于健身的消息,之后就会经常收到各种关于健身知识、健身产品的广告推送。这些通过定制化、智能化的信息传播机制,实现了用户与信息的快速精确匹配,大大降低了信息传播和获取的成本,为生活带来便利。借助用户画像技术,对海量数据进行深度挖掘整理,为用户推荐有价值的、个性化的信息,实现新闻送达的千人千面,实现了对受众人群的精准传播。

从大众传播到分众传播再到精准传播,受众需求在逐渐被重视的同时,媒介内容也渐渐被细分。出于媒介产业经济利益的考虑,这种细分能促进媒介成熟而完善的发展;从受众立场考虑,这种细分为受众发展兴趣、扩展需求提供了前所未有的空间,受众终于能够依照自己的要求寻求媒介内容,与媒介真实地进行交流。

第四节 网络受众心理

网络受众的心理分析是进行网络受众分析必不可少的部分。网络新闻编辑只有把握受众的心理,才能在网络新闻传播的过程中占据主动。虽然与传统大众媒体时代相比,网络受众有着更高的主动性和能动性,但是,受众的心理机制并没有因此发生根本性变化,受众对媒介的使用过程归根结底还是心理需要的满足过程。作为大众传播平台和人际传播平台的网络媒体,正发挥着两种不同的作用,满足着受众不同的心理需要。

一、网络作为大众传播平台时的受众心理

(一) 信息寻求心理

每一个受传者都有一定的求知欲,希望了解新的信息,并对所获得的信息进行验证。因此,信息寻求心理普遍存在于新闻受众之中,无论是传统媒体的受众还是网络媒体的受众。而网络新闻信息量大、更新速度快的特点,决定了其受众相对拥有更强烈的寻求心理,以及被大容量信息所扩充的认知需求。搜索引擎的兴起也方便了人们在更广阔的空间里寻找自己想要的信息。因此在网络新闻环境下,受众的信息寻求心理显得尤为突出。

(二) 参与心理

心理学研究表明,人们在遵从优势力量的同时,潜藏着使自己成为优势力量的愿望,希望自己得到群体的肯定或奖励。在网络传播中,能加入被一小部分专业传播者把握的信息领域,就是受众被群体认同的重要表现形式。网民可以借助网络的高度参与性从人群中脱颖而出,使自己的观点和评论被新闻网站采用,实现从小众传播到大众传播的领域跨越。所以,网络所提供的高参与度在满足受众参与心理的同时,也在不断刺激着这一心理的产生。

(三) 新奇心理

人们总是乐于接受反常的、新奇的、罕见的信息,以期获得更大的信息量,而网页无时无刻不在更新,新闻无时无刻不在充实,所以受众的新奇心理也就无时无刻不在被满足。除了新鲜、奇特的内容之外,网络信息新颖的表现方式、结构和材料等,同样也满足着受众的新奇心理。

二、网络作为人际传播平台时的受众心理

网络的隐匿性和虚拟性使人们的人际交流的心理需要得到了充分的满足,但这也带来了现实与虚拟的更大差异,引起了值得深思的问题。当网民处于人际交流状态时,有如下的心理特征。

(一) 要求被认同的心理

在群体的影响中讲到,生活在一定社会群体中的受众个体,都希望被群体接纳、肯定,避免被群体抛弃和否定,尤其是当一个人在现实中的被认同度不高时,很容易借助与网友的交流来弥补这种心理。因此,网民总是尽可能多地结识网友,以体验不断被认同的快乐。

(二) 渴望交流的心理

网络中的人际交流往往比现实中要简单得多:人们不需要看到对方的表情,不需要临时的反应能力,也不需要妙语连珠的口才。因此,一个在现实生活中拙于言辞的人,却可以在网络上谈笑风生,深受众人喜爱。但由此产生的负面影响,就是网民在现实生活中交流能力的极速退化。网络的虚拟性在一定程度上消解了许多现实因素,但在现实生活中,这些因素依然客观存在。横亘于现实生活和虚拟世界之间的巨大落差,会给受众个人心理的发展造成不良的影响。

(三) 代入的心理

受众的代入心理是一种无力实现却又想获得虚幻满足的心态。网络平台给予受众的虚拟身份,极大地满足了受众的这一心理,网络社区和网络游戏就是典型的表现。其中,毫无现实基础的网络武侠游戏则是"代入"的最高虚拟形式。在网络武侠游戏中,受众可以设定一个虚拟的身份,想象自己是一个出类拔萃的武侠人物,在一个完全虚幻的武侠世界中演绎一段极富情节性的传奇故事,这显然要比传统媒体更能满足受众的代入心理。

(四) 逃避的心理

当受众在现实生活中感受到压力时,就会在媒介世界中寻找宣泄渠道。上网与人交流、搜寻娱乐信息、玩网络游戏等,都是受众逃避现实、缓解压力的方式。但当移情、攻击性的心理机制占据上风时,受众就会出现一种攻击性的行为,如在论坛上无休止地反驳、谩骂他人等。正是受众身份的匿名性,致使人们抛开现实社会的种种禁锢和规范,在网络上进行在现实生活中不敢为之事,肆意宣泄自己的情绪。

网络受众心理与网络新闻传播的特征是紧密相连的。网络新闻从业者只有在了解受众心理的基础上,才能占据新闻传播的主动权,使受众的行为与传播目的相符,达到理想的传播效果。

三、后真相时代受众心理机制的重构

环视我们所处的这个时代,充斥着碎片化且亦真亦假的信息、情绪主导的言论和偏见、病毒式信息传播的速度和剧情反转的变数,这就是后真相时代。在后真相时代,所谓的新闻事实或真相,已不再以真假标准来衡量,取而代之的是这一真相是否符合个人逻辑——意见,或者群体意识——共识,因此,事实只有在这两个层面上产生作用才可能被受众普遍接纳。正如《纽约时报》在评论美国大选时所指出的"当牵涉到政治的时候,事实只有在某种意识形态框架之内才有意义",并且到如今,"这些政治框架眼下已经支离破碎,而且在很大程度上是由身份而非意识形态塑造的"①。这样的趋势,一方面说明,在后真相时代,受众被具有不同意义和价值的框架所区隔,并形成怀抱不同意见的分众群体;另一方面也说明,新闻报道只有符合受众原有的价值框架和接受心理,他们才更有可能将其认定为真相。

在注重真相的时代,事实是稀缺资源,谁掌握了事实,谁就掌控了受众。在事实普遍缺乏的年代里,受众对于事实存在着一种敬畏甚至是信仰的心理,所以传统媒体的"客观性"原则成为受众心理在这一维度上的延伸。受众对事实真相的敬畏心理,成为新闻生产者们凭借"客观性"原则宣示专业权威的渊源。而在后真相时代,受众心理的极度分化和不确定性是传统传播机制停摆的一个重要原因。后真相时代受众心理有以下四种表现。

(一) 犬儒心理

微博的出现,让大部分网民找到了一个开展公共讨论的新平台,在部分"意见领袖"的带领下,一些网民开始促进政府的信息公开,并对公共政策提出意见和建议,以至于一些学者将微博等社交平台称为"社会的减压阀"。在这段时期,受众心理的主要特点是质疑和批判。不过,个体的质疑通过互联网和社交媒体平台集合起来,逐渐形成一种集体的质疑和发声,"在集体力量的影响下,很多网民会强化、放大质疑的心理,甚至可能形成质疑一切的偏执"②。在后真相时代,这种偏执一度发展成为一种趋势:只要是主流和官方声音,"不管你说什么,我都不信"或者"我只相信我相信的",甚至借讨论之机发泄对公权力的不满。这就造就了后真相时代,受众对事实和真相的虚无主义态度甚至犬儒主义心理。

(二) 从众心理

从众是一个社会心理学的概念,指的是群体内部成员在受到外部群体影响后,或自愿或迫于压力而表现出同多数人一样的意识和行为方式。这一心理特征并非后真相时代独有的产物,但是它逐渐发展为受众认识真相和理解世界的主要方式。在后真相时代,传统权威面临着彻底被解构的巨大危险,事实和真相的面目也变得含混不清,人们因为害怕被群体或舆论边缘化,更倾向于依附多数人的价值观念,以致形成从众心理。

(三) 投射心理

投射心理是指个体不自觉地将个人的思想、愿望、态度、情绪等特征,转移到他人和外界事物的一种心理现象。在后真相时代,因为信息过载和有效事实的匮乏,受众在认识自身所处环境和社会现象时,往往会采用这样的解释路径。在后真相时代,受众的投射心理成为谣

---

① 《"后真相"时代,谁来定义假新闻?》,http://cn.nytimes.com/opinion/20161206/all-the-fake-news-that-was-fit-to-print/dual/。
② 彭兰:《现阶段中国网民典型特征研究》,《上海师范大学学报(哲学社会科学版)》,2008年第6期。

言和虚假新闻传播的重要驱动力。

（四）极化心理

在后真相时代，一部分受众产生了极端化甚至阴谋论的心理特质，形成了一批以价值而非事实标榜的异类群体，如"公知""中二病患者"等。譬如，在方某某和崔某某主导的转基因论战中，二人从最初有关转基因食品安全的科学真相之争，逐步发展成观点和意识形态之争，并各自发展了一批铁杆粉丝，为他们摇旗呐喊，最后甚至沦为网络骂战。正如桑多斯所预见的，在互联网和新媒体技术催化下受众心理更易出现极端化现象。可以预见，假如今后有确凿的证据证实转基因食品是健康无害的或存在一定风险，被证明错误的一方恐怕还是要固执已见。这实际说明，在后现代视角下，网民在赛博空间的联结并非是在地的，这些缺乏现实身份认同的原子化个体往往凭借价值依附来获得虚拟空间的存在感和归属感。

案例3.3 "锦鲤文化"

附录

（一）拓展内容

1. 沙发土豆

"沙发土豆"一词描述了电视对人们生活方式的影响，指的是那些拿着遥控器、蜷在沙发上，身心围绕着电视节目转的人。这些将闲暇时间完全用于消费大众媒介的人，将自己的思想、感情、喜怒哀乐都与媒介内容完全相连接，他们的思想和观念，乃至行为方式都源于电视，极端自我内化，心理封闭，无法应付现实世界的种种变化。久而久之会造成忧郁焦虑的心理，甚至发展成抑郁症。如果人们过多地依赖于媒介带来的间接交流，人与人之间的社会交往、互动便会逐渐减少，与社会、群体会逐渐疏远和陌生。

2. 鼠标土豆

随着网络时代的出现和电子计算机的普及，在"沙发土豆"的基础上发展出"鼠标土豆"一词，体现了网络对社会个体的影响，以及鼠标对个体的控制力。具体体现为：过多沉溺于网上交流的人忽视与自己身边人的交流；因为过分依赖网络，而失去对现实生活的兴趣；出现网络成瘾症，长时间使用网络以获得心理满足或通过上网来逃避现实，从而导致个体对于社会规范的意识减弱，与现实社会疏远，生活与工作能力下降，人际交流能力萎缩，甚至产生严重的精神障碍。

3. 上网瘾

上网瘾是指一个人花费过多的时间上网、无法控制其对互联网的使用，并且忽略社会职责而滥用时间上网的状态。计算机助长了沉湎于消遣的逃避主义，染上上网瘾的人花费大量的时间和金钱从事电脑聊天、电脑游戏、电脑购物等活动。

4. 单向度人

法兰克福学派左翼主要代表人物赫伯特·马尔库塞在其著作《单向度的人：发达工业社会意识形态研究》中提出"单向度人"（又译"单面人"）的概念，是指发达工业社会已蜕变成一种"单面的社会",活动在其中的只是具有"单面思维"的"单面人"。单向度人只知道物质享受而丧失了精神追求,只有物欲而没有灵魂,只屈从于现实而不能批判现实,即纯然地接受现实,盲目地肯定现实,将自身完全融入现实中。

5. 媒介依存症

媒介依存症是现代人的一种社会病理现象,其特点是:过度沉迷于媒介接触而不能自拔;价值和行为选择等一切行动必须从媒介中寻找依据;满足于与媒介中的虚拟社会互动而回避现实的社会互动;社会性格孤僻、自闭等。"沙发土豆""电视人""容器人""鼠标土豆"和上网瘾等现象都是媒介依存症的表现。

(二)参考文献

[1] 丹尼斯·麦奎尔.受众分析[M].刘燕南,李颖,杨振荣,译.北京:中国人民大学出版社,2006.

[2] 沃尔特·李普曼.幻影公众[M].林牧茵,译.上海:复旦大学出版社,2013.

[3] 约翰·菲斯克.解读大众文化[M].杨全强,译.南京:南京大学出版社,2001.

[4] 南塬飞雪,胡翼青.后真相时代新闻专业主义的危机[J].青年记者,2017(16).

(三)思考题

①你认为匿名性与虚拟性的差异在哪里?你能列举其他体现网民参与性的案例吗?你认为应该如何权衡大众传播与个体性需求?

②为什么说思考会影响受众处理媒介信息的方式?受众本身的差异、受众媒介接触方式的差异以及受众需求和动机的差异,这三者之间有哪些关联?

③网络在作为大众传播平台时,与作为人际传播平台时的受众心理有何区别?

第四章 网络新闻的选择

内容提要

近十年,网络的崛起和发展对传统媒体产业形成深远的影响。其中,作为人际互动的社交媒体,发挥着重要的资讯沟通、分享功用;此外,它的即时性、近用权都是传统媒体无法比拟的。依赖广告为生的传统媒体受到冲击,在探寻与努力中,新媒体在新闻产制、内容等方面已留下深刻的烙印。网络新闻的选择是网络新闻传播的起点。网络编辑的新闻采集与筛选能力,直接决定着网站内容的质量和新闻传播的效果。在对网络新闻进行选择时,最为重要的是稿件内容必须真实可信,同时也要对网站的目标受众的特点、兴趣等有所了解。需要注意的是,所有的工作都要在遵循相关政策与法律的框架下进行。因此,网络新闻的选择既是对纷繁复杂的信息进行筛选与价值判断的过程,同时也是一个把关的过程。本章从网络新闻的采集方式、影响新闻采集的因素等多方面入手,对网络新闻的选择过程做一个完整的描述。

第一节 网络新闻的采集方式

从现阶段看,网络新闻的采集主要是指从传统媒体已经发布的内容中选择相关内容在本网站上发表,新闻的采集是网络编辑工作的一个基础环节。网络编辑的新闻采集与筛选能力,直接决定着网站内容的质量。

在网络新闻媒体发展之初,网络编辑的工作常常被笑话为是简单的"复制、粘贴"。但随着互联网的发展,专门的新闻网站已拥有了自己的采集团队,并占据了互联网的技术优势,这使网络新闻的价值越来越高,向着更快、更全面、更高效的方向不断发展。

一、运用现场采访进行新闻采集

在传统媒体中,记者最普遍使用的采访方式就是现场采访。网络新闻的采集也沿用了这一基本方式。目前在网络媒体上播出的大量新闻特别是原创性新闻,仍是记者实地访问、现场调查后进行的报道。

进行现场采访时,记者必须亲临现场,与被采访者进行面对面的谈话或者目睹新闻事件发生、发展的整个过程。记者的深入采访、现场目击和认真核对,是新闻报道的真实性、准确性的重要保证。在现场采访中,记者既是新闻事件的旁观者,更是采访活动的主角。在这种置身现场的采访中,记者可以充分发挥自己作为采访活动主体的能动作用,施展自己的聪明才智,争取最佳的采访效果。

如今,在国内外许多新闻事件特别是突发性事件中,我们越来越多地看到网络记者活跃的身影。

二、运用电子邮件进行新闻采集

新闻工作者还可以借助电子邮件拥有的双向通信能力和附件功能进行新闻采访,搜集新闻线索和新闻资料。

(一)使用电子邮件进行新闻采访

使用电子邮件采访,是网络新闻媒体区别于传统媒体的一个显著标志。《新闻记者》杂志前主编魏永征就曾采用电子邮件的方式采访过闵大洪先生。1999年7月27日,中国新闻传播学评论网站在推出第一个个人学术研究网页《大洪视点》后,引起了新闻界研究学者们的广泛关注。魏永征当即发来电子邮件采访了闵大洪先生,并将采访的新闻稿发表在了《中华新闻报》上。

电子邮件采访不仅是个人采访,也可以是多人远距离采访,它可以代替开座谈会和电话采访。电子邮件采访的交互性,使采访者与被采访者都免去了舟车劳顿、端茶倒水的烦琐事项,因此,这种采访方式比较适合远距离的或日程安排较紧的采访对象。

电子邮件采访的结果容易利用,写稿时可直接引用电子邮件的内容,这要比口述心记来得更加精确、客观,从而提高了采访效率。但电子邮件采访也有其不便之处,它需要记者与采访对象都能充分驾驭这一通信工具,并有良好的使用习惯。倘若任何一方不会使用电子邮件,纵使电子邮件采访如何方便快捷,也只是空谈。

(二)使用电子邮件搜集新闻线索和新闻资料

一个记者接触生活的面总是有限的,难以通过一己之力洞悉社会的方方面面,而形形色色的受众则遍布社会的各个角落。记者与受众之间联系越密切,他伸展的触角就越多,搜集到的新闻线索就越多,新闻敏感能力也会越强,而电子邮件则是记者与受众之间较为快捷方便的联络方式。因此,现在的纸质媒体和网络媒体都会向受众公布自己的电子信箱和责任编辑的电子信箱。大部分的编辑、记者也会在博客、空间或者个人主页上写明自己的电子信箱。记者可以针对邮件中有价值的问题顺藤摸瓜,挖掘新闻线索。

从"今天的新闻今天报道(today news today)",发展到"现在播报(now news now)",再发展到"在你需要新闻时报道新闻(news when you need it)",新闻的时效性越来越决定着媒体的生存能力。而随着电子邮件的发展,新闻记者不论身在何处,都能有机会接近信息来源,取得最具时效性的第一手资料。

三、运用在线搜索进行新闻采集

搜索引擎通常是指一些专门提供网上信息查询指南的站点或页面，搜索引擎中会汇集大量文档列表和数据信息的链接，以便查询。搜索引擎有两种使用方法：一是通过关键词来检索，二是通过目录式搜索引擎的目录体系来查找。除了谷歌、百度等大众搜索引擎外，某一行业的专用搜索引擎也常被使用，例如 My Law 就是专门被用于搜索法律信息的专业搜索引擎。通过这些专业搜索引擎搜集到的学术性信息，为许多新闻报道提供了权威的信息和数据支持。

在发现新闻线索后，我们必做的一件事情就是通过搜索工具对该信息进行搜索，看相关的新闻是否已经发布，以避免人云亦云的现象。利用搜索引擎，记者可以查寻到采访对象翔实的背景资料，包括采访对象的姓名、职务、主要经历和成果贡献等相关信息。

四、运用网络交流工具进行新闻采集

（一）电子公告栏

电子公告栏即 BBS(bulletin board system)，是能充分体现互联网魅力的一项功能。在这里，每个人都可以针砭时弊、指点江山，也可以求师问道、答疑解惑；可以与同行切磋交流，也可以与朋友分享快乐、分担忧愁。BBS 已成为一块迸溅智慧火花的区域，同时也是一块能迅速传递信息、形成舆论的区域。周恩来总理曾对著名的战地记者陆诒说："当你在新闻线索实在贫乏之时，不妨到茶馆里去坐坐，听听群众在谈论什么，想些什么。"[①] 而 BBS 就好比一个"大茶馆"，是信息和意见的集散地，是一个巨大的信息源。网友发布的目击见闻录、某一领域或专业的最新研究成果、新鲜有趣的身边故事等，这些都可以成为鲜有的新闻素材，而记者也不必再为寻找不到新闻线索而伤透脑筋。

（二）网络电话

网络电话是一种基于互联网的通信服务，是利用互联网能迅速传送数字化信号的特点，把声音信号数字化后通过互联网进行传送。比较流行的软件是微软公司的 Net Meeting 和 Vocal Tec 公司推出的 Internet Phone。网络电话最大的特点是其费用与传统电信资费相比非常低廉，因此，在时间紧迫、交通不便、与采访对象距离过远的情况下，采访者可以利用网络电话对远隔千山万水的采访对象进行采访，还可以实现可视性采访。不仅如此，由于在数据处理与传输带宽技术上取得了相当大的进展，网络电话可以实现质量稳定的网上实时通话，从而保证了采访的效果。

（三）网上聊天

网上聊天和网络电话一样是通过互联网进行直接而随意交流的方式。网络聊天室是一个多用户实时聊天系统，两个或更多的人可以在里面成群或者私下交谈，实现实时交谈，而这些人可能远隔千里、身处异国。网上聊天也是一个获取新闻线索的好渠道。记者可以通过网上聊天获得有关某个话题的连续不断的信息，了解受众对某个新闻事件的讨论情况，进而顺藤摸瓜，写出精彩的新闻报道。

---

① 刘海贵：《新闻采访写作新编》，复旦大学出版社，1999年，第103页。

五、运用社交媒体进行新闻采集

近几年,随着社交媒体的崛起,大量公民会在社交媒体上发文,社会新闻记者能够从社交媒体上轻易获取生产新闻的线索,可以不用耗费大量的时间成本和物质成本去挖掘其他渠道的新闻线索。

但是社会新闻由于线索的大量不确定性,因此社会新闻记者总是紧盯信息来源。社会新闻记者对于新闻线索的搜集已经例行公事化,而且,在其新闻线索的例行公事化搜集过程中,社会新闻记者对社交媒体的关注已经超过其他新闻线索来源渠道,有超过60%的记者表示希望通过微博"寻找有价值的选题线索和更多的采访资源"[①]。看网站、微博,包括地方新闻网、朋友的微博、大V微博、自己的微博留言以及政府的官网动态,一般来自政府的新闻,我们需要持续关注官方网站的动态,随时查看更新的文件,并和各个政府"口"的办公室保持联络,这样才能尽快取得信息。

以上几种方式是网络新闻媒体常使用的采集新闻的途径。这些新闻网站能够凭借自己的资源优势,通过整合媒体资源,与相关的专业媒体共享新闻线索。而一些网络小众传播媒体则会凭借自身优势,"抢"得本专业领域的优播权。这些网站往往专注于某一领域,在当下的热点中寻找契合点,并且充分利用网络社区,组织和发掘原创新闻,譬如果壳网,就专注于为受众提供新鲜、有价值的生活知识和科技资讯,成为国内领先的科技传媒机构(见图4-1)。

图 4-1　果壳网首页

第二节　网络新闻选稿准则和新闻价值判断

网络的新闻采集与发布,都必须在国家相关政策与法规的约束下进行。什么样的内容

---

① 刘瑞刚:《美通社发布首个中国记者社交媒体使用习惯报告》,http://it.souhu.com/20101209/n278202009.shtml。

可以发表,什么样的内容不能发表,都需要以相关的政策、法规为行为框架。作为网站信息的发布者、网络平台的管理者,以及互联网新闻信息服务单位的工作人员,我们必须要了解与信息使用、传播相关的政策法规。

一、网络新闻选稿准则

（一）根据国家法律、法规准则判断网络新闻

《互联网群组信息服务管理规定》,由国家互联网信息办公室于2017年9月7日印发,自2017年10月8日起施行。2018年2月2日,国家互联网信息办公室(简称"网信办")会同公安部、文化部、国家税务总局、国家工商总局、国家新闻出版广电总局,对热衷炒作、涉嫌违法违规的各类行为主体进行全面排查清理和依法综合整治。

国家网信办有关负责人指出,低俗炒作、大肆渲染明星绯闻隐私严重扰乱了网络传播秩序,传递了错误导向,侵害了公民合法权益尤其是青少年的身心健康,引起社会各界强烈反感。通过联合整治打击低俗炒作行为,将进一步形成依法从严监管的准则来震慑、督促和约束相关平台、机构和个人切实履行社会责任,坚持守法合规经营,维护互联网传播秩序,营造天朗气清的网络空间。

知识拓展

互联网群组信息服务管理规定(节选)

……

第四条 互联网群组信息服务提供者和使用者,应当坚持正确导向,弘扬社会主义核心价值观,培育积极健康的网络文化,维护良好网络生态。

第五条 互联网群组信息服务提供者应当落实信息内容安全管理主体责任,配备与服务规模相适应的专业人员和技术能力,建立健全用户注册、信息审核、应急处置、安全防护等管理制度。

互联网群组信息服务提供者应当制定并公开管理规则和平台公约,与使用者签订服务协议,明确双方权利义务。

第六条 互联网群组信息服务提供者应当按照"后台实名、前台自愿"的原则,对互联网群组信息服务使用者进行真实身份信息认证,用户不提供真实身份信息的,不得为其提供信息发布服务。

互联网群组信息服务提供者应当采取必要措施保护使用者个人信息安全,不得泄露、篡改、毁损,不得非法出售或者非法向他人提供。

……

第九条 互联网群组建立者、管理者应当履行群组管理责任,依据法律法规、用户协议和平台公约,规范群组网络行为和信息发布,构建文明有序的网络群体空间。

互联网群组成员在参与群组信息交流时,应当遵守法律法规,文明互动、理性表达。

互联网群组信息服务提供者应为群组建立者、管理者进行群组管理提供必要功能权限。

......

（资料来源：《互联网群组信息服务管理规定》，http：//www.cac.gov.cn/2017-09/07/c_1121623889.htm。）

（二）根据网络传播规律判断网络新闻

1. 导向性原则

坚持政治家办报，不但是媒体原创新闻必须坚持的原则，选稿也绝不例外，不能有丝毫含糊。

2. 真实性原则

假新闻绝对不能入列，牵涉媒体形象与公信力。选发、选编假新闻，应被视作媒体编辑的重大失误。

3. 价值性原则

在确保导向正确与真实性的前提下，选稿最重要的标准，应根据其新闻价值的高低来判断。关于新闻价值的定义，大家公认的观点应该是对新闻重要性、新鲜性、时效性、思想性等各个方面所做出的综合评价。

4. 适用性原则

不同媒体的新闻理念、新闻方向、受众群体不同，所选择的稿件，必须服从于媒体的自身定位及其版面特色，本质上是为了满足主流受众的需求。这就要求媒体及其从业者，应对自己的主流受众有清晰的认知与判断，比如年龄、性别、职业、知识水平、兴趣爱好等。

二、网络新闻价值判断

稿件的新闻价值的高低直接决定着网络新闻的传播效果，因此，新闻价值判断是进行网络新闻选择的重要的一环。网络编辑需要将真正具有新闻价值的稿件筛选出来，并根据新闻价值的高低来安排稿件的发布，以便让受众以最低的成本获得最有价值的新闻。

新闻价值，通常指事实所包含的足以构成新闻的种种特殊素质的总和。[1]这其中的每一种素质都是新闻价值要素，它必须具有能引起受众的共同兴趣和普遍关注的特性。一般来说，新闻价值要素包括以下几种。

（一）时新性

追求时新性是每一个新闻网站都会秉承的目标。争取第一时间发布信息是网站吸引网民眼球并在竞争中取得优势的重要手段。时新性是指事实在时间上是新近发生的，在内容上是人们所欲知的新鲜事。事情发生的时间越近，内容越新，新闻价值就越高。

在时新性的判断方面，要区分以下几种不同情况。

第一种情况是，新闻中涉及事实本身的发生或变动是突发性的或者跃进性的。对于这类事实，越是在第一时间进行报道，其时新性就越强。

第二种情况是，事实本身的变化是渐进的，即表现为一个过程，例如一个活动的开展、一种现象的发展等。这种逐渐进展的事实，其时新性似乎表现不强烈，但是如果能找到一个最

---

[1] 何梓华：《新闻理论教程》，高等教育出版社，1999年，第39页。

新、最近的时间点作为"由头"进行报道,就能很好地体现时新性。

第三种情况是,报道已经发生较久的事件,可以通过使用"由头"的办法来弥补事件的时新性。比如与事件相关的新发现或刚披露的新情况、对某人或某事的周年纪念等,都是可以用来增强事件时新性的"由头"。

典型案例

在这里我们写下中国力量:写在汶川特大地震五周年①

映秀的新街,游人如织;汉旺的校园,生机盎然;羌寨的农家乐,生意兴旺;北川的工业园,机声隆隆……五年前的今日,一场深重的灾难让世界记住了汶川。五年后的今天,在这片曾经山河破碎的土地上,岁月风干了泪水,阳光消融着悲伤,生命在奋斗中重新出发。

回首汶川灾区走过的历程,令人震撼的奇迹背后,是不可战胜的中国力量。

汶川五年,一个民族风雨同舟、守望相助的深情凝聚于此。面对灾后重建规模空前、难度空前的"世界性考验",几千万灾区干部群众自强不息、奋勇拼搏,19个省市几十万援建大军艰苦鏖战,伟大的抗震救灾精神,激发出重整山河、重塑心灵的强大力量。在不到三年时间里,汶川灾区以令人惊叹的速度提前完成灾后重建任务,实现了再还一个锦绣巴蜀的庄严承诺。

汶川五年,一个政党以人为本、科学发展的理念彰显于此。在党中央的坚强领导下,灾区各级政府视重建为机遇、变压力为动力,把发挥人的自主性、创造性放在第一位,铸造发展振兴的强大引擎,城乡面貌、基础设施、产业发展、社会建设实现了历史性跨越。与震前相比,四川全省地方生产总值和公共财政收入双双实现翻番,人们对未来的信心更加高涨。

汶川五年,一种制度协同整合、集成创新的优势展现于此。中国特色的对口援建,搭建起东西部优势互补的桥梁,经验的交流、观念的激荡,让汶川灾区成为中国体制创新、机制创新、科技创新、观念更新的实验场。政府强大的组织动员能力与市场手段的统筹协调,政府部门与社会力量的协力配合,令国际舆论惊叹,"四川树立了世界灾后重建的典范,经验可以在世界推广"。

中国力量,是精神的力量、制度的力量。用理想凝聚力量、用信念铸就坚强、用真情凝结关爱,抗震救灾的伟大实践,丰富了中国道路的深刻内涵,彰显了社会主义的制度优势,增强了中华民族的道路自信。"万众一心、众志成城,不畏艰险、百折不挠,以人为本、尊重科学"的抗震救灾精神,贯穿于汶川灾后重建、发展振兴的始终,融汇于中国精神的谱系,成为激励全民族穿越灾难、砥砺奋进的强大动力。

马克思曾说,"只有奋斗,才能治愈过去的创伤"。从汶川到玉树,从舟曲到芦山,我们经历了灾难的创痛,更在灾难中铸就了不屈的精神,凝聚了无尽的力量。正如习近平总书记所指出的,"我们的前进道路不可能一帆风顺,一定会遇到这样那样的风险和挑战","只要我们有准备,团结一心,共同应对,就完全能够从容应对

---

① 《在这里我们写下中国力量:写在汶川特大地震五周年》,http://www.chinadaily.com.cn/dfpd/shehui/2013-05/12/content_16492919.htm。

征途上的各种复杂局面,战胜各种可能出现的艰难险阻"。以顽强不屈的中国精神,搞好芦山灾后重建,实现震区经济社会健康发展,夺取全面建设小康社会新胜利,这是对汶川地震五周年的最好纪念。

汶川地震这一突发事件的新闻时新性,正随着时间的流逝慢慢减弱,而案例中的稿件则利用了汶川地震五周年这一"由头"来进行报道,重新抓住了人们的眼球,增强了稿件的时新性。

（二）重要性与显著性

新闻不是"有闻必录",而是应该优先选择那些重要的、有较大影响的、对多数人来说有意义的信息。一般而言,评判新闻重要性的标准是新闻所报道的事件、现象对社会所产生的影响,影响所涉及的社会领域、社会成员越广泛,影响的程度就越大,重要性就越显著。

判断一则新闻的重要性,主要依据有以下几个方面。[①]

第一,事实影响人的多少。一件事实影响的人越多就越重要,影响的人越多越容易成为新闻事实。

第二,事实对人和社会影响时间的长短。一件事实、一种现象对社会影响的时间越长,说明它越重要。

第三,事实影响空间范围的大小。一件事实影响的空间范围越广就越重要。

第四,事实影响人们实际利益的程度。事实越影响到人们的利益就越重要。

显著性指的是新闻事实的知名度。这一知名度与新闻中所涉及的人物、地点、事件、时间等因素所具有的知名度相关。人物的知名度越高,其所从事的活动的显著性就越高。

（三）趣味性与接近性

娱乐功能是大众传播最明显的一种功能,而利用趣味性的信息使人们放松心情,则是网络媒体娱乐功能的重要体现,因此趣味性也是评价网络新闻价值的标准之一。趣味性主要有两层含义:一层含义是指新闻信息轻松、有意思,能调节人的情绪;另一层含义则指新闻可以引发人们的情感,例如热爱、同情等。一般而言,常见的趣味性稿件都与逸闻轶事、小动物以及大自然等题材有关。

接近性是指新闻事实令人关切的特质,它所衡量的是受众与新闻信息之间的"距离"。这种距离可以是地理上的,也可以是心理上的,即人们对新闻事件中的人物、地点、事件等要素熟悉与关切的程度。一般情况下,离受众所处的位置越近、关系越密切的事件,就越为其所关注,新闻价值也就越大。

（四）网络编辑的新闻敏感与其他标准

要想准确地判断新闻价值,网络编辑还应该具备新闻敏感。新闻敏感是新闻从业者综合素质的核心。它是指新闻采编人员对新闻人物、新闻事件、新闻事实所蕴含的新闻价值的敏锐感知能力。一个人捕捉、反映生活中的变化和潜在变化的能力越高,也就表明他的新闻敏感越强。

---

① 杨保军:《新闻价值论》,中国人民大学出版社,2003年,第137页。

一般来说,网络编辑的新闻敏感具有以下三个特点。①

(1) 快捷。即能十分迅速地捕捉事物正在发生或即将发生的最新变化,并对其价值做出判断。

(2) 准确。即能从纷繁复杂的事物中判断和选择出有传播价值的变化。

(3) 灵活。即不拘泥于某种固有的思维模式和工作思路,能随时根据所观察的事物的变化调整思路,打破成见,从事物细微的变化中敏锐地推断出事物潜在的重大变化。

新闻敏感具有一定的先天性,某些人生来可能就对事物变化的感受与反应能力较快。例如,在肯尼迪遇刺案的报道中,美国CBS广播公司著名记者丹·拉瑟就凭借其与生俱来的新闻敏感,抢在其他媒体之前对现场进行了报道,他也因此一跃成为美国著名的记者。但新闻敏感更多的是一种责任感的驱使,是采写经验的自然流露,是知识积累的生发。要想不断提高自己的新闻敏感,练就沙里淘金的本领,新闻工作者应该注重以下几个方面的训练。

(1) 对社会的长期观察。这里所指的社会,包括了社会的政治、经济、文化、生活等方方面面。新闻的产生源于变化。我们只有观察到了变化才能捕捉到新闻线索,才能洞察到此时与彼时的差异、此处与彼处的不同。美国著名新闻工作者普利策曾说:"倘若一个国家是一条航行在大海上的船,新闻记者就是站在时代船头的瞭望者。"因此,作为瞭望者的新闻工作者,需要在一望无际的"海面"上观察一切,在新闻前哨预警护航。

(2) 对社会热点的把握。社会热点往往是一个社会的晴雨表,它能反映社会生活中的一些重要变化。隐藏在社会热点背后的新闻,往往具有极高的新闻价值。由此可见,新闻工作者应该不断训练自己捕捉社会热点的能力。

(3) 相关信息的积累。一位资深记者曾比喻道:"记者寻觅新闻事实好比深夜里在地上找绣花针,如果手中有磁铁,就能很快如愿以偿。"记者手中的这块"磁铁"就是长期积累的信息。这些日积月累的信息可以帮助新闻工作者进行新闻价值的判断,也可以让我们在第一时间内把握新闻的背景。在信息量积累到一定程度后,新闻工作者还可以理解它的更深层含义,并预测出事物的未来走向。

除了以上公认的新闻价值要素外,国外一些学者还提到了其他的判断标准,如以下几个方面。②

(1) 冲突性。新闻中如果包含了矛盾与冲突,往往容易引起读者的关注。

(2) 有用性。新闻中所包含的对读者生活有用的信息,也是其价值的一种体现。

(3) 娱乐性。可以使读者感到轻松愉快的报道具有娱乐的价值。

(4) 激励性。有些报道讲述了人们如何战胜困难的故事,这些报道可以激发人们积极向上的情感,也具有新闻价值。

(5) 特殊兴趣。关于科学、宗教等主题,以及对有关少数民族、大学者、残疾人等特殊群体的报道,常常也能引起人们的兴趣。

(6) 趋向性。那些会影响读者生活的问题的发展趋向的报道,也是人们关注的话题。

以上这些新闻价值的要素与时新性、重要性、显著性、趣味性、接近性等一般标准并不是完全并列的,它们是一般性标准的更细致的表现。在实践中,利用这些细化的维度去分析、

---

① 何梓华:《新闻理论教程》,高等教育出版社,1999年,第44页。
② [美]卡罗尔·里奇著,钟新译:《新闻写作与报道训练教程》,中国人民大学出版社,2004年,第21页。

判断稿件的新闻价值,更为方便快捷。

应值得注意的是,国家有关部门会在一定时期向媒体发布一定的规定,指明哪些内容不适合发表。网络编辑在判断稿件新闻价值的同时,也要严格审核稿件中是否包含有国家明令禁止发布的信息。

案例 4.1　男子街头暴打女生

第三节　信息的真实性判断

真实是新闻的生命,这是任何媒体在从事新闻报道时所要坚守的一条基本原则。新闻的真实性指新闻报道必须反映客观事物的本来面貌,因此,信息的真实性判断,就是判断稿件中所涉及的事物、事件及其要素是否是真实的、客观存在的。

网络传播开放、快速的特性给虚假信息的传播带来了便利,导致网络信息的真实性难以得到保证,网络新闻失实的现象时有发生。从新闻失实的源头来看,网络新闻失实主要有两种情况。

一是失实新闻源于传统媒体,网站没有对其进行有效的鉴别,转发了失实新闻。传统媒体中的这些失实新闻,一经网络这个"放大器"的传播,其影响就会成倍扩大,因此,在一定意义上,网络常常会成为传统媒体的替罪羊,承担新闻失实的主要责任。二是失实新闻源自网络,主要是网络编辑对源于网络的一些信息的真实性未能做出正确判断,在网站发布了信息,或在相关报道中引用了不真实的材料。

基于以上两种情况,网络新闻失实的原因与传统媒体基本一致,主要分为两类。[①]

一是目的性失实,即新闻报道者为了自身利益而故意捏造事实,虚构情节,杜撰新闻。二是技术性失实,即新闻报道者没有故意弄虚作假的利益追求和主观动机,而是由于主观和客观条件的制约,未能按照客观事实的本来面貌对其进行如实报道。

此外,信息发布的低门槛使网络上充斥着各种各样的来自网民的信息。这些信息虽然不能视作网络新闻,但可能会影响编辑对于同类信息的真实性判断,从而对网络新闻传播产生一定的干扰。因此,网络新闻编辑需要更敏锐的目光和更清醒的头脑,善于在复杂的信息环境中对新闻或信息的真实性做出判断。网络新闻编辑可以借助以下几种方法,对网络新闻进行真实性判断。

一、多源求证

为了保证信息尤其是新闻信息的真实性,媒体通常要进行多源求证,即在发布某则新闻

[①] 高钢:《新闻写作精要》,首都经济贸易大学出版社,2005 年,第 67 页。

前要确保消息并非仅有一个消息来源。多源求证是进行真实性判断的基本原则,它是指通过两个以上与事件无关的独立消息来源对新闻进行核实,以确定消息的真实性。

在进行多源求证时,对于"多源"的选择十分重要。由于网络媒体经常对一则新闻相互转载,这可能造成多家网站发布的新闻都来自同一个消息来源,因此一定要注重鉴别独立的消息来源,并对信息提供人的背景、身份等进行详细的考察。对于那些来源不明的信息,无论重要与否,都不能轻易采用。

典型案例

2018年8月22日,自媒体"@德阳爆料王""@一手Video"等发博称:"疑因妻子游泳时被撞到,男子竟在游泳池中按着小孩打。"四川德阳常女士将剪辑过的视频发到网上,并称"不小心撞了"女医生,引导舆论。

8月25日,安医生不堪遭受人肉搜索的压力而选择了自杀,最后经抢救无效身亡。消息传出来之后,当初转发片面信息的一些网络媒体和营销号悄悄删除了视频。同时舆论反转,与这位女医生发生冲突的那一家人也开始遭到人肉搜索。8月27日,"@德阳爆料王"发布致歉声明。8月31日,德阳市公安局表示公安机关正在调查此事,案子涉及未成年人,不予公开。部分媒体为抢占时效、引导舆论,首创首发的需求越来越强烈,本应扮演把关人角色的新闻媒体却变成了舆情源头和责任主体。

二、内容分析

判断新闻是否真实,可以对稿件的内容进行分析,从而做出判断。逻辑分析法是进行内容分析时常用的方法。如果在新闻稿件中存在着逻辑上的矛盾或不合理之处,就需要多方面、综合地分析和判断其真实性。比如上面的案例,如果运用逻辑分析法就很容易判断出这则新闻欠缺真实性。国家新闻出版广电总局作为研究并拟订广播电视宣传和影视创作的方针政策的权威部门,在把握正确的舆论导向和创作导向方面起着不可替代的作用。

在分析稿件内容时,还要查看信息的要素是否齐备。一则新闻应该具备五个要素,对于要素不完整的信息要谨慎。如果其中有些要素是残缺的或者模糊的,也应通过进一步核实来判断新闻的真实性。

三、调查核实

扎实、深入的采访作风是一名新闻工作者必备的素质,但在实践中,许多记者仍然会受主观或客观因素的影响,因技术性失实写出缺乏真实性的新闻。

2013年12月3日,一则题为《老外街头扶摔倒大妈遭讹1800元》的新闻被各大网站疯狂转载。报道称,"2013年12月2日上午10时30分许,在北京朝阳区香河园路与左家庄东街路口,一位东北口音的女子经过一个骑车外国小伙时摔倒,外国小伙扶起女子后反被讹。最后经警方调解外国小伙赔偿1800元'医药费'给女子后自行离开"。

然而,随着"中国之声"等多家媒体的调查和警方的介入,事件出现了戏剧性逆转。据目击者回忆,事实上是老外驾驶无牌摩托车撞人后,非但不道歉反而用中文辱骂被撞者,而被撞的中年女子仅仅是为保护事故现场才会撕扯该名外国人的衣服,并没有想要讹诈他的意思。

12月13日,国家互联网信息办公室在北京召开了主题为"杜绝网上虚假失实报道 提升网络媒体公信力"的座谈会,针对"大妈讹老外"的网络失实报道,查找问题、分析原因。国家互联网信息办公室副主任任贤良在座谈会上指出,真实是网络新闻的生命,网络媒体发展越快、影响越大,越要坚持真实性原则,应全面客观准确的报道新闻事件。

此次"大妈讹老外"的涉假新闻,缘于最先发布该新闻的记者没有向当事人和目击者核实事件的真相,未进行细致的面对面采访,仅依据网民发布的照片就进行了断章取义的报道。在电话采访、邮件采访日益普及的今天,由于采访作风不深入、不严谨而产生的新闻失实问题时有发生。通过深入现场或直接面向相关人员的方式进行调查核实,往往可以避免类似错误的出现。除此之外,在进行核实时,如果能善于运用各种法律法规和有关部门的正式文件,以及相关部门的网站等,也能达到事半功倍的效果。

四、技术判断

由于网络的技术特点,通过伪造网页传播虚假信息的情况屡见不鲜。对于这种情况,网络编辑可以通过对比网站的地址来判断网页的真伪。另外,新闻网站遭受黑客攻击、主页内容被篡改的情况也时有发生,这对判断信息的真实性也是一种考验。

掌握互联网及其他方面的知识和技术,可以使我们更快地判断出稿件的真实性。比如,造假者往往会运用图像处理软件来对图片进行伪造,而我们则可以借助这些软件来确定图片是否有被伪造或篡改的痕迹和破绽。

五、设立警戒线

在进行新闻内容的采集时,我们的头脑中应该有一条警戒线,留心任何可能出现假新闻的情况。对于一些经常出现假新闻的媒体或来源的稿件,要保持警惕和谨慎;在一些特殊的时期,例如愚人节,更要特别小心谨慎。英国媒体在愚人节当天,就习惯刊登一些假新闻,自娱娱人。英国《太阳报》就曾在愚人节报道称,他们的报纸有"味道",读者可以随便选一个部分,舔一下,尝尝是什么味道;而《每日电讯报》的愚人节新闻则是,互联网将利用手脚灵活的白鼬这种小动物,把信息送到偏远的地区;而英国广播公司"今日"节目则声称,莎士比亚的母亲是英国的世仇——法国人。网络新闻从业者可以在平时的学习和工作中积累此类信息,并将这些需要特别注意的新闻来源整理成一个"黑名单",以备必要时查对。

案例 4.2 毕节福利院事件

第四节 网络受众的构成及需求特点

网站的新闻传播,最终目的是要满足受众需求,因此,了解网络受众的构成及需求特点,是网站进行新闻选择的基础。

2020年4月,中国互联网络信息中心(CNNIC)发布了第45次《中国互联网络发展状况统计报告》(以下简称为《报告》)。《报告》围绕互联网基础建设、网民规模及结构、互联网应用发展、互联网政务发展、产业与技术发展和互联网安全等六个方面,力求通过多角度、全方位的数据展现,综合反映2019年及2020年初我国互联网发展状况。当前互联网已经成为影响我国经济社会发展、改变人民生活形态的关键行业,CNNIC的历次报告见证了中国互联网从起步到腾飞的全部历程,并且以严谨客观的数据,为政府部门、企业等各界掌握中国互联网络发展动态、制定相关决策提供了重要依据,受到各个方面的重视,被国内外广泛引用①。

因此,我们以CNNIC发布的第45次《中国互联网络发展状况统计报告》为基础,选取其中三类具有代表性的指标,即网民规模、结构特征和网络新闻应用,说明中国网民构成情况及需求特点。

一、网民规模

如图4-2所示,截至2020年3月,我国网民规模达9.04亿,较2018年底增长7508万,互联网普及率达64.5%,较2018年底提升4.9个百分点。其中,农村地区互联网普及率为46.2%,较2018年底提升7.8个百分点,城乡之间的互联网普及率差距缩小5.9个百分点。网民人均每周上网时长为30.8个小时,较2018年底增加3.2个小时。我国手机网民规模达8.97亿,较2018年底增长7992万,我国网民使用手机上网的比例达99.3%,较2018年底提升0.7个百分点。

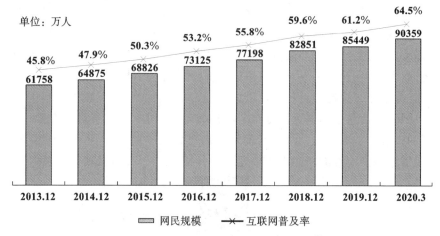

图4-2 中国网民规模与互联网普及率②

在《2019年网络扶贫工作要点》的要求下,网络覆盖工程深化拓展,网络扶贫与数字乡村建设持续推进,数字鸿沟不断缩小。随着我国"村村通"和"电信普遍服务试点"两大工程的深入实施,广大农村及偏远地区贫困群众逐步跟上互联网时代的步伐,同步享受信息社会的便利。

---

① 《第45次〈中国互联网络发展状况统计报告〉》,http://www.cac.gov.cn/2020-04/27/c_1589535470378587.htm。

② 来源:CNNIC中国互联网络发展状况统计调查(截至2020年3月)。

二、网民的结构特征

(一)网民的性别结构

截至2020年3月,我国网民男女比例为51.9:48.1,男性网民占比略高于整体人口中男性比例(51.1%)。

(二)网民的年龄结构

如图4-3所示,截至2020年3月,20—29岁、30—39岁网民占比分别为21.5%、20.8%,高于其他年龄群体;40—49岁网民群体占比为17.6%;50岁及以上网民群体占比为16.9%,互联网持续向中高龄人群渗透。

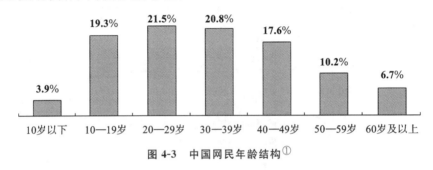

图 4-3　中国网民年龄结构①

(三)网民的学历结构

如图4-4所示,初中、高中/中专/技校学历的网民群体占比分别为41.1%、22.2%,受过大学专科及以上教育的网民群体占比为19.5%。

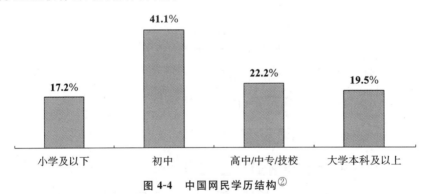

图 4-4　中国网民学历结构②

(四)网民的职业结构

由图4-5所示,在我国网民群体中,学生最多,占比为26.9%;其次是个体户/自由职业者,占比为22.4%;企业/公司的管理人员和一般人员占比共计10.9%。

(五)网民的收入结构

如图4-6所示,月收入在2001—5000元的网民群体合计占比为33.4%,月收入在5000元以上的网民群体占比为27.6%,有收入但收入在1000元以下的网民群体占比为20.8%。

---

①② 来源:CNNIC中国互联网络发展状况统计调查(截至2020年3月)。

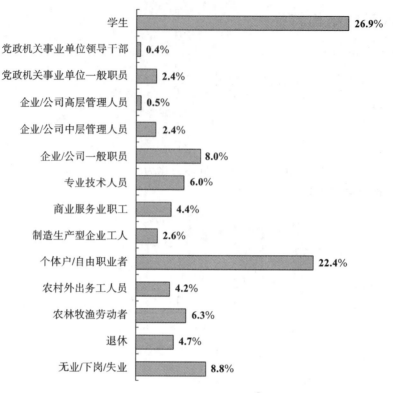

图 4-5 中国网民职业结构[①]

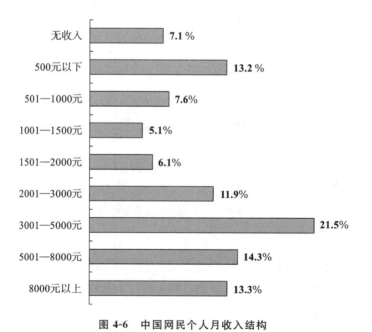

图 4-6 中国网民个人月收入结构

---

① 来源:CNNIC 中国互联网络发展状况统计调查(截至 2020 年 3 月)。

三、网民网络新闻应用状况

如图 4-7 与图 4-8 所示,截至 2020 年 3 月,我国网络新闻用户规模达 7.31 亿,较 2018 年底增长 5598 万,占网民整体的 80.9%;手机网络新闻用户规模达 7.26 亿,较 2018 年底增加 7356 万,占手机网民的 81.0%。

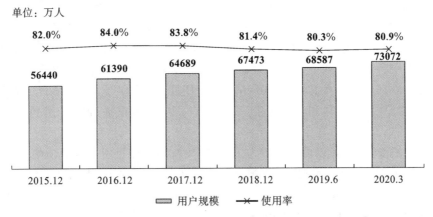

图 4-7　2015.12—2020.3 中国网络新闻用户规模及使用率①

图 4-8　2015.12—2020.3 中国手机网络新闻用户规模及使用率②

媒体不断进步,努力满足网民的融合性新闻需求。新闻媒体保持技术敏感,推进媒体生态不断进化。而网络新闻行业紧跟时代热点,不断打造吸引力强的内容产品,合力建设内容生态。

一是新闻媒体保持技术敏感,推进媒体生态不断进化。

随着移动互联网的普及和 5G、AI(artificial intelligence,人工智能)等新兴技术的不断演进,媒体格局和舆论生态发生深刻变革,传统媒体和新兴媒体依托新技术深度融合,推进媒体生态不断进化。例如,2019 年,中央广播电视总台积极应用"5G+4K+AI"新技术,与三家电信运营商、华为公司合作建设了我国首个国家级"5G 新媒体平台",并在 2019 年春晚、

---

①② 来源:CNNIC 中国互联网络发展状况统计调查(截至 2020 年 3 月)。

两会和"一带一路"高峰论坛及北京世园会报道中实现了"5G＋4K""5G＋VR（virtual reality，虚拟现实）"的全流程、全要素制播，未来有望在传媒领域得到广泛应用；抗击新冠肺炎疫情过程中，新浪新闻利用 AI 技术整合人民日报、新华社等权威媒体内容进行内容聚合分发，帮助用户及时了解实时疫情动态，同时对用户防疫科普、谣言甄别等潜在需求进行预判，向用户展现科普和辟谣信息。

二是新闻媒体坚持"内容为王"，信息平台探索融合发展。

传统媒体加强与平台企业的合作。愈发重视新闻传播途径，主动加强与信息聚合及娱乐内容平台的合作，加速融入内容生态体系。中央新闻媒体以融合求发展，呈现出以下特点：第一，探索平台发展模式。中央新闻媒体尝试打造聚合式内容平台，构建兼具主流价值与创新活力的新媒体内容生态，如 2018 年，《人民日报》上线的"人民号"平台已吸引数千家党政机关、高校、优质自媒体和名人入驻。2019 年 8 月，《新闻联播》正式入驻抖音、快手等短视频平台，入驻当天粉丝数超千万。

提升内容创作水平，如以内容生产为主线，中央新闻媒体重组内部新闻生产流程，广泛运用新型新闻采编、内容展示技术，并积极与外部进行资源共享、协同策划制作优质新闻节目。

商业新闻媒体也加强优质内容争夺，如内部通过开通小程序、提供广告分成等手段加大对自媒体资源的培育和争夺力度。外部通过与视频、问答等类型网站开展合作，扩大自身在内容生态领域的分发能力。

新闻资讯聚合平台更加注重整合优质资源，如 2019 年，新闻资讯平台企业不断与新闻内容合作边界，从而使内容实现跨平台流动。例如，腾讯看点依托 QQ 和微信两个社交平台，利用自身在视频、综艺、游戏、体育等领域的版权优势，实现社交与内容的结合；今日头条则通过布局搜索业务继续拓展内容分发渠道，以更好地服务于内容。

新闻网站发展多元内容载体。各 2018 年，新闻网站加大在短视频、语音、动漫等新型内容载体的发展力度，尤其短视频形式引起各家新闻网站重点布局。

重塑内容分发机制。单一基于兴趣的算法推荐机制弊端渐显，部分新闻网站主动求变，开始采取"算法推荐＋人工干预"的新型内容分发机制。

附录

（一）拓展内容

1. 采用"四看"方式判断稿件真实性

①查看稿件的新闻来源。本网站原创稿件质量容易得到保障，可以直接采用；转载国内传统媒体的新闻稿，质量也比较高，但应注意选择与本网站有签约协议的媒体的稿件，在选择社会新闻时，一般的地方小报、都市类报纸的稿件要谨慎选用；看稿件来源时，还要看稿件是媒体首发还是转发，若为转发还需要找到源头以保证稿件的质量，不能轻易使用来历不明的信息。

②查看稿件的内容，如事件发生的时间、地点、人物、原因、过程等；查看稿件中的引语、背景资料等，最好交代清楚可靠的来源，查看与分析信息的细节，保证信息准确。

③查看重要新闻的更多报道源头。

④如果要转载网络媒体的稿件，首先要看网站是否具备新闻网站资质，其次对这类网站

的原创稿件、论坛信息、博客、网友留言稿件等慎重选择。

2. 采用"三审"方式判断稿件的权威性

①审查信源是否权威。

公共卫生、食品安全、增税等都是与百姓利益攸关的民生问题，这样的新闻一旦处理不慎，新闻失实就会酿成社会危机，造成社会动荡不安，因此，这类新闻尤其需要注意审查信源的权威性。

②审查信息发布者是否权威。

③审查新闻稿中人物是否权威。

3. 从网民心理和行为习惯角度选择稿件

网民的心理生活空间具有方向性，表现在三个方面：无方向（寻找目标）、引力（指向目标）和斥力（脱离目标）。

①可以根据网民的上网时间来选择稿件。

在一般情况下，网民上网时间多为工作日，高峰时间是9—11时、14—16时、19—22时，这些时间段网民浏览新闻的需求比较大，因此可以在这些时间段及时推荐、更新一些重要新闻，特别是希望被网民关注到的新闻，可以在这三个时间段加大话题设置力度。周末的时候，网民上网时间较少，如果周末发生了重要新闻，应在周一或工作日再突出呈现。

②可以根据网民心理特点来选择稿件。

虽然每个网民都有个性化的阅读心理，但也存在着普遍性的受众心理，比如粉丝心理、猎奇心理、表现心理等。可以在日常新闻报道中多选择些来自网民的文章和稿件，满足网民的个性化表达及对外展示的表现心理。

③根据网络环境来选择稿件。

焦点事件应有所侧重，对于热议问题在页面位置上应有推荐，营造一种适宜网民浏览新闻的网络环境，能够增加网民对网站的黏度。

（二）参考文献

[1] 托伊恩·A. 梵·迪克. 作为话语的新闻[M]. 曾庆香，译. 北京：华夏出版社，2003.

[2] 邵睿，杨晓. 网络新闻编辑对新闻的发掘方式探究[J]. 新闻传播，2018(10).

[3] 黄晓阳. 大数据时代议程设置主体话语权发展现状及原因分析[J]. 新闻研究导刊，2018,9(3).

[4] 文辰西. 网络媒体热点题材报道的话语分析——以澎湃新闻报道"空姐乘滴滴遇害事件"为例[J]. 新闻研究导刊，2019,10(3).

（三）思考题

①网络新闻的采集与传统新闻的采集有哪些异同？

②新闻从业者应如何在法律法规的框架下进行新闻的采集和发布？

③你还能列举出哪些与新闻采集、发布相关的法律法规？

④你还能想出哪些新闻价值要素？对应每一种新闻价值要素，找出符合这一要素的最新的新闻报道。

第五章 网络新闻的加工

内容提要

随着信息技术不断的突破式发展,网络新媒体的发展形势也在不断扩大。网络新媒体已经成为一种全新的新闻产业,成为对信息进行收集、整合、编辑、发布、推广的媒体产业,利用形式多样的信息表现形式,增加受众群体黏性,拓展新闻信息传播空间。网络新闻与传统新闻的不同之处在于能够及时利用一些动态视频、音频、图像、超链接等形式,对新闻资源进行合理加工,丰富新闻的表达形式,增强新闻的吸引力,从而更好地满足新时代受众对信息编辑的需求。

本章主要讲解包括文字稿件、新闻图片以及新闻视频在内的网络新闻的编辑知识及其在实际中的应用,旨在让读者通过本章的学习,具备基本的文字处理能力,能掌握超链接的设置与内容提要的写作方法,可以对图片、视频进行合理设计及编辑,能开展相关的网络新闻加工工作。

第一节 文字稿件的加工

一、新闻作品的五个层次

学习新闻作品结构的知识,是掌握网络文字新闻编辑技巧的重要一环。一般情况下,一个完整的网络新闻作品通常是由下列几个层次构成的。

①标题。

②内容提要。即导语,这部分内容是在现在网络海量信息的时代背景下,为了适应读者的快节奏生活并满足快餐性阅读的需要而产生的。

③新闻正文。正文部分是新闻作品的主体部分。

④关键词或背景链接。有了背景链接,就更便于信息搜索,可以随时点击进入,随时了解新闻背景。

⑤相关文章或延伸性阅读。连续性浏览有利于用户全面了解信息,增强读者阅读黏性。

二、常见错误类型及修改

由于种种原因,网络新闻稿件中存在着大量的错误,对文字稿件进行修改是稿件加工的起点。而对这些常见的错误进行归类,能让我们更好地认识并解决这些问题。一般来说,文字稿件中常见的错误可分为以下几种类型。

（一）改正文章辞章错误

在新闻稿件中,错别字、语法错误、标点符号错误使用、数字单位表达不规范以及词不达意的情况很多,比如,在"提前一个月完成了全面恢复所有受灾用户正常供电的目标"一句中,"完成……目标"就属于语法上的错误,应为"实现……目标"。可见,辞章的修改是对网络编辑文字修养的考验。

（二）修改文章体裁结构

无论消息、通讯、评论、深度报道或是其他体裁的新闻稿件,大都有特定的结构,尤其是消息,其结构要求非常严格。在文字稿件修改过程中,若稿件没有按其体裁所要求的结构规范来写,则需要对其进行修改。此外,编辑也要根据文章表达效果的需要,将文章的体裁和层次结构进行适当的调整。

（三）改正新闻知识错误

由于记者的大意或者知识面的限制,在有些稿件中可能出现诸如诗词引用不准确、科学概念错误使用、历史人物或时间描述差错等知识层面的错误,因此,新闻编辑要善于发现错误并对其进行准确的改正。通过下例,可以加深我们对这一问题的认识。

一篇报道中曾写道:"鸦片战争中,英国侵略者用炮火强行轰开中国的大门,使宁波、上海、天津等地'五口通商'的局面得以形成。"而在《辞海》中,则清晰地指出,1842年《南京条约》开放的五个通商口岸分别为:宁波、上海、广州、福州、厦门,称"五口通商"。这其中并不包括天津。

（四）改正新闻事实错误

真实是新闻的生命,哪怕只是细节与事实不符都有可能使新闻公信力一落千丈,甚至引起新闻纠纷。新闻事实的错误种类繁多,包括现实性的、历史性的、科学性的错误等。如错误地把"湖南"写成"湖北",把"美元"写成"元",把"1920年的苏联"写成"1920年的俄国"。再如,在第四章新闻真实性中讲到的"老外街头扶摔倒大妈遭讹1800元"一例,此事后经视频取证及记者走访调查发现,这名外国小伙确实撞了大妈,并且还破口大骂。事实并非像这篇报道中所写的"外国小伙遭讹"那样,显然此新闻存在事实错误。

如今,随着网络新闻事业的发展,越来越多的网络假新闻出现。而这些假新闻中,有很大一部分都是犯了事实性的错误。这就要求网络新闻编辑对新闻事实问题加以重视,并利用搜索引擎、工具书等多种方法查找资料,悉心核对事实要素,确保新闻的真实性。

（五）改正新闻观点错误

新闻观点是大是大非的问题,观点错误,即导向错误,其造成的社会影响不可小觑。

因此,首要的是对错误观点的修改。观点错误,一般分为三类情况:一是违背现行的法律和法规;二是违背中华民族的传统美德;三是稿件中存在与党和政府所制定的路线、方针以及政策等相违背的观点,有损国家利益的观点,违反民族、宗教政策的新闻等。在网络新闻中,读者可以看到各种各样的观点,且新闻观点的错误一般夹杂在遣词造句中,不易被发现,因此,新闻编辑应十分小心,具体问题具体分析,坚决避免观点错误,以免误导网民。

三、文字稿件的修改方法

为了保证稿件修改后的质量以及提高改稿的效率,编辑应该注意文字稿件改稿过程的科学性。稿件的修改可简单地分为三个基本步骤:第一步就是要通读整篇文章。只有对整篇文章通读后,才能对稿件的主要内容、文章结构以及语言使用具体情况有一个全面的了解,才能大体上确定需要修改的地方。第二步就是着手修改。在修改的过程中,编辑会产生一些新的思路或想法,并进行深入的构思,字斟句酌,逐字逐句地进行修改。修改结束后还有重要的一步,第三步就是要进行检查性阅读。这样做是为了检查修改是否全面、是否得体、是否还有不尽如人意的地方。经过反复的阅读、核对并确认准确无误后,要注明、标明稿件的具体来源,标明报道来自的媒体和稿件的作者。至此,一篇完整的文字稿件的修改才算结束。

当然,针对不同的稿件,要有不同的修改方法。常用的修改方法有以下几种。

(一) 增补

增补,简言之,就是补充原稿件中需要交代而又没有交代的内容。新闻稿如果缺少一些必要的因素,就会影响到读者对于新闻的理解。因此,适当的增补也是新闻加工的一步。具体而言有以下几点。

1. 背景性材料

《纽约时报》的资深记者阿尔比恩·罗斯曾指出:"任何事件的新闻价值全在于通常被称为背景材料的上下文之中。"一件正在发展中的事件,记者在采写新闻时由于时间紧迫,稿件可能只介绍了最重要的情况,但是如若缺少了对相关背景资料的介绍,读者读完该报道后可能一头雾水、心存疑虑。此时,如果用合适的篇幅对背景做简单交代,则会使报道效果更好。

汶川地震报道是这几年中国新闻传播变化的一个缩影:公民新闻的大放异彩,完善了公众参与渠道,丰富了新闻来源,拓宽了透视与解释新闻事件的视野,弥补了传统媒体采集报道新闻中各种资源的不足。

典型案例

俄罗斯在太空用卫星检查卫星[①]

新华社莫斯科8月2日电 俄罗斯国防部1日发表声明说,俄日前在太空利用一颗军用卫星对另一颗军用卫星进行了状态检查和在轨维护。

---

① 《俄罗斯在太空用卫星检查卫星》,https://baijiahao.baidu.com/s?id=1640740168332175757&wfr=spider&for=pc。

声明说,两颗军用卫星"宇宙-2535"和"宇宙-2536",一颗用于检查,一颗用于记录。检查卫星对记录卫星进行了状态检查和在轨维护,并传回了记录卫星的多种数据。

声明说,俄国防部还汇总分析了两颗卫星的卫星轨道参数,检查了它们的运作情况,并评估了卫星搭载专用设备记录的数据等。卫星搭载的相关专用设备可记录太空垃圾、各种粒子和宇宙射线对被检查卫星的影响。

7月10日,俄军方在俄西北部的普列谢茨克航天发射场用"联盟-2.1V"运载火箭将包括"宇宙-2535"和"宇宙-2536"的多颗卫星送入太空。

本例中涉及的是俄罗斯在太空利用一颗军用卫星对另一颗军用卫星进行检查的信息,但是,如果再加入一些简单的介绍性材料,如对采用卫星检查卫星的技术实施和未来卫星多功能开发的介绍等,这样就会使报道变得更加形象贴切,更易理解。

2. 解释性材料

对新闻报道中一些涉及哲学、经济、科技等专业性强或者较深奥的知识进行解释、说明,可以使原本陌生的专业概念变得形象而生动,对读者更好地理解新闻事件的价值很有帮助。[1]

3. 增补新闻事实

增补新闻事实即请记者或作者对稿件中遗漏的新闻要素进行增补,或对过于简单的内容加以补充和解释[2]。新闻五要素虽然有时候没必要面面俱到,但必要时还是要交代清楚。有些报道在介绍事件发生的地点时只出现小地名,而出于疏忽丢掉大地名,结果读者看完后仍不知事件的发生地,从而感到困惑和费解,因此,为避免出现这一问题,新闻编辑需要在加工新闻稿件时对这一必要事实进行补充。

4. 议论

有时候仅对新闻事件进行简单报道,不足以引发读者的思考,因此,在报道的结尾处加入适当的议论可以发人深省,能更好地发挥新闻媒体引导社会思考的职责。

5. 回叙

在有些教材中,还会提到回叙的添加。回叙是对近期已经报道过的新闻的简要重述,大多用于连续性报道。回叙的目的是给读者提供方便,使其省去不必要的查阅过程就能全面了解事情的最新进展,有点类似于背景介绍。

(二) 删缩

删缩稿件是指对稿件的删节、删句和删字。删缩稿件的原因主要有:①一些不必要的抒情、议论有时会影响到信息的客观性,这时需要删除。②稿件写作结构混乱,不分主次重轻,冗长累赘。③由于新闻体裁的限制,太长不适合体裁要求,这时要适当删除。④适应编辑的某种特殊需要,比如对若干稿件进行拼组时也需要对稿件进行删缩处理[3]。⑤如若稿件中涉及泄密内容、不实内容也要删除,或采用隐蔽表达,如"某地""某部"等。

---

[1] 姜英:《新闻编辑教程》,四川大学出版社,2010年,第85页。
[2] 蔡雯:《新闻编辑学》,中国人民大学出版社,2010年,第266页。
[3] 姜英:《新闻编辑教程》,四川大学出版社,2010年,第84页。

(三) 替代

替代，顾名思义，即用正确的替代错误的。对于稿件中的错误，除了删除外，还可以运用替代法。

(四) 改写

改写就是在原稿的基础上重写，有的稿件材料丰富，内容也很有意义，但由于在写作上有所欠缺，就出现了角度选择不当、材料详略安排不当、稿件结构有问题或者体裁不合适等问题。这时，就需要编辑重新组织材料、安排结构，进行重新写作。改写是改稿中难度最大、操作最复杂的一种修改方法。改写的方法主要有改变角度、改变体裁、改写导语、改成超文本稿件等。

1. 改变角度

以原稿为素材，对原稿材料进行重新认识，在此基础上进行裁剪，从最有利于表现问题的方面来写，重新确立新的写作角度。

2. 改变体裁

改变体裁一般是把篇幅较长的体裁改为信息容量较小的体裁。比如，把通讯、调查报告改成消息，将消息改成标题新闻，使其更符合网站的规定。

3. 改写导语

导语是消息的开头，是需要精练的，但是有的导语写得比较啰唆。这时就应该用简洁、生动的语言来表达新闻最主要的内容，以更好地引导读者的阅读。

4. 改成超文本稿件

由于网络具有超链接的特点，在改写稿件时，也可以利用超链接来改变稿件的信息组织方式[①]。

四、文字稿件修改的注意事项

(1) 遵守事实性原则。编辑对于新闻事实的了解不如亲身到实地采访的记者和作者那么清晰，因此，在改稿过程中，当涉及事实问题时，应该积极向记者和作者了解情况，或者可与作者一起进行修改。

(2) 尊重稿件作者。尊重作者的意见是编辑修改稿件的必要前提。毋庸置疑，编辑改稿的目的是让稿件内容更完善清晰，起到锦上添花的作用，而绝对不是为了把所有的稿件都变成另一个模样、另一种味道。在与作者协商修改稿件或约请作者自己改稿时，要充分听取作为稿件作者的建议，切不可刚愎自用、独断专行。

(3) 修改稿件一定要慎重细致，不能在修改过程中出现更多新的错误。对于自己暂时搞不清楚、拿不准的问题，或自己不太明白的知识，可以要求作者多方求证，酌情修改或处理。

(4) 力求改好原稿，力争少改校样，尊重相关工作人员的劳动成果。

---

① 彭兰：《网络新闻编辑教程》，武汉大学出版社，2007年，第90页。

第二节 文字稿件的超链接运用

一、超链接的概念

超链接是指从一个网页指向一个目标的连接关系,这个目标可以是另一个网页,也可以是相同网页上的不同位置,还可以是一张图片、一个电子邮件地、一个文件,甚至可以是一个应用程序。超链接技术是依照信息间的联系非线性地存储、组织、管理以及浏览页面的计算机网络技术,它更注重信息之间的关系的建立与呈现。

在传统的报纸及广播电视媒体中,所有信息都是以线性的结构进行传播的,即人们的阅读或收视只能按照版面和节目编排的固定顺序直线接受,而在现如今的网络传播中,信息传播更多的是以非线性的网状结构呈现出来,也就是以超链接方式进行呈现的。超链接的运用是网络新闻传播的重要特点之一。

在网络中,信息间存在着多样化的联系。浏览某些网页时,我们会发现很多词或句子下面画有一条线。点击带有画线的文字,就可以从一个文献跳转至另一个文献,实现不同网站页面间信息的联通。这就是超链接在网络稿件中的典型运用。

超链接思想以及技术的发展起源于 20 世纪中期。在传统文本方式下,资料的查找非常不便,人们急需一种比在纸面上查找信息更加便利的方式。1945 年,美国计算机科学家范尼瓦·布什在其发表的一篇《如我们所想》的文章中设想了一种他称之为 Memex(memory-extender,存储扩充器)的装置及其模型,这就是超链接技术的核心。1965 年,美国人泰德·纳尔逊提出了"超链接"的概念。1967 年,美国布朗大学为研究和教学所开发的"超文本编辑系统"是第一个真正的超文本系统。1989 年,科学家蒂姆·伯纳斯·李提出了万维网的思想。这时,超链接才真正进入信息传播领域,为广大网民所用。

在实际运用中,超链接与超文本是紧密相连的。超链接是按信息间关系非线性地管理信息的计算机技术,而超文本是运用超链接技术组织信息的文本。所以,二者间实质上是手段与目的的关系。超链接在网络新闻传播中的作用在信息大爆炸的今天显得尤为重要。

二、超链接的功能

(一)扩展关键概念和重要背景

超链接是解释与扩展关键概念重要的方式之一。我们可以通过专门制作的注释页面来进行链接,同时也可以直接设置链接到相关页面。这样可以方便网民获得更深层次、更明晰的信息,从而更好地理解新闻事件。这样做尽管可能造成一些负面的影响,比如,有可能转移读者阅读的目标等。但毋庸置疑,它在扩展报道面、加深读者的理解程度以及提高读者的阅读效果方面发挥着重要的作用。

链接的新页面中需要包括的对象一般有以下一些情况:新闻中涉及的复杂概念、专业性很强的行业术语;新闻中涉及的关键人物或重要人物;新闻中涉及的重要历史、地理背景;新闻中涉及的过往相关事件;新闻中涉及的政策、法规、文件等;新闻中涉及的重要组织、团体、机构等,以及因各种原因在新闻中不能展开介绍,但是很有必要做出进一步解释的内容。

一般来说,链接到的页面主要包括知识性介绍、相关报道及其他链接。

(1) 知识性介绍。知识分为常规知识和专业知识。但是,由于读者知识水平和知识结构的不同,一些对于某些人来说是常规知识的东西,对于另外一些人来说可能就属于专业知识,而概念的不清晰往往会给人们的阅读造成巨大障碍。此时,就可以通过设置超链接的方式对大多数人不常见到的关键字词做出详细的解释说明。例如,在对禽流感情况做报道的新闻中,对该疾疫中病毒的相关情况进行解释是必要的。再如,在对南京大屠杀纪念日活动情况的报道中,有关南京大屠杀的基本情况介绍也是有必要的,因为这有利于人们(尤其是国际友人)更好地理解中国人民举办这种纪念活动的重要意义。

(2) 相关报道。通过链接的方式提供一组与当前报道内容相关的报道。

(3) 其他链接。其他链接页面还有相关搜索以及相关网站等。

典型案例

7月PMI回升至三个月高点　制造业初显企稳信号(节选)①

中国物流与采购联合会、国家统计局服务业调查中心昨日公布数据显示,7月份制造业采购经理指数(PMI)为49.7%,为三个月高点,比上月上升0.3个百分点。这是该指数4月份以来首现回升,表明经济运行缓中趋稳。

"7月份PMI指数小幅提高,表明经济下行态势趋缓。受市场需求变化拉动,生产经营活动出现恢复迹象,表明宏观政策逆周期调节效果开始显现。"国务院发展研究中心研究员张立群说。

诸多分项指数也纷纷回升。其中,新订单指数、新出口订单指数和在手订单指数均有所上升,企业生产经营活动预期指数也上升0.2个百分点至53.6%。

……

今年以来,制造业投资和基建投资增速都处于低位,上半年累计增速均仅为3%,显著低于5.8%的固定资产投资增速。

日前召开的中央政治局会议提出,稳定制造业投资,实施城镇老旧小区改造、城市停车场、城乡冷链物流设施建设等补短板工程,加快推进信息网络等新型基础设施建设。

刘学智表示,稳投资是下半年重要工作,预计稳定制造业投资将加大定向支持力度。积极政策将有助于制造业走稳,未来制造业PMI有望回升到荣枯线以上。

摩根士丹利华鑫证券首席经济学家章俊认为,本次政治局会议传递出政策层布局农村消费、加码新基建的意图,在外部不确定性加大的情况下立足深挖国内需求、以供给侧改革稳需求,后期各项扩大需求的政策预计会陆续推出,供需两端有望回稳。

(注:文中加画线的地方即为关键概念或重要背景的链接。)

---

① 《7月PMI回升至三个月高点　制造业初显企稳信号》,http://www.xinhuanet.com/money/2019-08/01/c_1210224306.htm。

(二)进行延伸性报道

利用超链接进行延伸性报道,可以拓展报道的内容。延伸性报道可以包括"相关文章""跟帖""发表评论"等相关内容。利用超链接设置一些延伸性报道,可以丰富报道的内容。

如果关于同一件事情,出现了两篇新闻,就要为它建立一个名称(文件夹),如果以后再有此类新闻就都归入其中。如此一来,读者任何时候进入该新闻专题,都能从头了解事情的经过。在实际操作中,新闻编辑可以按事件发生的过程来整理报道资源。

①事件的发生。
②事件的进展(一、二、三……)。
③对事件进展的解释和评论。
④事件的结局(此时可形成完整事件)。
⑤对事件全面的解释和评论。
⑥事件的处理或后续情况。
⑦对事件处理或后续情况的解释和评论。

按用户的思路来进行事件背景设置。
①昨日新闻是今日新闻的背景链接,按时间倒序排列。
②当事件发生到第5步时,须对背景链接归类呈现。
③事件类别一般包括"完整详情""用户关注""引人注目的评论""早期报道"等内容。

典型案例

人民日报人民时评:"嫦娥探月有什么用"(节选)[①]

看准大方向,及时布局,伏设奇兵,敢于投入,敢于拼搏,敢于坚持,敢于胜利,这才是战略家的气魄和智慧。

嫦娥落月,玉兔巡航。神话在这一刻变成现实,"中国制造"在月球上留下自己深深的足印。几十年前,当化学家欧阳自远拿到美国赠送给中国的0.5克月球岩石样品时,小心翼翼又激动不已,像是捧着唐僧从西天取回的无价真经。而现在,整个月球向中国人打开了大门,它的质量超过了7000亿亿吨。

……

曼哈顿计划、阿波罗计划、人类基因组计划、863工程、载人航天工程、嫦娥探月工程……都属于事关长远的战略计划。它们的意义,尽管最终会关涉未来的日常生活,却很难用柴米油盐酱醋茶来形容。也因为它们常常需要耗时数年乃至十数年才能见到成效,任何短视的考量,都可能带来难以估量的损失。

……

有所为,有所不为,是创新战略的基本原则,但它绝不是面对机遇无所作为的借口。看准大方向,及时布局,伏设奇兵,敢于投入,敢于拼搏,敢于坚持,敢于胜利,这才是战略家的气魄和智慧。

[①] 《人民日报人民时评:"嫦娥探月有什么用"》,http://opinion.people.com.cn/n/2013/1216/c1003-23845525.html。

◇ 相关专题
- 嫦娥三号登月

◇ 相关报道
- 媒体解答"为何贫困孩子没饭吃还搞嫦娥登月"
- 欧阳自远回应"探月无意义"说：目光短浅

◇ 新闻资料
- 解析中国探月工程五大系统　含发射场系统和测控系统

◇ 延伸阅读
- 叶培建：中国从来没有载人登月计划　无所谓取消不取消

通过整理将与"嫦娥""登月"等字眼相关的报道整合在了一起，如此，既提高了读者的阅读便利性，又扩展了报道面，加深了读者的理解程度。

（三）改写文章

有些文章篇幅很长，不可避免地会占用大量版面资源导致浪费。在网络新闻编辑中，为了避免传统文本写作中线性排列的缺陷（版面资源浪费、网民阅读负担），此时就可以采用超链接的手段解决这一问题。通过这样的链接，稿件的信息呈现方式改变了，同时也解决了版面有限的问题（见图 5-1）。

典型案例

香港警方捣毁暴力分子武器库，"港独"头目陈浩天被捕（节选）①

图 5-1　"港独"头目陈浩天被捕现场

香港警方昨晚搜查火炭一座工业大厦，查获一处暴力分子武器库，搜出攻击性武器和物资，拘捕 7 男 1 女，包括已被香港特区政府取缔的非法组织"香港民族党"召集人陈浩天。他们涉嫌藏有攻击性武器、无牌藏有爆炸品及无牌售卖"第一部毒

---

① 《香港警方捣毁暴力分子武器库，"港独"头目陈浩天被捕》，https：//baijiahao.baidu.com/s？id＝1640718772084682137＆wfr＝spider＆for＝pc。

药"。

……

7月20日,警方有组织罪案及三合会调查科(俗称O记),在荃湾一工厦单位捣破一处物资仓库和炸弹工场,检获数公斤TATP烈性炸药,另有10枚土制燃烧弹、一罐电油、3支镪水、弹叉、利刀、铁通及头盔,以及印有"香港民族阵线"的T恤、手套、"反修例"标语和扬声器等。这是香港警方有史以来检获的最大批TATP炸药,不排除暴力分子用来向警方发动攻击。

警方在该案中先后拘捕4人,包括27岁卢姓男子,为"香港民族阵线"主脑之一。其余疑犯分别为25岁邓姓、侯姓男子,以及28岁陈姓男子。4人涉嫌"无牌藏有爆炸品",其中卢某已被起诉并在西九龙裁判法院提堂,目前在押候讯,其余3人准以保释候查,8月下旬向警方报到。≫点击详细

◇ 同题新闻
• "港独"头目陈浩天落网!警方突击查获弓箭、汽油弹
◇ 相关报道
• 陈浩天等8人被香港警方拘捕涉藏攻击性武器等
◇ 港独与政策
• 西征网:对当前"港独"现象分析与对策

在对此文的改写中,我们可以通过设置"点击详细"这样的链接,将有意于继续阅读的用户引导到详细完整的页面进行阅读。

三、设置超链接的注意事项

合理地使用超链接可以给网络新闻的编辑工作带来极大的便利,但是在运用超链接时也要注意一些事项,否则不仅不能实现提高点击量的目的,同时还会使阅读者产生反感。

网络编辑在设置超链接的过程中,通常要注意以下几个问题。

(一) 注意超链接设置的位置

将关键词与背景内容设置超链接,一般情况下是在稿件的正文中来完成的,这样有助于引起阅读者的浏览兴趣,也便于随时打开相关超链接。

但是也有相当多的研究者认为,在文章中间直接设置超链接,容易造成读者打开超链接后继续浏览别的页面,使其阅读的主目标转移。出于此点考虑,他们建议将关键词与背景内容的超链接放在文章的末尾处。在当前窗口加超链接的关键词旁边打开一个小的阅读窗口,在某种程度上可以解决读者阅读主目标转移的问题。虽然目前已经有部分网站开始采用这种做法,但遗憾的是,该方法目前并不适用于所有网站页面。

(二) 注意超链接的度与量

首先,我们需要注意的是读者的层次问题。

综合型网站和某类专业性网站的读者定位显然是不同的,不同知识结构和水平的读者对内容的理解能力各异,因此,当同一篇文章在两类不同的网站上出现时,在文章的编辑过程中我们必须要有不同的考量。

典型案例

安全气囊传感器故障　奥迪召回14.4万辆汽车（节选）①

盖世汽车讯　据外媒报道，美国国家公路交通安全管理局（NHTSA）发布的消息称，为对前排乘客侧安全气囊传感器故障进行维修，大众集团美洲公司宣布将在美国召回144092辆奥迪。

此次召回通知于7月24日发布，主要涉及2018款奥迪S5和A5车型，另外还包括部分2017—2018款A4车型。召回文件称，前排乘客座检测系统的连接线缆出现氧化，可能会导致软件无法检测到入座的乘客，使安全气囊无法正常运行。

（注：文中加画线的地方即为关键概念或重要背景的链接。）

安全气囊（SRS）

安全气囊是当今汽车上引人注目的高技术装置，由传感器、微处理器、气体发生器和气囊等部件组成。安装了安全气囊装置的轿车方向盘一般在上面标写有airbag，其他与普通方向盘没有什么区别，但一旦车前端发生了强烈的碰撞，安全气囊就会瞬间从方向盘内"蹦"出来，垫在方向盘与驾驶者之间，防止驾驶者的头部和胸部撞击到方向盘或仪表板等硬物上。自安全气囊面世以来，已经挽救了许多人的性命。研究表明，有气囊装置的轿车若发生正面撞车，驾驶者的死亡率，大型轿车降低了30%，中型轿车降低11%，小型轿车降低14%。

此篇新闻如果发表在一般的新闻类网站，就需要对"安全气囊"设置超链接来解释安全气囊是什么，只有人们了解了安全气囊的重要作用，才能更好地意识到奥迪召回2018款S5、A5和A4汽车的意义。反之，此篇文章若发表在汽车类专业网站，那么就完全没必要在此处设置超链接，因为专业汽车网站的读者大部分都具备一定的行业知识。

其次，需要注意的是形式与时局的变化问题。

在一些特殊的形势下，对于常识也有必要加超链接来进一步解释说明。例如，在一则报道《2019青岛国际帆船赛将于8月14日至18日举办　国内外帆船运动员参赛》的新闻中，就有必要设置超链接，对青岛市以及此次国际帆船赛的赛事进行介绍。

（三）注意超链接的打开方式

超链接的打开方式一般有两种：在当前窗口中打开和在新窗口中打开。

在当前窗口中打开就是用新页面直接替代当前的页面，这就意味着当前页面的消失。所以，阅读者在阅读完打开的新页面后如果点击关闭按钮，就会同时造成先前正在阅读的"当前页面"的关闭。要想接着看先前正在阅读的"当前页面"，还需要重新打开，这就不可避免地给阅读带来不便或者造成阅读主目标的转移，因此，此种超链接的打开方式是不可取的。

在新窗口中打开，意思是在不影响当前阅读页面的前提下重新打开一个新的页面。这是较常见也是较可取的做法，它有利于保持阅读目标的稳定。但是，既然已经打开了新的页

---

① 《安全气囊传感器故障　奥迪召回14.4万辆汽车》，https://auto.gasgoo.com/News/2019/08/02022104214I70119436C101.shtml。

面,所以还是不能完全地避免阅读者脱离既定的阅读轨道①。

第三节　文字稿件的内容提要写作

文字稿件的内容提要是一件完整的网络新闻作品的重要组成层次之一。

一、内容提要的概念

内容提要有时也被叫作准导语,一般介于稿件的标题与正文之间。它突出文章核心,是在对稿件主要内容进行概括的基础上得来的,目的是让读者在不看新闻内容的情况下对这篇新闻所要表现的内容有一个大概的了解,因此,内容提要也就是这篇新闻的中心思想或灵魂。与稿件的标题相比,内容提要更加详细,传达的要素更多,但是与正文相比,它又要简短得多。网络新闻层次化的写作特点,愈加凸显了内容提要的作用。

简单地说,内容提要就是用一句话或几句话简单地把新闻的主要部分概括出来的新闻写作形态。我们知道,在传统的广播电视节目中,新闻的内容提要经常出现在节目的开头,目的是让受众对下面将要展开的主要内容有个简单的了解。一般来说,在传统媒体中,有内容提要的新闻往往都是节目中比较重要的新闻。在网络新闻中,内容提要一般没有被赋予如此高的地位,而主要起到配合标题、深化网民对新闻主要内容的认识的作用。

内容提要运用的场合主要有三种情况。

情况一:在导读页紧接标题出现。在导读页中出现的内容提要,通常适用于重要的新闻稿件,而这些导读页通常包括网站的首页、频道的首页或栏目的首页等。

情况二:在正文页的标题后出现。这时内容提要是作为标题与正文之间的过渡而出现的。

情况三:在正文中出现。这类内容提要通常在正文中每一段落前出现,主要用于显示该段落的核心意思。

图 5-2 中显示的为第一种情况,即在导读页紧接标题出现的内容提要。

二、使用内容提要的目的

内容提要在网络新闻稿件中扮演着重要的角色。那么,使用内容提要可以达到哪些目的呢?

首先,使用内容提要可以吸引读者的点击,进而提高点击率(见图 5-2)。

网络稿件具有多级阅读、多级信息的特征,这就使得网络稿件的发布也有了层次化的特点。读者如果想看到新闻稿件的具体内容,就需要进行逐层的点击。但是,又由于标题字数的限制,使读者难以通过新闻标题就充分地掌握稿件中的各种重要信息及要素。在这种情况下,就需要在新闻稿件的标题后加入一段内容提要以呈现稿件的核心内容。因此,从某种程度

---

① 金力、刘路悦:《网络编辑实训教程》,北京大学出版社,2010 年,第 82 页。

图 5-2　新华网内容提要

上来说,内容提要弥补了新闻标题本身信息容量不足的问题,更好地抓住了读者的眼球。

其次,使用内容提要来呈现新闻稿件的精华部分。

由于网络信息的无限性以及现代人快节奏的生活方式,使人们不再愿意花过多的时间和精力去完整地阅读篇幅太长的文章。鉴于此背景,内容提要的提炼与呈现就变得尤为重要。它可以帮助读者在短时间内迅速地获取文章中的精华,同时也具备一定的导读作用,引导读者更有针对性地阅读完整篇文章。

最后,通过内容提要,可以调节网民阅读文章的节奏。

在新闻标题与正文之间或者正文的各个段落之间加入内容提要,还可在一定程度上调节读者的阅读节奏,使他们的视觉有一个暂时的停顿,这样会获得更好的阅读效果[1]。

三、内容提要的写作方法

(一) 全面概括的写作方法

顾名思义,全面概括是指用凝练的语言,将稿件的主要信息或核心观点概括出来,使读者可以迅速地把握稿件的主要内容。全面概括是内容提要写作最主要的方法。

新闻的五要素,也即"5W",包括时间(when)、地点(where)、人物(who)、事情(what)、原因(why)。很显然,标题很难将这五个要素全部包罗进去。那么,可以利用内容提要进一步弥补标题所欠缺的关键信息,以期向读者传达更为全面、更为重要的信息。

典型案例

应急管理部:近10年来8月份特别重大事故发生最为集中[2]

新华社北京8月1日电(记者叶昊鸣、魏玉坤)记者1日从应急管理部获悉,应急管理部近日发布相关统计数据显示,近10年来8月份特别重大事故发生最为集

---

[1] 彭兰:《网络新闻编辑教程》,武汉大学出版社,2007年,第126页。
[2] 《应急管理部:近10年来8月份特别重大事故发生最为集中》,http://www.xinhuanet.com/2019-08/01/c_1124827320.htm。

中,提醒抓好夏季高温季节安全生产工作。

2009年至2018年,全国发生在8月份的重特大事故共54起、死亡1110人,占近10年来重特大事故起数、死亡人数的11%、13.6%;分别比全年月平均值高出2.7和5.3个百分点,位列12个月份中的第二位、第一位。

特别重大事故在近10年来的8月份发生最为集中,共发生8起、死亡480人,占近10年来特别重大事故起数、死亡人数的20%、24.8%;分别比全年月平均值高出11.7和16.5个百分点,在12个月份中均位列第一位。

从地区来看,全国32个省级统计单位中,有26个单位在近10年来的8月份发生了重特大事故,其中,吉林、黑龙江、安徽、山东、河南、广东、四川、贵州发生了3起以上重特大事故。

从行业领域来看,近10年来8月份道路运输、煤矿重特大事故起数最多,分别为24起、12起,分别占近10年来8月份重特大事故起数的44.4%、22.2%;金属非金属矿山、工贸行业、消防火灾均发生了3起以上重特大事故。2015年8月份发生了一起死亡百人以上的危险化学品特别重大事故。

该报道的内容提要为:记者1日从应急管理部获悉,应急管理部近日发布相关统计数据,近10年来8月份特别重大事故发生最为集中,提醒抓好夏季高温季节安全生产工作。

在此案例中,标题只说明了"事件"这个要素,而内容提要则增加了"时间"这个要素,对于"事情"的介绍也更加详细,向读者提供了更全面的信息,并且还增加了"记者从应急管理部获悉"一句,使得新闻的可信性和权威性增强,提升了读者的点击概率。

还有一些文章的内容主要是阐述人物对某事物的观点。这类稿件重在体现人物的主要观点。相应地,此类文章的内容提要也主要对文中的观点进行概括,突出人物的观点。可以将所有观点列出,并在观点前标上提示符进行强调。

典型案例

外媒称"双十一"打破看空中国预测:贸易战未影响消费热情(节选)[①]

据美联社11月12日报道,这一消费狂欢节在单日网络商品成交额上多年超过美国的"剁手星期一",今年的纪录打破了世界对这个第二大经济体的悲观预测。

……

根据阿里巴巴集团公布的数据,在11日下午4点前,销售额达到1682亿元人民币——超过了去年"双十一"的总交易量。

另据西班牙《国家报》网站11月11日报道,中国经济地平线上袭来的乌云也未能对"光棍节"造成影响。在这个热闹的消费性节日中,数以百万计的中国人挥舞着他们的虚拟钱包,让各大电商平台赚得盆满钵满。对阿里巴巴来说,打破其自身创造的销售额纪录意味着其在一年一度的天猫"双十一"活动中再次证明了自己的实力。对中国而言,这个指标也表明民众的消费能力产生影响。

---

① 《外媒称"双十一"打破看空中国预测:贸易战未影响消费热情》,https://baijiahao.baidu.com/s?id=1616982086231870660&wfr=spider&for=pc。

报道称,"双十一"期间,消费者仅通过阿里巴巴平台就购买了价值达 2135 亿元人民币的商品,比去年高出 27%。更直观地说,这个数额相当于拉脱维亚 2017 年的国内生产总值,甚至比西班牙梅尔卡多纳超市 2017 年的年收入还高出不少。

阿里巴巴仅用了 16 个小时就打破了去年创下的销售额纪录——1682 亿元人民币。此外,"双十一"全天物流订单量达到 10.42 亿件,超过了 10 亿件的心理预期。用阿里巴巴创始人马云的话来说,在接下来的 5 到 10 年间,这个数目将成为公司的常态。

……

据美国《华尔街日报》网站 11 月 12 日报道,在强劲需求的推动下,中国上月出口再度大幅增长,打破了许多经济学家对中美贸易争端导致出口放缓的预期。

11 月 8 日公布的海关数据显示,从美国到印度等发达国家和发展中国家对中国商品的需求均有所增长。

招商证券经济分析师刘亚欣称,不仅仅是美国,几乎所有市场对中国商品的需求均保持强劲增长,新兴市场尤其如此。

经济学家们表示,这表明中国的出口正得益于意外良好的全球需求,同时也可能受到人民币走软的提振。许多经济学家将最近几个月的出口繁荣归因于企业赶在关税生效前提前装运,他们此前预期这一趋势将出现消退。

海关数据显示,中国 10 月份出口总额以美元计同比增长 15.6%,增幅高于 9 月份的 14.5%。

《华尔街日报》基于海关数据计算得出,上月中国对印度、巴西地区的出口均同比增长逾 20%,对美国和欧盟的出口分别增长 13% 和 15%。

报道称,与此同时,由于对全球大宗商品的需求增长,10 月份中国进口同比增长 21.4%,增幅高于 9 月份的 14.3%。其中,原油进口总金额同比增长 89%。

另据新加坡《联合早报》网站 11 月 12 日报道,中美贸易战属于持久战,可能在今年底或明年初出现减缓或平和的迹象,但美国不会偃旗息鼓。

新加坡国立大学李光耀公共政策学院副教授顾清扬 9 日在中国文化中心进行演讲时指出,中美贸易战将是一场持久战。只是目前美国的政治与经济资源"子弹"已经几乎耗尽,因此不得不暂缓攻势。

他认为,美国因在贸易战上耗费了政治与经济资源,已经使它难以发动持续攻势。

此案例的内容提要可按如下方式来写。
(1) 各大外媒评"双十一":中国经济实力不容小觑。
(2) "双十一"期间,消费者购买价值达 2135 亿元人民币。
(3) 在强劲需求推动下,中国上月出口大幅增长,打破出口放缓的预期。
(4) 中美贸易战将是一场持久战。

(二) 提炼精华的写作方法

有些稿件若采用全面概括的方式来写内容提要,可能很难突出稿件的侧重点。此时,我们可以考虑只提炼新闻稿件中最核心、最具新闻价值、最容易吸引读者的那部分内容。

典型案例

嫦娥玉兔互拍靓照　五星红旗亮相月球（节选）①

第一面登上月球的五星红旗15日晚通过电视直播"亮相"。中国探月工程总指挥马兴瑞随后宣布，嫦娥三号任务取得圆满成功。

来自中国月球车车身上的这一图像，是由当天凌晨释放它的着陆器拍摄的。23时许进行的首次互拍成像试验中，着陆器和月球车用各自携带的相机互相拍照。

照片显示，在虹湾地区布满砾石和尘埃的灰黑色月面上，着陆器被阳光照得一片金色，月球车"胸前"的五星红旗鲜艳夺目。

约一分钟时间的互拍，并非简单的"留影"。从几小时前驶向拍摄点开始，月球车成功验证了月面行走、地形建立、视觉定位、感知规划等遥操作技术和车体控制、原地转向、相机使用等工作模式。未来几天还将进行的4次互拍及后续科学探测，将是这些技术和模式的重复应用。

……

嫦娥三号是中国探月工程"绕、落、回"三步走的第二步。工程总设计师吴伟仁表示，我国有望在2020年前实现月球无人采样返回，为下一步载人探月奠定基础。

此文的重心在于报道嫦娥玉兔登月情况。而五星红旗亮相月球是一个标志性事件，因此，在内容提要写作中，可以直接把"第一面登上月球的五星红旗15日晚通过电视直播亮相"这一核心信息作为提要内容，而不必要将新闻五要素面面俱到。

此外，标题和内容提要的作用是非常相似的，它们之间是一个层层递进及相互配合的关系。

在进行内容提要提炼的过程中，是运用全面概括方法还是提炼精华方法，要视文章具体内容而定，不能一概而论。网络编辑应学会灵活运用，将两种方法进行合理的融合。

案例5.1　微博新闻写作

第四节　新闻图片和加工

一、图片新闻的特点

图片是媒介传播必不可少的形式之一，"视图时代"已被人们接受，所谓的"一图值万言"

---

① 《嫦娥玉兔互拍靓照　五星红旗亮相月球》，http://www.chinanews.com/gn/2013/12-16/5623346.shtml。

并非虚言。新闻图片作为一种带有特殊表现功能的传播符号,在网络新闻的报道中起着不可磨灭的作用。

我们知道,文字新闻的展开是一种线性的展开。文字新闻,在内容上,要按照一定的线索、思路,依顺序将新闻人物、新闻现场、新闻事件、新闻分析、背景资料等排列写出;在形式上,段、句、字必须相连。读者接收信息时的阅读线路是依照某种先后顺序进行阅读的。线性展开的优势是有条理,利于条分缕析地了解新闻,使人们更全面、深刻地认识事物。其劣势是信息量大,选择性差,必须要有耐心依次读下去才能完全了解新闻事实。同样,图片新闻的展开也不能像视频新闻那样,给人以时间流逝的连续的三维空间感。

与之相反,图片新闻的展开是一种非线性展开。这样非线性展开的好处是能够让新闻事实显性地呈现在浏览者眼前,一目了然,能够展现出人物的动作、表情,或者事物的地形状态,更具震撼性。其缺陷一是新闻图片的多功能性,即一图多用;二是若无文字说明,则不易被理解。

此外,图片一般是一种"易读"的信息,即简单而易懂的信息。人们接收新闻照片的门槛比较低,他们总是能或多或少地理解新闻照片所要传达的信息,而文字信息要想被接收理解,至少有一定高度的门槛,读者需要具有一定的文化水平,能识字,能理解文字的深层含义。所以,新闻照片可以说是一种"国际性"的语言,不同国家的人看到同一幅新闻照片会获得相同或相似的信息,即使是像图表这样的图片也具有形象性和直观性,更易被人们理解。

二、网络新闻图片的种类

目前,越来越多的网站开设了图片专栏,用生动直观的图片来表达信息,吸引读者的眼球,因此,了解网络新闻图片的种类十分重要。依据目前新闻中图片的运用现状和所用图像的特点,从新闻报道的角度,可以将网络新闻媒体中所运用的静态图像分为新闻照片、新闻图表、新闻漫画、新闻地图以及新闻速写五类。下面就来一一介绍各类图片。

(一)新闻照片

新闻照片是对具有新闻价值的人、物以及景的拍摄,是所拍摄事物的"显形"。它是指拍摄者在某个确定题材的指导下,运用选择取景角度、抓拍所摄对象的瞬间表情和动作等手法,将拍摄者的主观意图融入所拍摄的画面中去。由于是"再现",所以新闻图片有着无可辩驳的说服力和感染力。拍摄时,一定要注意抓取人物的生动细节,深化照片的主题,并要选择有故事情节的题材,增强新闻图片的吸引力。还要重视所报道题材的趣味性,使读者在开阔眼界、增长见识的同时,获得愉悦感并满足其好奇心。

图5-3所示为汶川地震中受灾老人的悲伤眼神。拍摄者抓住了老人的表情,即使没有文字描述,也能令人动容。用这样的新闻照片传达灾难的信息效果是任何语言文字都望尘莫及的。

(二)新闻图表

新闻图表是一种形象的数据资料,一般与文字新闻配合使用。其变抽象为具体、变复杂为简单、转难为易的表达方式,可以产生深化新闻内容的效果。统计数字制表,将复杂的数据分类列于表格之中,便于人们查找与分析信息。如将各省旅游业的收益信息绘制成表格,

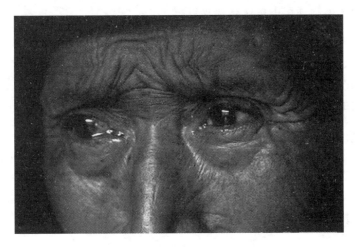

图 5-3　汶川地震中拍到的老人的眼神

清晰、明白,易于网民集中阅读。

再如,某经济网站公布的股市信息情况(见表 5-1),它把变动数值以表格的形式表现出来,一目了然。若用文字来表达这些繁杂的情况,就会让人觉得枯燥乏味、混乱不堪。而一张简单的图表就能做到逻辑清晰地传达信息。

表 5-1　某经济网站公布的股市信息情况

货币	本周收益	上周收盘	涨跌	幅度
EURGBP	0.8693	0.8894	−201	−2.31%
EURJPY	112.08	113.51	−143	−1.28%
USDJPY	80.37	81.36	−99	−1.23%
AUDJPY	79.03	79.93	−90	−1.14%
USDCAD	1.0192	1.0258	−66	−0.65%
EURUSD	1.3946	1.3953	−7	−0.05%
AUDUSD	0.9834	0.9825	9	0.09%
USDCHF	0.9821	0.9768	53	0.54%
GBPJPY	128.89	127.58	131	1.02%
GBPUSD	1.6038	1.5683	355	2.21%
MZDUSD	0.766	0.7464	196	2.56%

(三) 新闻漫画

新闻漫画,是运用高度夸张和灵活多变的表现手法来表现现实生活的造型艺术。作者将要表达的意思用带有讽刺意味的漫画进行表现,让网民在幽默滑稽的氛围中获得对某事件、某现象本质的深刻认识。网络新闻漫画是传统新闻漫画在网络上的延伸,它既包括对传统平面媒体上的漫画作品的再现,也包括利用电脑创作并在网络新闻中传播的漫画。由《中国日报》网站所创办的"中国新闻漫画网"就是利用网络向用户提供新闻漫画作品的网站,其中很多优秀的新闻漫画被各大媒体转载、使用。

（四）新闻地图

新闻地图也是新闻报道中的重要内容。新闻地图是指在网络上表示新闻事件的专题地图。它通常用来图示新闻事件发生地的具体位置并给人以直观的印象，同时也以此将新闻事件在此地发展的全过程形象地传递给网民。

（五）新闻速写

新闻速写是一种绘画创作，但是所绘画的对象却是现实中的新闻人物和事物，抓住他们的瞬间动态形象速写成画，以生动贴切地传播某一信息。它主要通过线条来完成对人物和场景的描写。既然是新闻速写，那么其在遵循速写艺术规律外，还要具备新闻性。题材要新颖，反映主题要深刻，对读者要有吸引力。图5-4为新浪网刊登的一张新闻速写图片。

典型案例

图5-4 "学雷锋"新闻速写图

昨日，在东方红广场，湖南大学的志愿者们富有创意的"献给妈妈的爱·免费为您寄贺卡"活动，受到路人热捧。（吴志立 绘）

三、网络新闻图片的格式

（一）GIF格式

GIF是英文graphics interchange format的缩写，顾名思义，这种格式是用来交换图片的。GIF格式的特点是压缩比高，占用磁盘空间较少，适合网络环境的传输和使用，所以这种图像格式在Internet上迅速得到了广泛的应用。最初的GIF只是简单地用来存储单幅静止图像，后来随着技术发展，可以同时存储若干幅静止图像，进而形成连续的动画，使之成为当时支持2D动画为数不多的格式之一，也就是GIF格式的一个变种——GIF89a。而在GIF89a图像中可指定透明区域，使图像具有非同一般的显示效果，这使GIF更加受欢迎。然而，GIF格式也有自己的缺点，即不能存储超过256色的图像。尽管有此缺陷，但这丝毫不影响它在网络应用上的大行其道。显然,它的广泛应用与其文件占用空间小、下载速度快的优点是分不开的。

(二) BMP 格式

BMP 格式——英文 bitmap(位图)的简写。它是一种与硬件设备无关的图像文件格式,是 Windows 操作系统中的标准图像文件格式,能够被多种 Windows 应用程序所支持。随着 Windows 操作系统的流行与丰富的 Windows 应用程序的开发,BMP 格式理所当然地被广泛应用。这种格式的特点是包含的图像信息较丰富,几乎不进行压缩,但也由此决定了它与生俱来的缺点——占用磁盘空间过大。所以,目前 BMP 格式的文件只在单机上比较流行。它的应用也非常广泛,特别是在网络和光盘读物上,最典型应用 BMP 格式的程序就是 Windows 的画笔和墙纸。

(三) JPEG 格式

JPEG 也是一种常见的图像格式,它由联合照片专家组(joint photographic experts group)开发并命名,JPEG 仅仅是一种俗称而已。JPEG 文件的扩展名为".jpg"或".jpeg",其压缩技术十分先进,它用有损压缩方式去除冗余的图像和彩色数据,在获取极高的压缩率的同时,还能展现十分丰富生动的图像。简言之,就是用最少的磁盘空间得到较好的图像质量。同时,JPEG 还是一种很灵活的格式,具有调节图像质量的功能,允许用户用不同的压缩比例对其进行压缩,压缩比越小,图像的品质越高,反之,品质就越低。目前,各类浏览器均支持 JPEG 这种图像格式,因为 JPEG 格式的文件尺寸较小,下载速度快,使得 Web 页有可能以较短的下载时间提供大量美观的图像,JPEG 同时也就顺理成章地成为网络上受欢迎的图片格式。

(四) PNG 格式

PNG 格式也就是"可移植网络图形",是一种新兴的网络图像格式。首先,它结合了 GIF 和 JPEG 二者的优点,兼有 GIF 和 JPEG 的色彩模式,并具有存储形式丰富的特点。其次,与牺牲图像品质以换取高压缩率的 JPEG 格式不同,由于 PNG 格式是采用无损压缩方式来减少文件的大小,因此它既能把图像文件压缩到极限以利于网络传输,又能保留所有与图像品质有关的信息,在最大程度上保证图像不失真。再次,这一格式显示速度很快,只需下载 1/64 的图像信息就可以显示出低分辨率的预览图像。最后,PNG 格式也同样支持透明图像的制作。透明图像在制作网页图像的时候很有用,把图像背景设为透明,用网页本身的颜色信息来代替设为透明的背景,可以让图像和网页背景和谐地融合在一起。而 PNG 的缺点则是不支持动画应用效果。

(五) PSD 格式

PSD 格式是 Adobe 公司的图像处理软件 Photoshop 的专用格式 photoshop document 的缩写。其实,PSD 是 Photoshop 进行平面设计的一张"草稿图",它里面包含有各种图层、通道、遮罩等多种设计的样稿,以便于下次打开文件时可以修改上一次的设计。在 Photoshop 所支持的各种图像格式中,PSD 的存取速度比其他格式快得多,功能也很强大。

此外,还有很多其他的图片格式,比如 PICT 格式、Photo CD 和 Pro Photo CD 格式、SWF 格式、SVG 格式等。

四、网络新闻图片的获取与选择

(一)网络新闻图片的获取

网络上的图片数量巨大,那么,如此多的图片从哪里来呢?一般来讲,网络新闻图片主要有以下几种来源:数码设备拍摄及电脑绘制、网站自身的图片频道、专业图片网站、搜索引擎等。

数码设备拍摄及电脑绘制。网站的一部分新闻图片是自摄或自制的。一个拥有专职新闻记者的网站,可以自己进行图片拍摄。新闻图表图示、新闻漫画也可以根据需要来进行电脑绘制。

网站自身的图片频道。有些网络媒体有自己的图片频道,比如新华网的"新华图片"频道(见图5-5)、人民网的"图片频道"。这些网站为了方便管理和使用,一般都对图片进行分栏管理。新闻图片频道将其所有图片分为"时政""国际""社会""军事""娱乐""时尚""体育""科教""奇趣"等各种类型。

图 5-5 新华网的"新华图片"频道

专业图片网站。近年来,网络图片需求量的增加,专门为网络媒体提供图片的专业图片网站也渐渐多了起来。这类网站一般是提供收费服务的,比如前面讲到的"中国新闻漫画网",还有人民图片网、新华图片库、国务院新闻办公室图片库等。在自身图片资源不足的情况下,网站可以选择转载、使用这些专业图片网站的图片资源。

图片获取渠道很多,除上述方法外,还可以通过像百度搜索引擎这样的图片搜索方式获得[1]。

(二)网络新闻图片的选择

在编辑的过程中,我们不可能用到所有的图片,因此对图片的选择就变得非常重要。在

---

[1] 韩隽、吴晓辉:《网络编辑》,东北财经大学出版社,2007年,第115页。

选择图片时,需要注意以下事项。

1. 网络编辑在选用图片时,要遵守新闻的真实性原则

真实性是指拍摄的是真实的事实,照片要符合人物或事实的本来面目。在传统新闻摄影中,摄影记者交给编辑的图片是用底片冲洗出来的照片,这样的照片真实性可以得到很好的保证。但是在数码时代,摄影记者对照片可以进行一些后期处理,其真实性就不容易辨别。2015年,网络上被广泛传阅的图片新闻中,就有很多是借助相关软件人为处理过的假图片,如"四川小伙在南极开火锅店"等。如图5-6所示,所谓南极火锅店图片其实是依据百度图片"长城站"进行了后期的处理。

图 5-6　将长城站 PS 为火锅店的假照片

2. 理解新闻图片的表现要素,能够帮助编辑选择具有表现力的图片

新闻图片要善于通过细节来表现人物的反应,能够让人感受到新闻人物的喜怒哀乐。每一张图片都是由细节组成的,而某一些小细节的展现是对新闻主题最好的诠释。例如在前面讲到的反映汶川地震的新闻图片(见图5-3),就抓住了老太太的面部表情,以细节彰显丧失亲人的悲痛。除了抓拍细节的图片外,那些动态的、逼真的、突兀的、能表现现场或人物动感的图片也是值得选取的。比如,在大型篮球赛事中,对球员之间的擒杀动作以及某球员进球后用以表达激动心情的体态语言的抓拍图片。

3. 图片编辑在选用图片时,要注重新闻的时效性

时效性是新闻报道的基本要求之一,新闻图片亦不能例外,因此,新闻图片同样是对新发生的事实的一种报道。一组时过境迁的新闻图片即使再有趣味性,也不会引起多大关注。

4. 网络编辑在选择新闻图片时,要有敏锐的政治眼光

首先,网络编辑要注意了解宏观新闻背景,要能读懂图片背后的新闻。在充分考虑宏观背景和具体稿件之间关系的基础上,为宏观的大社会环境提供真实生动、有新闻价值的新闻图片。切忌想当然地随意发布图片,否则可能会造成政治导向错误的严重后果。现实新闻报道中这样的错误例子有很多,造成的严重后果影响重大,足以为我们的编辑工作敲响警钟[①]。

5. 网络新闻图片的选择要遵循一定的技术原则

首先,画面的主体要清晰可见。主体是图片的主要对象,它与画面陪体相对应,是画面

---

① 秦州:《网络编辑学》,复旦大学出版社,2012年,第167页。

的视觉中心。主体可以确定为一个对象或一组对象。既然主体是画面的"趣味中心",那么编辑能否精准地确定视觉中心,对于主题的清晰与突出就显得尤为重要。我们一般可以采用"三分法"(把画面依水平和垂直方向各划分为三等分,视觉中心位于线条交叉点附近)和"对角线法"来确定视觉中心。视觉中心可以有多个,相对应的主体也不止一个。但值得注意的是,由于人是使用两眼来观察事物的,所以视觉中心一定不要在画面的正中心,同理此处也不适宜安排主体,而陪体的安排也应注意不能喧宾夺主。除此之外,在选择图片时,还须判断图片的含义是否简单明了、容易辨认,图片的色彩是否还原正确等。

6. 网络新闻中图表类图片应简洁直观

编辑在选择图表类图片时,要注意选择简洁、有条理、直观、形象的图表图片。

五、网络新闻图片的运用

(一)网络新闻图片的呈现形式

1. 专业图片频道的图片

专业图片频道的新闻报道是一种以图文组合形式出现的新闻报道。所谓图文组合,顾名思义,是指图片与文字相互配合呈现出来的报道方式。由于文字在详细表述新闻事实、新闻过程方面有一定的优势,而新闻图片具有瞬间爆发、直观形象、简单易懂、视觉冲击力强的优点,二者结合的新闻报道方式便备受青睐。目前,很多网络新闻报道页面都采取了这种简单的搭配形式,人民网"图片频道"等专业图片频道的新闻报道便是其中一例(见图5-7)。

在以图片为主的网站中,图片的地位不容置疑。此时,文字理所当然地承担起了陪衬图片报道的角色,即为图片报道配上文字说明。但是在为文字报道添加图片说明时要注意,图片说明一定要简洁、准确,要能够恰到好处地解释图片中未能揭示出的重要信息。

图 5-7 人民网"图片频道"的图片

图 5-8 所示为人民网"图片频道"的一条配有文字说明的图片新闻。标题为"也门政府军基地遭胡塞武装袭击 60 人死伤"。

典型案例

图 5-8　也门政府军基地遭胡塞武装袭击　60 人死伤[①]

也门政府军 8 月 1 日说,也门临时首都亚丁一处政府军基地当天遭胡塞武装袭击,至少 35 名政府军人员死亡,25 人受伤。

2. 以文字报道为主的网站的图片

在一般性的以文字报道为主的网站中,文字报道是主力,而图片只起到陪衬文字消息、烘托文字新闻气息、对文字内容进行补充证实的作用。在该类网站中,图片可大体划分为两种:作为主页主图但非配合主页头条新闻的图片,以及作为主页主图且为头条新闻配图的图片。

(1) 作为主页主图但非配合主页头条新闻的图片。被作为主页主图的新闻图片非常抢眼,如图 5-9 所示。但这种图片的使用并没有配合头版头条,编辑只是根据页面美观和视觉效果的需求对其进行选择,并用超链接的方式将读者引导至与图片相关的具体内容。这样做不仅能够使页面整体美观,还能起到提示其他页面的新闻内容的作用。

(2) 作为主页主图且为主页头条新闻配图的图片。这种图片的作用纯粹是配合头条新闻的文字报道,弥补文字报道中形象性、冲击力不够的缺陷,给读者一个更加直观的印象。但是随着主页面信息容量要求的增大,这种类型的图文组合方式正在减少。

3. 图片幻灯

图片幻灯是一种比较常见的新闻报道形式,也是呈现网络新闻图片的重要形式之一。它是运用 Flash 等技术将图片组成一个连续播放的单元。目前运用最多的是自动播放,另外也有控制播放的情况。它的优势是可以将原本在空间上集成的图片变成时间上的集成,使有限的主页面能承载更多的新闻。而自动播放的形式也使得用户可以在短暂的时间内获得更多的信息。图片幻灯的报道形式在目前的新闻网站中随处可见,并且被越来越多的网

[①] 《也门政府军基地遭胡塞武装袭击　60 人死伤》,http://pic.people.com.cn/n1/2019/0802/c1016-31272979.html。

图 5-9　凤凰资讯的主页主图

站所采用。

(二) 网络新闻图片的版位设置

网络新闻图片在网页的位置非常重要,它直接关系到点击率的高低。一般情况下,新闻图片的位置分为:页面的左上方、页面的右上方以及多个小图片在页面中纵向排列三种设置方式。

将图片放在页面的左上方,符合人们从上往下、从左往右的阅读习惯。因此,这种排版方式是网络编辑最常用的布局方法,如图 5-10 所示。

图 5-10　搜狐新闻图片的版位设置

将图片放在页面的右上方的版位设置虽然与传统的设置方式有所区别,但如果图片选择合适,同样会达到较好的阅读效果。

多个小图片在页面中纵向排列的设置,可以同时将多条新闻图文并茂地呈现出来,吸引具有不同兴趣点的读者来点击。但这种排列方式却无法利用大幅图片来增强新闻的视觉冲击力。国外的一些媒体常采用这种方式,而在国内网站中运用得相对较少[①]。

---

① 韩隽、吴晓辉:《网络编辑》,东北财经大学出版社,2007 年,第 120 页。

六、手机新闻 APP 图文布局结构更具吸引力

移动互联网的崛起改变了人们的阅读习惯和获取信息的方式,新闻客户端成为人们通过移动终端获取信息的主要方式。目前综合使用率较高的腾讯新闻、搜狐新闻、网易新闻、今日头条等新闻类应用,通常都选择使用图文布局。常见的布局结构有三种:上文下图式结构(见图 5-11)、左图右文式结构(见图 5-12)和左文右图式结构(见图 5-13)。

图 5-11　今日头条客户端界面

图 5-12　《人民日报》客户端界面

图 5-13　网易新闻客户端界面

进入移动互联网时代,手机 APP 成为人们进行传播的主要途径,手机新闻 APP 图文布局结构影响受众阅读效率,上文下图式图文布局结构的视觉搜索效率最高,受众呈现出文字导向型的视觉浏览规律。

新闻类 APP 的页面编排应进一步对新闻标题的呈现方式和顺序进行考量。受众的注意力更容易被图文并茂类标题吸引,注视顺序也会受到图片呈现形式的影响。受众会首先注意到有配图的标题,并停留观看,因此,好的内容更需要好的载体传播,尤其是新闻类 APP,在呈现方式上相对于传统的纸质媒体,在新闻标题的形式上更需要发挥图文并茂的优势,增强新闻的传播效果。

第五节　视频新闻的基本编辑

一、网络视频新闻的特点

视频新闻是指对新近发生或正在发生的事实以声像并存的方式表现出来并进行传播的新闻报道形式。

网络视频新闻不同于传统的文字新闻,与电视新闻既有联系又有一定的区别,它有属于自己的特点,大体来说,包括以下几点。

（一）再现性

视频能够对现实情境进行再现。"情景再现"作为一种电视表现手段,可以充分发挥"如临其境"的电视特点,使原本消失的现场,真实般地再现在观众面前,能够激起观众强烈的现实感,增强新闻节目的真实性和可视性。

（二）全球性

遍布全球的互联网,使网络视频新闻的传播范围远远大于传统的报纸、广播、电视媒体,而在全球具备上网条件的任何地方都能进行传播。在不采取特别的封锁措施的条件下,世界上任何一个网站的信息都有可能供全球的网民收看、收听并下载。借助于全球互联网,网络视频新闻的传播也具有了全球性。

（三）影像符号的多义性

像图片一样,视频也有着含义不确定和多义的特征。同一段影像由带有不同传播倾向的不同编辑者加工处理后,就会为不同立场的传播者所服务,从而产生完全不同的传播效果,这时往往需要借助声音或文字符号来消除这种信息不确定性,如字幕、解说等。

（四）现场感强

网络视频新闻与电视节目相同,也是声像并茂的全息媒介。它通过语音语调、表情动作、真实画面等对事实现场的再现,带领观众走近事件发生的第一现场,使受众易于感同身受,极大地增强了新闻的现场感。

（五）可点播性

传统电视媒体中的新闻是线性传播的,有易逝性、选择性差、除重播外不可反复性以及互动性差的缺点,而在网络中的视频新闻具有可点播性,网民可以根据自己的收看时间和收看兴趣来有选择地点击收看,并可下载、记录、学习,其传播优势显而易见。

此外,视频新闻还具有即时性、形象性、心理参与性强等特点。这些鲜明的传播优势,都使它备受青睐,在新闻报道领域中取得了不可撼动的地位。

视频新闻在当今的网络新闻中占据着十分重要的地位,但是在制作与编辑视频新闻时,不能忽略掉它的传播特性,比如在做成在线直播视频新闻的同时,要记得使这一视频新闻具备可点播的功能;同时要尽可能避免影像多义性给观众造成困惑的情况。

二、视频新闻的要素

（一）按表现手法可分为镜头动作、景别、光、镜头组接

镜头动作是指摄影师在一定目的下将摄像机位置移动,使镜头发生变化。镜头动作主要有推、拉、移、摇、跟、升、降、快动作、慢动作、反动作、正摄、俯摄、侧摄、仰摄、鸟瞰摄等多种多样的形式。

景别是指画面中被拍摄对象所呈现的范围大小,一般分为远景、近景、中景、全景一级特写。

光在拍摄中的作用是表现被拍摄对象、为拍摄营造特定的环境。光在空间上的变化可以使拍摄画面处于动的状态下,在时间上的变化则能在画面中充分地体现主题变化。

一个镜头表达一种意思,两个镜头或者更多的镜头组接在一起即镜头组接,可以表达更

丰富的意思,并由此产生新的效果。在视频新闻中,按照所要表达的主题要求,将一些镜头有机地剪辑在一起,使之产生不一样的效果,为拍摄主题服务。

(二) 按媒介形式可分为声音、画面、字幕

声音是视频新闻的构成要素之一,因为画面的多义性,所以声音的存在可以起到更好地为新闻意义做解释的作用。在任何视频新闻中,与声音符号脱节的画面意义的表达都是不完整的,因而不能充分地报道新闻信息。

画面是视频新闻的基本组成单位,具有纪实性的特征,可以记录并再现新闻事件的片段甚至全部过程。画面通过声画同步的形式与声音形成很好的配合,从而使新闻报道更加生动形象,增加信息容量。

字幕也是视频新闻的元素之一,能够更好地说明主题,有时还能以滚动字幕的形式在视频上方插播一些重要的新闻[①]。

三、网络视频的格式

视频文件可以分成两大类:第一类是影音文件,比如常见的 VCD;第二类是流式视频文件,或称流媒体视频文件。

(一) 影音文件

1. AVI 文件格式

AVI 文件格式即音频视频交错(audio video interleaved),它是由 Microsoft 公司开发的一种数字音频与视频文件格式。AVI 文件格式允许视频和音频交错在一起同步播放,但 AVI 文件没有限定压缩标准,即后缀名同是 AVI,却由不同的算法压缩,由此就造成了 AVI 文件格式不具有兼容性。不同压缩标准生成的 AVI 文件,就必须使用相应的解压缩算法才能将之播放出来。这就是有些 AVI 文件能够顺利播放,有些文件则只有图像没有声音,甚至根本无法播放的原因。该格式多用于多媒体光盘。

2. MOV 文件格式

MOV 文件格式即 QuickTime 格式,是苹果公司开发的一种数字音频、视频文件格式,用于保存音频和视频信息。该格式的播放软件是 QuickTime Player。现在它被包括 Apple Mac OS、Microsoft Windows95/98/NT 等在内的所有主流电脑平台支持。MOV 文件格式因具有跨平台、存储空间要求小等技术优点,从而得到了网络用户的广泛认可。

(二) 流媒体文件

1. RM 文件格式

它的文件后缀名是".rm",是 Real Networks 公司开发的一种新型流式视频文件格式,称为 Real Video,播放软件是 Real Player Basic 以及 Realone。用户可以使用 Real Player Basic 对符合 Real Media 技术规范的网络音频、视频资源进行实况转播。目前,Internet 上已有不少网站利用 Real Video 技术对重大事件进行实况转播。

2. ASF 文件格式

ASF 文件格式是 advanced streaming format 的简称,它也是一个在 Internet 上实时传

---

① 严励:《网络新闻编辑学》,河南大学出版社,2007年,第179页。

播多媒体的技术标准,播放软件是 Windows Media Player。ASF 格式的主要优点是本地或网络回放、可扩充的媒体类型、部件下载以及扩展性等。它支持多种压缩和解压缩编码方式,并可以使用任何一种底层网络传输协议,灵活性较强。

其他视频格式还有 AMV 文件格式、MP4 文件格式、DAT 文件格式等。

四、网络视频新闻的应用

(一)网络视频新闻的呈现形式

1. 视频专栏

视频专栏并不是只有视频新闻,而是一种以视频新闻为主体,与其他类型的新闻相结合的多媒体新闻形式。

视频新闻起源于电视新闻,但是由于其随意性强、选择性强的特点,近年来其新闻地位明显上升,越来越多的国内外新闻网站都开设了视频新闻专栏。这些专栏通常是以新闻类别来组织具体栏目的划分,例如,如图 5-14 所示,新华网的"新华视频"将其视频栏目划分为"新华出品""新华直播""国际""社会""军事"等。

图 5-14 新华网的"新华视频"分栏

这样的多媒体视频专栏一般会配有文字内容提要类的文字新闻做介绍,可以补充视频新闻中没有出现的信息,并且还会配有图片新闻。这些图片可以是视频中截取出来的单独画面,也可以是其他补充性质的相关图片。除此以外,像文字新闻一样,视频专栏有时也会配有必要的相关背景视频链接。例如,图 5-15 为新闻网"新华视频"一则题目为"索马里首都市长遭恐袭重伤身亡"的以视频新闻为主的多媒体报道。

2. 视频新闻配合文字新闻

在这里,文字新闻报道为主体,而视频放在文字报道页面上的主要作用是对文字报道进行补充与印证,同时提升新闻的趣味性和真实度。

案例 5.2 百度《唐伯虎篇》——"百度更懂中文"

图 5-15 "新华视频"多媒体报道

(二) 视频新闻网站的版面

不同受众定位的新闻网站有着不同的版面设计,但无论何种版面设计都必须使其构成要素搭配和谐,符合人们的接受习惯和网站风格定位的基本要求。

1. 视频新闻网站的版面元素

网站标志(LOGO)是一个网站形象的代表,因此新闻页面的左上角一定要有网站的标志。

动画图形能够增加网站的生气,使网页有一个活泼生动的外观,吸引受众的注意力。但是动画图形的使用数量绝对不能对网页的访问速度造成影响,更不能使用可有可无的动画图片。动画图片一般放置在网站标志的下方或者旁边,以展示重要新闻提示或者广告条。

网页色彩的选择也要恰到好处,在整体上要和谐,并且要和新闻内容所营造的气氛协调一致,因为网页给人的第一印象来源于视觉感受。

另外,声音也是网页构成的元素之一,视频新闻网页中的声音一般包括视频的同期声、背景音乐和动画配合音效。但是,一般来说,新闻网站比较严肃、庄重,因此,背景音乐在多数情况下不宜采用。视频新闻的同期声要完美配合新闻主题,且音质的清晰度要有保障。

2. 视频新闻网站的版面布局

版面布局就是组版元素在网页上的计划和安排,网页布局类型大致有以下几种。

上下型版面布局。即上面是标题,下面是正文的形式,这种形式比较适合站内文字排版,比如一些文章页面就是这种布局模式(见图 5-16)。

左右型版面布局。这是一种只适合网站内页的排版形式。左面是正文,右面就是导航链接(见图 5-17)。

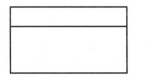

图 5-16 上下型版面布局

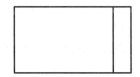

图 5-17 左右型版面布局

"国"字形版面布局。最上面是网站标题,中部是网页的主要内容,并分为左中右三栏,最下面是网站的一些版权声明以及联系方式等。这种布局是我们在网页上见到最多的类型(见图5-18)。

拐角型版面布局。上面是标题,中部分左右两栏且左栏较窄,左栏一般为导航的链接。下面和"国"字形一样,也是网站版权声明以及联系方式等基本信息①(见图5-19)。

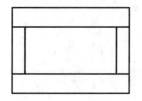
图5-18 "国"字型版面布局

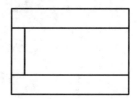
图5-19 拐角型版面布局

附录

(一)拓展内容

专访今日头条图片总监严志刚(节选)②

阳丽君(以下简称阳):你觉得传统媒体和新媒体的工作方式有何不同?所看重的图片有何区别?什么样的图片在今天能够迅速传播开去?

严志刚(以下简称严):在传统媒体的行业经验,图片的选择是由人来决定的。假定我是个专业的人,那么我在选择一张或者一组图片的时候,从题材到摄影师的选择,包括编辑、到最后发布、设计都是以我为代表的一系列的专业人士去控制,所有的选择标准来自这些人过往的专业判断、行业经验、学识素养、美学标准或者传播经验等,所以这属于一种传统的精英意识。可是当我来到了图虫网之后,我发现决定这个图片好不好,更大部分是由机器来决定的。这种机器设定的分发逻辑就是算法。我们会用机器来决定不同类型图片和用户之间的信息匹配,比如说我不喜欢风光糖水片,但是对于很多风光或者初学摄影发烧友来说他就喜欢风光糖水片,所以这个时候我硬给他的信息流里插进一个景观或者纪实摄影照片,可能他会根本不感兴趣,所以你就得尊重每个人自我选择的权利。

在过去艺术的精英时代,有专业的人会告诉你,你那个不好,你应该看这个。但实际上每个人的层次都不一样,机器会根据你的鼠标点击停留的时间等来判断你的兴趣爱好、摄影的类型和层次水准在哪儿,然后把相对应的照片分发给你看,这非常接近用户的真实需求。但是如果在以前的传统媒体,我就告诉你,人家就是牛,所以你会改变习惯去迎合。可是在互联网的世界里,有另外一种方式告诉你什么样的照片是好照片。简单来说,假设一张照片放出来,机器先给10个人看,有5个人看完以后说这个照片好,那这个照片再次分发给100个人看,100个人里又有50个人看完说好,我再给1000个人看,1000个人里面有500个人说它好,我就给1万个人看,以此类推,当一张照片它可以层层闯过这个关的时候,它最后一定是符合大众审美的照片。

阳:就是说好的图片在现在这个时代,是由机器来选择的,或者由普通的大众来选择。

---

① 杨汉云、陈春晖、罗兵:《网络视频新闻编辑与制作》,中南大学出版社,2006年,第71页。
② 阳丽君、严志刚:《"你为何一直在变化"——专访今日头条图片总监严志刚》,《中国摄影家》,2018年第5期。

那如何引导大众,提高他们的摄影水准,让他们拍一些对社会有作用的照片,或拍一些有文献价值、有历史意义的照片?在这种情况下,是随着大家的兴趣爱好走呢?还是会做一些引导性的工作?

严:这就是目前整个社会对机器学习最大的一个批评,就是机器是在迎合用户,而不是在引导用户。传统的精英文化是你要引导用户什么东西是好的、善的、有价值的,你需要去学习。但机器很大程度上就是找到你的兴趣,去实现匹配和迎合。那迎合带来的一个问题是什么?它会暴露出人性中的恶习,也容易产生信息的茧房,就是你越看这个东西机器越给你推送,最后就像一个茧一样把你包裹起来了,你就得不到更多的。目前所有的人工智能、机器算法都一直寻求在这个方面优化,而且一定是可以找到办法的。因为机器算法的背后,实际上还是人来控制的。当我意识到这个问题,要去解决这个问题的话,当然就可以把机器的设计原理加以改造,突破这个东西。比如,某个人的兴趣爱好主要是风光糖水片,那就不能大量地推纪实摄影作品给他,但是可以 10 次里面推给他看 1 次。他看了以后,可能就有兴趣了,那我们设计这个途径的时候,也可以考虑把更多的纪实照片推给他看,慢慢地他的知识面就拓宽了。这些都可以在产品设计和算法优化上逐步做一些引导。

(二) 参考文献

[1] 韩隽,吴晓辉,梁利伟.网络编辑[M].2 版.大连:东北财经大学出版社,2011.

[2] 杨嫚.新媒体内容生产与编辑[M].重庆:西南师范大学出版社,2016.

[3] 王向军,杨祎,王波.网络编辑实务——网络信息内容建设与运营[M].成都:西南交通大学出版社,2015.

[4] 理查德·克雷格.网络新闻学:新媒体的报道、写作与编辑[M].刘勇,译.北京:中国时代经济出版社,2010.

[5] 史蒂夫·希尔,保罗·拉什马.简明网络新闻学教程[M].张玉,译.上海:同济大学出版社,2017.

(三) 思考题

① 网络新闻写作应遵循哪些基本规律?

② 文字稿件的修改方法有很多,自己找一篇文字稿件,想一想如何根据所学的知识,为其选择合适的修改方法。

③ 你能根据所学的知识,针对自己所写的某一篇文字稿件,在必要的地方为其设置超链接吗?

④ 你能在学习视频新闻编辑知识的基础上,找一则最新的新闻,为其制作一个单独的视频网页吗?注意视频网页 LOGO 等元素的位置安排以及版面设计。

第六章

网络新闻标题制作

内容提要

随着新媒体技术的发展，网络新闻已经成为信息传递的主要载体。"看书籍看皮，看新闻看题。"标题是新闻的灵魂所在，新闻标题具有概括新闻内容、评价新闻意义、吸引读者注意、美化新闻版面四个作用。而移动互联网时代是读题时代，新闻标题的导读功能更加突出。当一条一般的新闻遇到一个好标题，可能因此大幅提升新闻的网络点击率；而当一条内容扎实的新闻遇到一个好标题，更是画龙点睛之笔。拟好新闻标题，是网络新闻求生存、谋发展的关键所在。

新闻标题是新闻的重要组成部分，是新闻信息为受众所接受的必经通道。标题在网络新闻写作中占据重要的地位，标题是否具有吸引力，事关新闻文本乃至专栏与网站的成败。本章主要介绍网络新闻标题的传播原理、特点、表现形式、制作策略与方法以及标题制作的失范与规范。通过本章的学习，旨在让学生了解网络标题的重要作用，熟悉网络新闻标题的特点与形式，并且能制作常见的网络新闻标题，了解网络新闻标题制作的规范，避免"标题党"行为。

第一节 网络新闻标题的传播原理

一、网络新闻标题的实质即信息

从人类社会诞生起，信息的传播活动便应运而生。国内外学者对于信息的解释下过50多种定义。根据其所指范围不同，可以分为广义信息、一般信息、狭义信息三大类。在新闻学里，信息这一概念指狭义信息，即消除受信者随机不确定性的东西。我们曾经学习过"新闻是新近事实变动的信息"这一定义,新闻在本质上是一种信息。人们从事新闻活动,无论口头交流,还是读书看报,以及听广播、看电视、上网,根本目的在于获取外界变动的信息。信息是整个新闻活动的主轴。

新闻标题作为一则新闻的浓缩和精华,更肩负着传播信息的重大使命。鲁迅在《我怎么做起小说来?》中曾写道:"要极省俭的画出一个人的特点,最好是画他的眼睛。"标题,便是新闻的眼睛,在新闻编辑工作中的地位举足轻重。新闻标题是在新闻事实之前对新闻内容加以概括或评价的简短文字,是读者开始阅读新闻的窗口。"看报先看题""题好文一半"这两句话就充分道出了新闻标题之重要性。

早期的新闻标题出现在近代报刊中。20世纪初,报刊产业开始蓬勃发展,当时的新闻标题注重庄重典雅,大都与报道的事实没有什么联系,因此也起不到评价新闻事实、总结新闻主旨、传播新闻信息的作用。早期的新闻标题不直接提供信息,因为标题下面紧接着就是正文,标题的作用仅仅是告诉读者它是什么体裁、说哪一类事情,被称作"一文一题"。进入21世纪,随着新闻学和传播学的快速发展,理论指导下的写作实践也发生了巨大改变。新闻标题的形式越来越多样化,与新闻事实的联系也日趋密切。新闻标题不仅是新闻事实的重要组成部分,更是信息传播过程的"第一视觉映射"。[1]

在传统媒体中,标题是新闻的眼睛,在网络媒体中更是如此。例如,在报纸媒体中,标题和正文往往在同一版面,读者可以同时扫视标题和正文。当然,也有部分报纸会将头版做成导读版,只有新闻标题,作为版面重点文章的导读。但在网络媒体中,标题和正文大多不在同一页面。标题以列表的形式出现在网站首页、新闻中心首页、各分类频道首页或新闻专题页面。受众所能看到的大部分新闻需要点击新闻标题再进入正文。我们说当今社会是信息社会,上网就可以看到海量信息,用户上新闻网站,也是为了获取信息。作为首先进入眼球的页面,标题的陈列自然需要给用户立刻提供他想要的信息,否则他就会迅速离开页面。文章再好,如果不能通过标题吸引读者的眼球,那么写得再好也没人看。网络新闻标题是否具有吸引力,是受众是否进一步阅读正文的关键。

美国一家知名的民意调查公司盖洛普的一项联合调查研究表明,"网民往往通过浏览标题来决定是否要阅读这则消息。参与调查的读者们阅读过56%的标题,相比之下,调查对象只读过25%的新闻报道正文。而国内网民看新闻只阅读标题的比例则高达80%,点击网页详细看新闻的比例则不到5%"[2]。从这一点上说,新闻标题对于网络媒体的重要性超过了以往任何的传统媒体。以新浪网2019年4月14日的几则新闻标题为例,如下所列。

①壮志凌云! 习近平强军思想引领人民空军建设
②得知国民党强行让自己参选2020 韩国瑜吼出这些
③火力全开　赖清德被蔡英文当众羞辱后立刻愤怒回击
④"坐在金矿上"的国家　黄金快要采完了
⑤女车主称受到威胁　不再跟利之星奔驰有任何非官方接触
⑥澳大利亚忽然发现　没有中国投资好像确实不行
⑦王金平竟称:我没有"台独"言行　李登辉也没有

---

[1] 李艳:《新闻标题的演变及其写作文化原因——以21世纪初期为研究重点》,《现代交际》,2011年第2期。
[2] 刘凯:《网络新闻标题的微观操作》,《网络传播》,2007年第2期。

⑧女干部外逃4年后潜回国内　因一举动露出破绽落网
⑨全球房价最高的十座城市　中国占四席
⑩80后女律师被控恶势力引争议,本人回应:相信法律公平公正(图)
⑪制作人曝光童模行业秘密:8岁女孩挨个给大家敬酒
⑫3月居民短期贷款增量创新高:消费旺了？流入股市了？
⑬视觉中国的维权生意:版权追踪曾让年度协议客户增半
⑭中央督导组入驻13天后　这地监狱局连落两人

其中第一则新闻主要讲了习近平总书记向空军全体官兵致以诚挚的问候,强调要加快建设一支空天一体、攻防兼备的强大人民空军,为实现中国梦、强军梦提供坚强力量支撑。标题简洁、准确地概括了新闻的主要信息,使读者一目了然。再看另一则标题"视觉中国的维权生意:版权追踪曾让年度协议客户增半",标题交代了此则评论的主要内容,并且突出了视觉中国背后的问题是知识产权保护,标题即信息。

通过对以上新闻标题的分析,我们可以发现,网络新闻标题往往都是实题,标题中介绍了新闻事件的基本要素,准确提供新闻信息。

二、网络新闻标题的功能

新闻标题是写在新闻之前对新闻内容进行高度概括或评价的文字,被称作新闻的"眼睛"。随着网络技术的发展和生活节奏的加快,新闻信息量在不断增加,新闻标题的功能和作用也越来越显著。从新闻提供的方式看,传统媒体采用的是"推"的方式,即将新闻整合加工后送到受众面前;而网络则多采用"拉"的方式,即由受众根据需要进入自己喜爱的站点,选择自己需要的新闻,点击自己感兴趣的标题。这时,网络新闻标题的功能就凸显出来。具体来说,网络新闻标题的功能主要有揭示新闻信息、评价新闻内容、索引选择信息、说明报道形态、议程设置功能等五大功能。

（一）揭示新闻信息

我们生活在信息时代,随着传播技术的发展,信息产生的数量之多、速度之快都是前所未有的。随意打开一家网站,其中的信息都令人眼花缭乱(见图6-1)。在海量信息面前,人们越来越容易陷入信息焦虑之中。因此,如何帮助受众在短时间内提高网络信息的接收效率,成了网络新闻标题肩负的重大使命。

由于在网页中新闻标题和正文往往被分割在不同的页面,这一特点加重了受众对新闻标题的阅读依赖,因此,与传统新闻相比较,网络新闻标题的"导读"功能被更加强化。

网络新闻标题揭示新闻信息的功能,是指网络新闻标题必须用最精练的文字概括出新闻中最重要、最有价值、最有吸引力的内容,以便让用户迅速判断新闻事实,决定阅读取舍,达到快速传播、独立传播和相对完整传播的目的。①

我们知道,新闻六要素是指时间、地点、人物、事件、原因、影响。标题所包含的要素越多,它所揭示的内容就越丰富、越全面。现在,很多网站采用标题组合的方式,使读者在浏览标题组合的过程中相当于了解了一个简易专题。

当然,网络新闻标题在揭示新闻要素时,也不必将六个要素全部揭示出来,而是应该选

---

① 蒋晓丽:《网络新闻编辑学》,高等教育出版社,2004年,第59页。

图 6-1 搜狐网上的海量信息

取较重要、较有价值的要素。一般的网络新闻标题大多以"何人""何事"为主导。对于同一个新闻事实,不同的网站也会根据自身的网站性质和价值取向选择不同的新闻要素据以呈现。以国安部原副部长马建被查处的新闻标题为例,各网站的新闻标题就有不同的侧重点。

①刚刚,国安部原副部长马建被判无期徒刑!(2018年12月27日　凤凰网视频)
②原国安副部长马建因内幕交易等罪行被判无期徒刑(2018年12月27日　新浪财经)
③反腐触及"神秘"部门　国安系统"首虎"落马(2015年1月16日　中国新闻网)

上述新闻标题指向同一新闻事实,但却揭示了不同的新闻要素和侧重点。其中第一条标题只是简单地交代了"何人""何事"。凤凰网作为一家综合门户网站,其凤凰网视频板块主要提供国内外的重大新闻视频,更偏向将事件的事实讲清楚;第二条标题来自新浪网财经频道。顾名思义,主要偏向从金融经济角度来分析事件;第三条来自中国新闻网,指出十八大后的"打虎"风暴首次触及国安系统,强调了中国持续以实际行动阐释"不设限制、没有禁区"的反腐态度。同一个新闻事实,不同的网站站在不同的角度,采取不同的分析,从新闻标题上便可清晰地分辨。

(二) 评价新闻内容

新闻标题评价新闻内容的功能又称导向功能,是指新闻标题在概括事实的基础上,可以通过揭示事物的本质,引导受众理解新闻的意义,或直接表明编辑部的态度和立场,起到舆论导向的作用。标题是新闻与评论的结合点,因为标题处于有利的位置,再加上其言简意赅,因此在很多情况下其导向作用比评论更加有效。[①]根据标题对新闻评价的程度不同,可以分为显性评价和隐性评价两种。

显性评价又称直接引导,指在新闻标题中直接提出鲜明的观点,发表议论,表明态度,让受众能够直观清晰地感受到作者的立场。如以下几条标题例证。

①中国知识产权成功经验值得与"一带一路"国家分享——访世界知识产权组织总干事弗朗西斯·高锐(2019年4月15日　新华网)
②人民日报评抱团养老:有乐有情　模式奏效(2019年4月10日　人民网)
③拍卖市场乱象不仅在于拍假　也在于买方结算率偏低(2019年4月14日　澎湃新闻)

---

① 张子让:《当代新闻编辑》,复旦大学出版社,1999年,第130—134页。

第二届"一带一路"国际合作高峰论坛将于 2019 年 4 月底在北京举行,新华网记者对知识产权组织总干事弗朗西斯·高锐进行了专访。在标题①中,新华网对高锐的观点进行概括,表达了对中国坚持知识产权战略的高度肯定。在标题②中,人民网对抱团养老这一社会现象提出自己的态度,即"有乐有情,模式奏效"。在标题③中,澎湃新闻认为中国文物艺术品市场面临着严峻的挑战,不仅体现在假拍上,还在于买方结算率偏低。

上述标题都观点鲜明,作者的态度直接体现在新闻标题中,让网民一看便知网站的立场和倾向。

隐性评价又称间接引导,指在事实性新闻标题中使用一些有倾向性的词语,虽然不直接鲜明地表达作者的态度,但通过对语言和词语的选择来达到评价引导的目的。如以下几条标题例证。

①西安奔驰车女车主哭诉维权幕后　4S 店背景不简单(2019 年 4 月 14 日　观察者网)

②华为雇了个美国人,特朗普大吼"我不同意!"(2019 年 4 月 15 日　环球时报)

③台军要拿一包方便面"招降"解放军?台网友看笑了(2019 年 4 月 14 日　人民日报海外网)

以上三个例子中虽然没有直接表明作者的态度,但是从标题的用词如"哭诉""不简单""大吼""看笑了"等具有感情色彩的词语中,能体现出网络编辑的意见倾向。

从形式上看,标题对新闻内容的评价作用主要是通过以下两种手段实现的。

1. 对标题顺序进行排序

眼球追踪研究显示,用户通常阅读网页的模式是 F 形:即两个横向条纹和一个垂直条纹。用户首先横向运动阅读,通常是在网页内容区域的上半部分。这最初的元素就形成了 F 顶部的那个横条。其次用户的视线会从网页上往下移一点,然后第二次横向阅读,通常这次涵盖的区域会比前一次小。这个附加的元素形成了 F 下面那个横条。最后,用户会纵向地浏览网页内容的左边部分。在眼球追踪热度图上呈现的就是一条粗实的条纹,最后一个元素形成了字母 F 的竖杠。网络编辑在对新闻价值进行评估之后,按标题价值的大小在页面中依次进行排序,将价值高的标题放在上述的 F 形位置,使这些位置的新闻受到更多读者的重视。而那些重要性稍差的新闻则放在其他位置,或"更多新闻"之类的超链接中,这样网民更易分辨出新闻的孰轻孰重。

2. 使用技术包装

除了上述的排序手段,还有一个比较常用的方法就是技术包装。主要通过对图片、线条、色彩的运用,来形成强势,对重要新闻起强化突出作用。

在图 6-2 中,左边圆形标示处采取了运用图片作为强势手段的方式,右边矩形标示处则对重要的新闻标题采取了加粗的处理方法,使编辑想要突出的新闻标题在众多标题中凸显出来。网络编辑通过对包装手段的运用,达到了对新闻的突出或隐藏的目的,也显示出了对新闻价值的评价。

(三)索引选择信息

打开一个网站,铺天盖地的海量信息难免会使网民眼花缭乱,仅仅是主页上就有上百条新闻、几十个频道。每个频道也包含了成百上千的新闻,每条新闻后又链接了数十个相关新闻。究竟哪些新闻是我们需要的呢?对于网民而言,他们希望能够在最短的时间内找到自己最需要的新闻,在看不到正文的前提下,标题就成了网民"寻宝"的重要向导和线索。

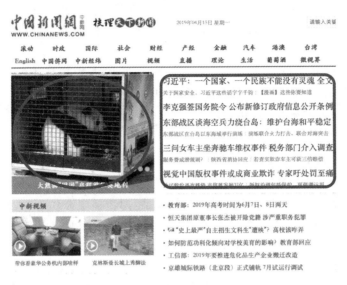

图 6-2 中国新闻网首页

标题能够作用于网民的关键因素主要有两个：一是网民对标题所提供的信息的需要程度；二是标题本身对网民的吸引程度。这就要求新闻标题既要在信息上有价值，又要在形式上有创新。

谈到标题的索引功能就不得不提网络上大名鼎鼎的搜索引擎。搜索引擎是指自动从互联网搜集信息，经过一定的整理以后，提供给用户进行查询的系统。互联网上的信息浩瀚万千，而且毫无秩序，所有的信息像汪洋大海中的一个个小岛，网页链接是这些小岛之间纵横交错的桥梁，而搜索引擎，则为用户绘制出一幅一目了然的信息地图，供用户随时查阅。中国互联网络信息中心提供的数据显示，在中国网民中超过 80% 的人通过互联网查询相关信息，六成以上的人使用网络搜索。

一个网站的命脉是流量，而网站的流量可以分为两种：一种是自然流量，另一种就是通过搜索引擎带来的流量。如果搜索引擎能够更多、更有效地抓取网站内容，那么对于网站的好处是不言而喻的。

网络新闻标题是一则网络新闻中重要结论和关键词出现频率最高的地方，因此被众多新闻网站设置为搜索引擎的重要方面，同时也是网民查找相关新闻信息的最初标志。对于网络新闻检索而言，使用标题检索的精确度要高于使用全文检索的精确度，这也是网络新闻标题的检索价值所在。

（四）说明报道形态

网络媒体作为新媒体，其报道形式也是多种多样的，除了传统的文字图片，还有广播新闻、视频新闻等。在标题中表明其形态或所属频道，既能让网民辨识新闻的内容类型，也能对频道或者栏目起到宣传推广的作用。在标题中表现出新闻的体裁，或评论、或直播等，都能为网民选择是否进一步点击提供便利。如以下几条标题例证。

①【图】日本巨型"垃圾岛"漂向美国　面积如得州（点明形式）

②微精选|全球九大古怪职业（点明频道）

③观点时评:限购退出楼市已现五大市场特征（点明体裁）

有些网络新闻标题也会揭示新闻来源,以增强新闻的权威性和真实性。这种情况一般适用于重要的会议、论坛、演讲,以及接受专访的学者、领导、专家或特定的权威部门。如以下几条标题例证。

①习近平:一个国家、一个民族不能没有灵魂!(2019年4月15日　新华网)
②教育部:2019年高考时间为6月7日、8日两天(2019年4月15日　中国新闻网)
③工信部:2019年要推进危化品生产企业搬迁改造(2019年4月15日　中国新闻网)

(五)议程设置功能

议程设置功能是大众传播的重要社会功能和效果之一。20世纪70年代,美国传播学者麦库姆斯和肖通过实证研究发现,在公众对社会公共事务中重要问题的认识和判断与传播媒介的报道活动之间,存在着一种高度对应的关系,即传播媒介作为"大事"加以报道的问题,同样也作为大事反映在公众的意识中。传播媒介给予的强调越多,公众对该问题的重视程度越高。大众传播往往不能决定人们对某一事件或意见的具体看法,但可以通过提供信息和安排相关的议题,有效地左右人们关注哪些事实和意见及他们谈论的先后顺序。大众传播可能无法影响人们怎么想,却可以影响人们去想什么。根据这种高度对应的相关关系,麦库姆斯和肖认为大众传播具有一种形成社会"议事日程"的功能,传播媒介以赋予各种议题不同程度"显著性"的方式,影响着公众瞩目的焦点和对社会环境的认知。

网络新闻的议程设置功能主要表现在以下几种形式。

1. 以网络头条的形式突显要点新闻

在当今的标题时代,每天较重要的新闻在形式上常采用"大标题、大字号"来突显。一方面形式简洁通俗,吸引读者注意,方便读者理解记忆;另一方面体现了其导向性,以头条的方式吸引、引导受众关注。

2. 设置要点新闻的模块位置

模块化的处理方式也是符合网民阅读习惯的。读者进入一个网站后,"首先看到的是大面积的视觉板块组合和色彩组合,然后才开始识别网页中的详细信息。换言之,读者扫视和识别网页内容的顺序过程总是由整体到局部,由板块到细节,由图像到文字,自上而下,从左到右,先看活动的内容,再看静止的内容"①。因此,网络在议程设置方面可以采用多种方式发挥作用。如2019年4月15日联合早报网的今日焦点。

①"接近最后一轮谈判"美财长:美中贸易协议将显著改变40年来贸易关系
②IMF强调中美协议应符合多边贸易规则
③一次擢升36将领　牢握军权金正恩地位再升
④张志贤在新中领导力论坛致辞:以创新思维设计新政策
⑤于泽远:撒泼才能维权?
⑥胡耀邦逝世30周年家属前往共青城祭奠
⑦被官媒网民炮轰　马云急澄清:强制员工"996"不人道难持久
⑧任正非:华为对5G晶片卖给苹果持开放态度
⑨中国驻智利大使:蓬佩奥已失去理智
⑩吉林市委原书记赵静波涉严重违纪违法被查

---

① 邓炘炘:《网络新闻编辑》,中国广播电视出版社,2005年,第124页。

⑪台军方推出投诚食品让解放军吃了会投降　网友笑翻
⑫【图集】韩国瑜女儿"辣"照掀热议
⑬指过度亲中将带来坏账　普拉博沃:若当选将重新检讨一带一路项目

联合早报网有新闻、即时、财经、生活、文化等板块,重要的新闻都集中放在了首页中间位置的今日焦点中,并按重要性进行了排序。

3. 新闻专题的导向作用

新闻专题是指与某一新闻事件或新闻话题相关的新闻集合与汇总,一般用来报道突发或者具有重要社会影响的新闻事件,通过深入挖掘,全方位地解读事件。选择网络议题和对信息进行汇总处理的过程,实际上就是网络媒体在发挥它的议程设置功能。

网络新闻专题常采用标题集群的形式,即围绕某个主题或事件,在一个大标题的统领下,由多个新闻小标题集合而成。这种标题集群,能够营造出一种强势的传播效果,吸引受众注意,体现媒体的导向作用。

案例6.1　日媒称4日本议员乘包机空中视察钓鱼岛

第二节　网络新闻标题的特点

以网络技术为依托的网络新闻标题,其特点与网络传播的特点和规律息息相关。与传统媒体相比,网络传播具有实时性、信息海量化、多媒体化、交互性、超链接等特点。因此,网络新闻标题在表现形式、传播功能、制作技巧上都与传统标题有较多不同之处。同时,新闻标题在网络传播中的作用比它们在传统媒体中的作用更为突出。以下以传统新闻标题为参照,运用比较的方法,对网络新闻标题的特点进行提炼总结。

一、多媒体化

报纸是视觉媒介。报纸上的新闻多为文字和图片等静态信息,信息容量大且较为详细,具有可选择性。但是其形式缺乏图声并茂的电视新闻的动感,也不如有声的广播报道亲切、活泼。同时,报纸上的新闻很受版面的制约,故其新闻标题特别注重辞章的修饰,在提示新闻事实的同时讲求语言的生动、形象、简练、虚实结合等。广播是听觉媒介,通过声音来传递信息,具有稍纵即逝的线性传播特点,因此广播新闻要求简明扼要、通俗易懂,读来朗朗上口。电视是将文字、声音和动态画面结合起来进行信息传递,以声音和动态画面为主要传播手段。

网络媒体较之传统媒体的优势在于,它集多种传统媒体的优势于一身,综合运用文字、图片、声音、视频等多种手段传递信息。在互联网中,一则新闻除了有声频和视频新闻外,还可将播报的新闻原稿全篇刊载于网页之上,网民可以根据自身需要选择合适的接收新闻信息的方式,也可以反复播放和阅读。网络新闻的多媒体优势,也带来了其新闻标题表达形式的巨变。网络上的新闻标题也采用了多元化的手段来提高自身点击率。

如图 6-3 所示,这些新闻标题采用文字加视频的方式。文字部分可以使读者一目了然地了解新闻的主要提示内容,点击之后就可以阅读相关内容。每条新闻标题左侧的"播放"图标表明这是一条有视频的新闻,视频图标对应的是此新闻的视频资料。这样的搭配不仅可以部分说明事实,还能增加现场感和形象感,增加了新闻的丰富性,形成多媒体组合形式的新闻标题。这样的标题发挥了网络的多媒体优势,使得网民对新闻的理解更加全面和形象。

视频新闻　地方新闻

▶《居安思危》

▶ 网红大夫救人路上

▶ 燃爆！这就是中国海军潜艇部队

▶ 酷！《生僻字》减税降费税务版

▶ 三轮车失控撞向店铺 驾驶员腿被卡车中

▶ 新"人民网"号首航 飞机上可手机刷视频

▶ 男子持刀走向前女友 路人过肩摔勇相助

▶ 180斤小伙当孕妇装"肥模" 为女友带货

图 6-3　人民网部分新闻截图

新闻标题采用文字与图片的配合。新闻以图片的形式在整个页面上突出而抢眼,多在图片下侧,配上较为醒目的新闻标题,字体加粗,标题简洁而醒目。

二、以单行化标题为主

传统的报纸媒体在标题制作方面积累了丰富的经验。报纸的消息标题多为复合型标题,一般采用多行题,有引题、主题和副题等几种。引题也叫肩题、眉题,排在主题的上面,主要起到概括、提示或渲染等作用。主题是介绍和概括新闻中主要内容的标题,一般是实题,直陈事实。没有主题,整个标题就不能成立。副题一般排在主题下面,通常起说明、补充和解释等作用。这种多行题的标题方法用在报刊上,可以充分发挥标题的提示内容、吸引阅读和变化版面排列的作用,是很有成效的编辑手段。

但是多行题一般不适合网络新闻传播环境,网络新闻标题基本采用的都是单行化标题(见图 6-4)。在网络上,由于新闻标题网页显示面积有限,一般不允许一条新闻标题占据很宽大的版面,加上网络新闻标题的位置空间是以行的长度为限,一般不使用多行题。在网页上,新闻标题板块通常由若干条新闻排列集成一个矩阵,这种样式就更不允许其中的某条新闻以多行题的形式出现。如果有引题和副题,它们与主题放在一行,两标题之间用一个空格键隔开。例如,《澳大利亚10岁男孩骑车穿越澳洲　为中国孤儿筹款》,标题用一行展示,但实际上前句为主题,后句为副题。

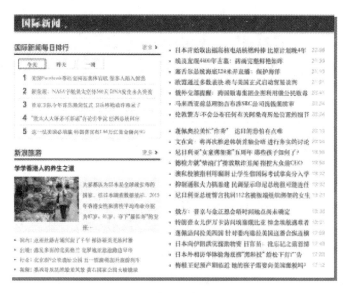

图 6-4　新浪网的单行化标题

单行标题也不宜过长,否则就会出现回行的现象,影响整个页面的排版效果。传统的纸质媒体可以灵活地利用版面,甚至刻意留白,以使版面整洁美观。而网页版面的整体布局是相对固定的,标题字数受到行宽的限制,既不宜折行,也不宜空半行。在标题板块中,各题以长短接近一致为宜,过长或过短都不合适。从阅读汉语的习惯来看,人们一次性阅读的字数一般为 7—8 个,再长一些就要用标点符号来换气。因此,网络新闻标题的字数一般控制在 16—20 字为宜,且最好用空格分为两部分,每部分由 7—10 个字组成。

三、题文分离

网络新闻与传统报纸新闻的一个重要区别就是题文分离,即将标题与新闻编排在不同的网页上,位于主页上的标题,往往作为下一级相应正文的一个链接指针。在报纸版面上往往是"题文并存"的,读者可以将标题和正文尽收眼底(见图 6-5)。读者可以在阅读标题的同时对文章内容进行"扫描式"阅读,进而在一条条消息中挑选自己感兴趣的内容详细阅读。

在网络传播过程中,由于版面的限制,新闻标题和正文被安排在不同的网页上。网民打开网页后,看到的是一个个新闻标题方阵,要想浏览某则新闻,必须先点标题不可(见图 6-6)。从这一点上看,"标题是否具有一定的吸引力,能否说明问题,或能否具有新颖性和创造性,事关整个新闻文本乃至专栏与网站的成功。网络新闻标题的重要性远远超过了以往的传统媒体"[1]。因此,网络新闻标题更像是一本书的目录,如果标题不够吸引人,没有引发点击,传播过程就会终止。

根据新闻的时效性和重要性排序,网络新闻标题在网页上的排列方式主要有两种:一种是最新的和有重大意义的新闻排在前面或网页醒目的位置,将超链接建立在标题上,这也体

---

[1] 杜骏飞:《网络新闻学》,中国广播电视出版社,2001年,第263页。

图 6-5 《人民法院报》的版面

图 6-6 新华网的版面

现了网络标题的导读功能；另一种是其他类新闻或非重要性新闻因为版面的限制和突出重要性新闻的需要，其标题被放在了网页的不同频道中，或以"更多新闻"的形式被放在了与主页链接在一起的下一级网页上。

四、宁实勿虚

传统报纸按照表意方法和表意重点的不同，将新闻标题分为实题和虚题两大类。实题即指表意实在、具体的标题，其特点是具体标明新闻事实，用直陈语气叙述具体的人物、动作和事件等，让人一眼就能看到"有形"的事实。虚题即表意形象感不强、虚化、抽象的标题，它以说理为主，揭示新闻的本质，阐明其意义，讲清道理、原则和愿望等。

标题可实可虚,实题可以独立存在,而虚题不可独立存在。虚题必须在有实题的前提下才能运用,即只有依托实题,虚题才能发挥出作用。因为读者只有看到表明事实的实题,才能了解最直观、最基本的事实,而如果读到的只是一个表明观点态度的虚题,则无法了解发生了什么、为什么会有这样的评论。

在传统的新闻标题中,常常采用虚实结合的方式。实题常作为复合式新闻标题的主题或副题,虚题常作为引题。虚实结合题使读者看后既能直观地了解新闻内容,又能把握新闻的本质。如以下两条标题例证。

①允许"生财有道"　不可"为富不仁"
大东门集贸市场举办有毒有害商品展览
②陋习不除　农民难富
读者黄祥成来信指出:请客送礼铺张浪费是造成农民"赋予的困难户"的一个原因

这两条报纸新闻标题都是将主题做成虚题,以表明观点;将副题做成实题,以揭示事实。标题虚实结合,有理有据。

在传统报刊中,新闻标题常用虚题。虽然读者初看到虚题的标题难以理解,但因为标题紧接着正文,读者的眼光可以很快地扫向正文。但在网络新闻传播中,虚题往往使读者摸不着头脑,而正文远在其他页面上,帮不上一点忙,比如标题为"草莽军事部落的终结"一则消息,说的是广西边远山区山寨之间的械斗问题,但是单从标题上却看不出一点线索。网络新闻标题往往只有一行,一则网络新闻的"生命"就维系在这一单行题上。如果标题"很虚",传递不出什么实在的信息,无法吸引网民,那么新闻正文就很难引起点击量。因此网络新闻标题多采用实题,这也是由我们在前面提到的网络媒体"题文分离"和"单行化"的特点决定的。

网络新闻标题的实题写作方式能够将新闻事实直观地展现给网民,但是实题缺乏活泼感和感染力,因此显得比较生硬。网络中只有部分评论文章会采用虚题,或虚实结合,比如《别轻易在"陪伴"和"啃老"之间画等号》《张扣扣案二审维持原判　但正义并非"原地止步"》等。

对于网络新闻中的观点性新闻,要加强其"实"的部分,观点要鲜明。如《莫言对央视称幸福是精神无压力　不知道是否幸福》一题,用叙事的方式阐发观点,与普通观点相比,其观点非常突出,引人注目。再如《钱江晚报:童模乱象　以爱之名行伤害之实》是观点性新闻的普遍样式,人物加观点,加强其观点所针对的事件,此事件突出了矛盾与冲突,交代了观点的来由。

五、伴有附加特定元素和编辑手段

网络新闻中有些标题除了主文本之外,还附有一些其他的附加成分和元素。这些成分主要可以分为三类。

(一)题下附有新闻的发布时间和新闻来源

头条新闻或者重大新闻常常附有内容提要,如以下例证所示。

国家卫健委:武汉在院新冠肺炎患者"清零"
2020年04月26日15:12 央视

在国务院联防联控机制今天下午举行的新闻发布会上,国家卫健委新闻发言人米锋介绍,经过武汉和全国援鄂医务人员的共同努力,截至4月26日,武汉在院新冠肺炎患者"清零"。

(二)附有主观标示

主观标示是指网络编辑在发稿时,在标题上附加的标示符号,如:在标题后面加上"hot"表示此条新闻比较热门,观众普遍关注度较高;加上"★"等符号表示网络编辑认为此条新闻比较重要;加上"new"表示稿件刚刚上传等。

(三)运用特定的技术手段

运用一些特定的技术手段将标题设置为动态字符或者动画形式,如发光、变换颜色、移动等,从而吸引网民的注意力。

综上所述,网络新闻标题有别于传统媒体的新闻标题。网络新闻标题依托于现代网络技术,集报纸、广播、电视等传统媒体的优势于一身,能够丰富、全面地展现新闻内容,激发读者的阅读兴趣。同时,网络新闻标题具有"单行化""题文分离"等特点,使其多采用实题的表现形式。此外,网站中的有些标题除了主文本之外,还有一些其他的附加成分和元素。

六、新媒体新闻的标题风格

新媒体的出现改变了我们接收信息、阅读信息的方式,新旧媒体新闻标题正在互相影响,旧媒体标题制作为新媒体提供了基础,新媒体对旧媒体的标题制作进行着浸润与改变。相较于传统媒体的新闻标题的枯燥乏味,新媒体的新闻标题就显得要亲民、有趣得多。这样的风格变化不仅能拉近标题与受众之间的距离,而且能够在原有新闻的基础上强化新闻立场,增大传播范围及其价值。

新媒体标题注重新奇、有趣。《黑龙江日报》刊登过一篇标题为《八大灌区织水网　三江平原稻米香　我省垦区水利建设稳步推进》的新闻稿,这是一条很标准的报纸新闻标题,概括了整篇新闻的主要内容,包含"who""what""where"等新闻要素。而新华网微信推文《按下手印后……》的标题,提供的信息量相对较少,却能引起读者的联想和阅读兴趣。

新媒体的标题语言也具有网络化、口语化的特点,如新华社微信推文标题《懵了!旅游时在护照上做了一个小动作,姑娘差点回不了国》、《中国青年报》微信推文标题《"炫富"照刷屏!他们一摔,网友狂赞!》等。新媒体的标题相比报纸新闻标题的语言运用更加口语化、网络化,如"懵了""他们一摔"等口语色彩明显,"炫富""刷屏"更是网络中常用的词汇。

新媒体的新闻标题中标点的运用呈现多样化趋势。在微信标题中,省略号、连接号以及标点符号连用等现象屡见不鲜。如《中国青年报》微信推文《平"语"近人——习近平总书记用典全集来啦!!!》,标题中用了三个感叹号以加强语气。微信标题中还存在"?"和"!"连用的情况。

新媒体的标题凸显情感消费。《文汇报》微信平台《再见,福原爱!"瓷娃娃"退役,中国乒坛的大魔王们好寂寞》的标题,情感属性表露无遗。在报纸新闻标题中也会有情感的体现,但是相对来说会更显理性,如《黑龙江日报》的《解思想"扣子"　找不严不实"靶子"　开解决问题"方子"——省委组织部"三严三实"专题教育注重实效》的新闻标题,把专题教育的内容进行了凝练概括,无论是引题还是主题,都遵循新闻标题的制作原则。

新媒体的新闻标题写意性相对突出,打破了标题是实题的限制,如新华国际头条微信推出《法棍要"申遗"?江米条表示不服》,推文内容和江米条没有太大关系,只是运用江米条造势,或者说运用比附定位的策略彰显法棍在法国人心中的地位,题文并不完全吻合。再如南北稻香村之争,《北京日报》刊登了《南北稻香村为何"同案不同判"》的文章,梳理了事件的来龙去脉,也解释了为何同案不同判的原因,标题依托的是新闻事实和文章内容,题文高度统一。

新媒体的新闻标题中营销热点突出,其借势营销表现为顺势、造势、借势等,关注点、兴奋点都成为微信标题的"下酒菜"。当赵丽颖和冯绍峰在微博上双双晒出结婚消息——"官宣+一张照片"时,朋友圈里被这条"官宣"刷了屏,"官宣"一度成为高热词汇,随后各种"官宣"的微信标题纷至沓来。比如《人民日报》的推文《这才叫:官宣!》,"官宣体"红极一时,但是在报纸标题中"官宣体"则很少出现。

报纸的标题精瘦,新媒体的标题常见虚胖,报纸标题要做到要言不烦、言简意赅,又不能失语义的完整和对新闻精练准确的概括。例如,《光明日报》微信平台上的标题为《高校让学生去快递公司实习,竟是去做分拣工为双十一做准备!》,共 26 个字和两个符号,如此庞大的体格在报纸标题中较为少见。微信标题中的旁枝末节就是一种虚胖,但是其中运用的营销手段和新媒体思维的确增添了很多卖点。"实验证明,在眼停留的情况下,六七字的标题可以一目了然。标题越长,要求停留次数越多,阅读也就越不容易","冗长的文字只能将新闻中的精华埋没,削弱读者对新闻的注意力"[①]。传统媒体标题制作的简洁明快和如今依托营销思维制作的新闻标题有很大差异。

第三节 网络新闻标题的表现形式

网络媒体作为一种新兴的媒介,由于其物理形态和传播符号语言与传统媒体不同,其新闻标题的制作也与传统媒体存在很大的差别。随着网络新闻媒体在我国的蓬勃发展,上网看新闻已经成了人们获知新闻的新选择,尤其深受年轻读者的喜爱。尽管传统媒体尤其是报纸媒体在新闻标题制作方面积累了较为成熟的经验,但是这些经验不能直接运用到网络新闻标题的制作中。网络新闻标题与传统新闻标题相比,有它自己的特点与技巧,绝不是对报纸新闻标题的照搬照抄,而应是一个网络编辑对新闻资源进行二次加工和开发的过程。网络新闻标题的制作必须依托其资深、独特的传播特性。同时,网络传播的多媒体技术也为标题的制作提供了更为广阔和实用的形式。

新的传播平台带来了内容制作方式的转变,促使网络新闻标题制作的进步。要想制作好的新闻标题,必须首先熟知网络传播方式和网上受众的阅读特点。网络传播的新闻大多以新闻组的形式出现,即一二十条甚至更多的新闻标题放在一起,供网民选择和浏览。网上受众的阅读特点可以归纳为以下几点:他们阅读是为了选择和寻找信息;他们想在众多的新闻标题中以最快的速度搜寻到自己想要知道的信息;他们一般出于求知、消遣、好奇的动机来接收信息;他们有时也并非为了特定目的而上网,而是随时寻找他们感兴趣的信息……基

---

① 郑兴东:《报纸编辑学教程》.武汉大学出版社,1992 年,第 146 页。

于网络新闻的传播方式和网络受众的特点,网络新闻标题的表现形式主要如下:从标题形式来看,以单行式标题为主,辅以其他补充形式;就标题写作而言,以实题居多,评论文章采用虚题情况较多;从标题的呈现形式来说,有滚动式标题与板块新闻。

一、单行题

在传统媒体中,新闻标题可以采用单行、双行和多行标题,多行标题包括引题、主题、副题。双行和多行标题形式在报纸、杂志中十分常见,但在网络新闻中,由于其采用层次性的链接结构,新闻标题通常是以单行题的形式呈现在首页或者专题页面上。

这一情况主要是因为技术上的原因。一方面,由于网络新闻"题文分离"的特点,文章与标题存在于不同的页面上。在标题页内,由于电脑屏幕一屏最多只能显示1920个像素点,如果一个汉字是12个像素点的话,那么一屏只能排160行,而一般电脑屏幕只能排80行。因此为了方便网民阅读,网站均采用一行题的排列方式。另一方面,由于目前还没有技术支持在标题页显示一行题,在文章页显示多行题,这种操作只能手工修改,因此工作量极大,往往会影响新闻更新的速度,故而在制作标题时不适宜采用多行题。它一般是逐层导入的,由若干个单独的网页构成一个整体的框架,而标题是一个"入口"。

单行题在网站上的表现方式,又分为一段题和两段题两种。

(一) 一段题

一段题即简单地用一句话来概括、评价新闻事实。一段题被广泛运用于国内各大新闻网站中,是目前最为常见的网络新闻标题形式。这就要求网络新闻的标题必须言简意赅、简明扼要,直奔主题。好的网络新闻标题要突出报道的主要内容、目的,强调有新意、描述准确,且具有吸引力,使受众更容易点击该新闻链接,从而增加访问量。如以下几条标题例证。

①外媒:巴黎圣母院大火已完全被扑灭(2019年4月16日　新浪网)
②国资委:一季度中央企业实现利润4265亿元(2019年4月16日　人民网)
③北京首批共有产权住房建设取得重大进展(2019年4月16日　环球网)
④美将领称美陆战队战备或受修墙"副业"影响(2019年4月15日　参考消息)

一段题短小精悍。相对于长标题来说,人们更喜欢看精练短小的标题,但是由于网络标题具有直接提供信息的特点,使得一句话标题具有高度概括的特点。但一段题字数严格受限,这就对编辑的概括和归纳能力提出了更高的要求。有时难免产生以偏概全的问题。当有的信息不能省略时,一段题就显得非常长,难免会破坏阅读节奏,因此,有些网站尝试用两段题的形式来弥补一段题的不足。下面看几个例子。

①习近平就巴黎圣母院发生火灾向法国总统马克龙致慰问电话(2019年4月16日　新华网)
②熊孩子用电动剃刀剃掉自己兄妹三人头发气哭妈妈(2019年4月16日　搜狐网)
③西安市场监管部门成立专案组调查"奔驰漏油事件"(2019年4月16日　凤凰网)

这几条新闻标题读完后,会有一种喘不过气的感觉。在这种情况下,一段题就不十分适用。将上文标题③改为两段题,我们可以比较一下效果。

西安市场监管部门成立专案组　　调查"奔驰漏油事件"

(二) 两段题

两段题是一种特殊的单行题,两段题将一前一后的两段标题并列一行,中间用空格隔开,一般采用"主题＋副题"的结构。主题概括揭示主要内容,副题进行补充说明。有些网站会对副题进行形式上的处理,比如改变字体大小、颜色,或是只对主题加超链接对副题则不加。如以下几条标题例证。

①药品集中采购实施效果好于预期　医疗费用显著下降(2019年4月16日　新华网)

②牡丹江市政府原副秘书长程鹏失联　警方发出追逃通告(2019年4月16日　新华网)

③印尼大选倒计时1天　华裔候选人创历史新高(2019年4月16日　人民日报海外网)

第一个例子中的主题主要表述了药品集中采购的实施效果好,副题是效果好的具体表现,医疗费用降低了,显然是读者最关注的结果。第二个例子,主题叙述了程鹏失联这一事实,副题则补充叙述了对策,即警方发布追逃通告。第三个例子,主题介绍了印尼大选的日期,而副题补充说明了此次大选的热点,华裔候选人创新高是受众看词条新闻最关注的问题,也是这条标题最有可能吸引受众的关键。

两段题还有一种常见的形式,就是将两个单行题并列放在一行,即一行双题。前后两段标题可以是同一主题的两个相关新闻,也可以是不同主题的两条新闻。如新华网2019年4月16日的几个标题。

①于天敏任辽宁省委政法委书记　全国"优质服务基层行"宣传推进平台启动

②伊朗呼吁欧洲尽快启动特别结算机制　俄官员:北约军费是俄国防预算22倍

③学校推"研学游"纳综合素质评价　"落户放开"不等于"楼市松绑"

④央行:保持战略定力不搞"大水漫灌"　五大行债转股实施机构去年净赚11亿元

两段题的编排给人的第一印象就是整齐美观,同时它又延续了一句话标题简洁、精练的特点,便于受众浏览新闻。但是,这种一行双题的编排也容易对受众产生误导,因此有些网站也会对此做相应的处理。例如,在两个标题之间用"|"分隔开,添加独立标题的标识符,或加上画线区分,改变字体和颜色等。如下标题例证。

税务部门介入西安奔驰维权事件　核查涉事4S店收据|奔驰暂停该授权店运营(2019年4月16日　中国新闻网)

在使用两段题的过程中,也要避免标题过短、字数过少,这样不但容易交代不清标题应揭示的内容,同时也不利于版面美观。

与一段题相比,两段题的表现形式更加灵活多样,能够弥补一段题字数不足的缺陷。同时能运用到报纸的主副题、虚实题等结构,用主题概括主要内容,副题充实主题信息。但是,两段题也不能不加限制地随意使用,要取决于网站的整体设计风格,只有留出充足的空间才能容纳两段题的字数。而且两段题标题长度的增加和常使用的"主题＋副题"甚至"引题＋主题＋副题"的结构,容易与现实中网民跳跃式、扫描式的阅读习惯产生矛盾。同时过长的新闻标题不利于在搜索引擎中"脱颖而出",从而影响其搜索率。因此,应根据实际情况,理性、合理地使用两段题。

二、标题与摘要、题图的组合

国内很多新闻网站在新闻标题下面常常配有简短的摘要,对标题内容进行补充说明,即"标题＋摘要"的组合。一段题要求标题高度概括,对字数限制有很高的要求,因此很难将新闻的关键内容一言以蔽之。许多有价值的信息不得不舍弃，不能完全展现出此条新闻的亮点，网络编辑总有一种信息显示不够的无奈。两段题又因字数较多，略显烦琐，不利于网民的快速浏览。在这种情况下，"标题＋摘要""标题＋题图""标题＋摘要＋题图"的形式应运而生。

内容摘要对标题起支撑作用，弥补了单行题的不足，不仅能够有效地吸引网民阅读，同时有效避免了网络新闻标题"题文分离"的弱势。网民在只浏览主页面或各分类新闻主页的情况下，就能对每日要闻有个大致了解。新闻摘要的形式尤其在西方各大新闻网站被大量使用，如图 6-7 所示。

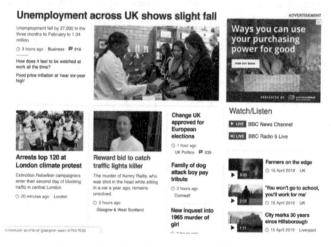

图 6-7　英国广播公司 BBC 官网的标题与摘要

摘要是紧排在标题下面的简短文字，辅助和解说标题中传达的最重要内容，它的形式很接近新闻导语，但是通常比新闻导语更简练和浓缩。摘要是对新闻事实的高度概括，一般字数在 50 字左右。摘要可以是文章的第一段，可以是文章中最重要的句子，也可以由作者另外提炼而成。在网络新闻中，标题下的摘要大多由网络编辑对新闻内容提炼而成。在版面形式上，新闻摘要和标题都排在标题页面上，通常在某一标题下紧接着排简短的新闻摘要，这些新闻摘要的字号一般比新闻标题略小。

如凤凰网 2019 年 4 月 16 日新闻中，标题为《习近平在重庆考察调研》下面刊登 90 字的内容摘要：

4 月 15 日，习近平总书记赴重庆考察调研。一下飞机，他就转乘火车、汽车前往石柱土家族自治县中益乡小学、华溪村，深入农户家中和田间地头，实地了解脱贫攻坚工作进展和解决"两不愁三保障"突出问题情况。

具体形式而言，"标题＋摘要"中摘要的表现形式，不同网站又采取不同的做法。如图 6-7 中英国广播公司 BBC 网站的做法是在各个栏目的每条新闻标题下面给出摘要，使新闻网页的长度增加很多。搜狐新闻对标题摘要的处理则更为人性化和自主化。在新闻标题旁边会设置一个"＋"的标志，点击一下则会在标题下方自动显示摘要，类似于电脑中"下拉菜单"的形式，同时"＋"变为"－"，点击"－"则自动收起摘要。

但是，"标题＋摘要"的捆绑并不是一件十全十美的事情，这种标题样式也带来了新的矛盾：网民在看完标题和摘要后会对此则新闻有个大概的认识，可能导致他们不再点击链接阅读全文,文章中更多的背景和细节被"淹没"在海量信息中。因此,网络编辑在编写标题摘要时要把握好揭示信息的度。如以下例证。

标题:中国"无用"论文报告

摘要:也许,真正令人担忧的并非这些数字,而是人们对这些数字的态度…【详细】

在上述例子中,读者阅读完摘要后可能会思考:这些数字为何令人担忧?人们对这些数字的态度是什么?这份摘要能够引起读者的好奇,进而吸引读者阅读,增加点击量。

有些网站为了页面美观,增加标题的吸引力,也常采用"标题+题图"的报道形式。一般而言,为了节省首页的版面空间,只有在报道比较重大的新闻事件或组织专题性新闻报道时才会采用"标题+摘要+题图"的表现形态,如图 6-8 所示。

图 6-8　视觉中国版权纠纷专题

随着 RSS(简易信息聚合,也叫聚合内容)技术的广泛运用,越来越多的网民选择 RSS 软件阅读网络新闻,而 RSS 软件的检索结果就是以"标题+摘要"的形式呈现的。RSS 是一种描述和同步网站内容的格式。如今有不少人还记得 IE 4 刚刚推出来的时候有一个有趣的功能,那就是新闻频道。这个新闻频道的功能与 Netscape 推出的新闻频道很相似,为此,Netscape 定义了一套描述新闻频道的语言,这就是 RSS。

目前,我国有多家知名网站开始支持 RSS 订阅,如人民网、新浪网、网易等。运用 RSS 阅读新闻,可以在浏览标题的同时阅读配套的简短摘要,弥补了网络新闻"题文分离"的不足。从这点上看"标题+摘要"的形式比单行题更加适用于 RSS 技术应用。

三、标题集群

我们说,单行题的缺点是总感觉揭示的信息不够,"标题+摘要"又怕网民看过后不再阅读正文。如果说上述提及的单行题和"标题+摘要"是因在技术的限制下,新闻标题所呈现的两种主要样式,那么新闻标题集群则是在限制中寻求突破和创新的一种表现样式。

所谓新闻标题集群,是围绕某个主题或事件,在一个大标题统率下,由多种传播符号(文字、图片、影像、声音等)构成,即时滚动播出多个存在相互关联的新闻小标题的集合。① 标题集群是网络新闻标题的一种特殊形式,它一般出现在网页中较为显要的位置,再加上其本身由众多标题集合而成的空间感,也利于吸引网民的关注。

新闻标题集群的小标题一般加"[ ]"标志,也有一些网站采用"大字号标题+小字号标题"的形式,其中"大字号标题"一般是主题,"小字号标题"一般是副题。

2013 年 12 月 2 日,"嫦娥三号"探测器在西昌卫星发射中心发射。"嫦娥三号"携"玉兔号"月球车首次实现月球软着陆和月面巡视勘察。众多网站纷纷采用标题集群的方式展现

---

① 蒋晓丽:《网络新闻编辑学》,高等教育出版社,2004 年,第 217 页。

"嫦娥三号"的发射过程和后续报道。大标题凸显了新闻事件发展过程中最重要、最有价值的事实,用简单明了的几个字统领多个小标题,使同一事件的不同新闻消息有机地整合在一起,不仅突出了新闻事件的影响力和动态性,也为阅读新闻的受众理清了脉络,形成一种网络新闻专题的形式。

如凤凰网资讯频道的一则标题集群:首先是大标题《记习近平总书记在重庆专题调研脱贫攻坚》;下面是导读——"习近平总书记飞赴重庆,聚焦解决'两不愁三保障'突出问题,进行专题调研"。接下来的新闻标题依次为以下五条。

①习近平:这件事我要以钉钉子精神反反复复去抓

②习近平4.19重要讲话十点精髓

③共建一带一路　开创美好未来

④习近平:着力解决"两不愁三保障"突出问题(视频)

⑤总书记强调的重要问题(组图)

由一个大标题统率多个小标题形成的标题集群,能够在空间上和形式上产生一种强势的传播效果,能够充分发挥新闻标题的导向和议程设置功能。同时,标题集群能够弥补网络新闻"题文分离"的不足,在交代新闻事实的基础上,吸引更多的点击量,形成动态、多层次、立体化的传播情势。但是,标题集群并不适用于所有的新闻事件,在题材选择上有一定的限制。只有具有较深层意义的重大题材,才能选择以标题集群的形式呈现。同时,为了凸显主题,标题层次要丰富,传播符号要多样化,否则就会显得单薄。此外,标题集群属于编辑范畴,对编辑的要求较高,因此要求网络编辑须具备专题组稿的策划能力与宏观意识。

四、新媒体的新闻标题表现形式

由于主页面的新闻显示数量有限,新闻类APP作为流量的入口,为吸引受众稀缺的注意力,众多新闻手机客户端像今日头条、搜狐APP等越来越多地出现"新闻娱乐化"的现象,成为"标题党"。在新闻标题形式上,图文并茂更具吸引力,新闻类APP的页面编排应进一步对新闻标题的呈现方式和顺序进行考量。受众的注意力会更容易被图文并茂类标题吸引,注视顺序也受到图片呈现形式的影响。在众多娱乐新闻标题中,受众首先会注意到有配图的标题,并停留观看,因此,好的内容更需要好的载体传播。尤其是新闻类APP,在呈现方式上相对于传统的纸质新闻媒体,新闻标题的形式更需要发挥图文并茂的优势,增强新闻的传播效果。

第四节　网络新闻标题制作的策略与方法

一个好的新闻标题的制作不是一蹴而就的。胡乔木曾说:"有时想一个好标题,等于写一篇文章所用的精力的三分之一。"标题制作的不易,由此可见一斑。一位老编辑曾说"做好一道题,绉脱两撮眉",足以见得制作标题的艰苦。新闻标题涉及新闻学、语言学、美学、逻辑学等多门学科。制作者不仅要有扎实的新闻功底,还要有较高的政治理论水平和对社会的观察分析能力。制作一个好的新闻标题,是编辑记者们苦苦追求的目标,关系到这则新闻能否被广大读者接收的成败。在网络媒体中,标题的重要性更加明显,一则新闻如何在信息化海洋中"脱颖而出",其标题起到了关键的作用。那么,怎样才能制作出一个适用于网络媒体的好标题呢?这就需要掌握制作标题的步骤和技巧。

一、阅读稿件,找出核心信息

题目源于内容,仔细阅读稿件是网络标题制作的第一步。要制作一个好的标题,必须先弄清楚稿件讲些什么,并把其中最有价值的新闻事实、关键字句和重要的背景材料提取出来。一个好的新闻标题其首要功能就是能揭示新闻事实或中心思想,做到"题文相符"。因此,在制作网络新闻标题时,反复阅读稿件的时间往往比具体制作题目的时间还要长。

阅读稿件时,要注意以下几点。

(一)找到新闻事实

无论是传统媒体,还是网络媒体,其新闻标题的共同特点就是能够揭示和概括新闻事实。通读一遍稿件,首先要明确的是这篇文稿的主要事实是什么。在前面的学习中我们反复提到,网络新闻有着"题文分离"的特点,正文并没有紧随其后。网民对新闻的阅读都是从标题开始的,如果一个标题连新闻事实都交代不清,网民难免会错过自己想要阅读的内容。新闻的主要事实,基本上都集中在"5W+H"中。传统的新闻标题,尤其是报刊的新闻标题往往一应俱全地将"5W+H"全部展现出来。虽然能够清晰地交代出新闻事实,但是这种四平八稳的展现形式不符合网络媒体活泼生动的风格,使广大网民尤其是年轻网民失去阅读兴趣。

此外,网络新闻标题受限于有限的网页空间,因此必须言简意赅地对最主要和最具吸引力的新闻事实予以准确的表达。无论要先展现事实的哪个方面,都要做到对新闻事实的准确性表达。"新闻标题所写的事实,应是新闻中本来就有的,不能选择新闻以外的事实,更不能无中生有,加以虚构;标题可以选择新闻中的某一事实要素,但是这种选择不能歪曲整个新闻的基本事实。"①总之,无条件的忠于事实是制作新闻标题必须遵循的基本原则。

网络新闻阅读已进入"读题时代",作为新闻的索引,网络新闻标题成为导读的关键性手段。若想吸引更多的点击量,就要求网络新闻标题必须具有吸引力,要引人入胜、吸引眼球。这就使得很多网络新闻标题出现断章取义、"挂羊头卖狗肉"的现象,很多媒体工作者为了吸引读者眼球,在新闻标题上大做文章,利用各种颇具"创意"的标题吸引受众眼球,以达到各种目的的自发性组织或个人,被人们称为"标题党";随之引发的新闻传播效果及影响,被称为"标题党现象"。

2018年9月12日新浪网给出一则新闻《中俄几十万大军出动,大批核武器就位,西方:发出一次警告》,文章在转引中俄媒体关于"东方-2018"演习信息的基础上,故意在标题上营造出大国对抗的氛围,给读者一种热核战争一触即发的错觉。通读新闻后可以了解实际上中俄参加演习的总人数约30万人,其中中方参演兵力约3200人,各型武器装备900多台,

---

① 严励:《网络新闻编辑学》,河南大学出版社,2007年,第113页。

并无所谓"核导弹部队"参演。2016年11月13日《人民日报》一则新闻标题为《福建男子猛追小偷致其身亡 涉嫌过失致死被起诉》，新闻的正文中显示检察院认为此案事实不清，证据不足，正在审查中，并未做出起诉决定。原报道把一起正在审查尚未有结论的案件扣上了子虚乌有的"检察机关认为"的结论，题目与内容相背离，这种"标题党"行为不仅误导了读者，更有损网络新闻媒体的声誉，这一现象一味追求噱头、吸引眼球，是一种弥漫于网络的浮躁病，不值得效仿。

因此，若想新闻标题既能反映客观事实又能做到吸引受众，这要求标题制作者在多次通读文稿后找到稿件中最新颖、最重要、最有特点和最表现本质的要素。这种能力需要在大量实践中培养。

（二）找到体现新闻事实的关键元素

无论是传统新闻标题还是网络新闻标题，其最基本的作用就是明示内容。新闻报道要在第一时间抓住读者的注意力，将此则新闻最重要的内容传达给读者。但是传统的中文标题讲究修辞、词语对称、朗朗上口，全面展现各新闻要素。而网络新闻标题由于页面的限制，其部分传统功能和形式上的美化功能在一定程度上受到了限制。为了便于标题在网民的"一瞥"中迅速吸引网民注意，网络新闻标题往往一反传统，用"要素式"标题代替"概括式"标题——即对新闻要素不进行全面的展示，而是紧扣一两个最重大、最新颖或者最反常、最热门的核心新闻要素。这就要求标题制作者在通读稿件中，能够围绕稿件主题捕捉住文稿中的"价值信息"，对内容的概括可以从一个侧面、一个细节入手，比如一个地点、某一时间、某些特殊的数据等。

案例分析

996工作制涉嫌违反劳动法（节选）①

所谓996，是指工作日早上9点上班，晚上9点下班，中午和晚上休息1小时（或不到），总计10小时以上，并且一周工作6天的工作制度。

据不完全统计，有84家互联网公司实行996工作制。

996工作制出现的根源究竟是什么？推行996工作制，企业应当承担怎样的责任？又当如何解决争议已久的996工作制？《法制日报》记者对此进行了采访。

姚风（化名）是北京一家高科技公司的程序员，刚参加工作一年多。……对于长期加班这件事，姚风的大部分同事都处于默许状态，但姚风不能接受长期加班。他选择继续留在这里，是因为感觉公司氛围还可以，能对自我有所提升。不过，他也做好了离职的准备，只是目前还没找到好的机会。

……

与姚风暂且留守公司不同，魏微（化名）在一家互联网公司工作不到一年后，终于不堪重负，离职转战传统行业。……魏微告诉《法制日报》的记者，长期加班给她的生活带来很多困扰，"工作生活完全融为一体，身体素质下降很厉害，头发脱落的速度是之前的两倍"。由于魏微从事创意工作，长期加班让她有种被"榨干"的感

---

① 《996工作制涉嫌违反劳动法》，http://epaper.legaldaily.com.cn/fzrb/content/20190417/Articel04002GN.htm。

觉,"完全没时间去充电,一个劲地输出,非常累"。
……
从法律层面上看,996工作制是否合法合规?
沈建峰(中央财经大学法学院教授、劳动执法与社会保险法研究中心主任)说:"为了保护劳动者的身心健康、家庭及社会生活,我国实行每天8小时,每周44小时的工作制。根据我国现行有关法律,每天加班一般不超过1小时,特殊情况也不能超过3小时,每月不能超过36小时。996工作制违反了相关法律关于加班时长限制的规定。"
……
张丽云(中国劳动关系学院副教授)对《法制日报》记者说,有些企业明明知道996工作制不符合有关规定,但还是倡导员工这么做,其实就是希望员工能够自愿按照996工作制来工作,在此基础之上,企业没有增加加班费的支出成本,又没有违反强制要求员工加班的有关规定,企业成为996工作制的最大受益者。
……
《法制日报》记者注意到,从各层面来看,目前996工作制似乎并非一个公开明确的考核标准,企业更多的是倡导员工或者变相要求员工履行996工作制。
……
沈建峰称,如果企业通过规章制度规定了996工作制,那么这样的规定是违法的,可以向有关部门投诉举报,由有关部门责令改正并给予警告。另外,按照我国现行劳动合同法有关规定,企业的规章制度违反法律法规规定,损害劳动者权益的,劳动者可以解除合同并主张经济补偿。

沈建峰还认为,要解决996工作制问题,需要多种措施并举。从制度建设角度来看,需要解决好劳动定额问题,保证劳动者在8小时工作内可以获得足以养家糊口的生活成本,避免不加班就会成为月光族的现象;需要解决好加班费问题,如果加班费不能得到有效保障,企业零成本安排劳动者加班,必然导致加班泛滥;需要解决好救济制度问题,通过行政执法加强劳动者保护,减少劳动者维权成本;需要解决好工时、劳动合同弹性和社会保险的平衡问题。目前,企业宁可安排加班而不愿意增加人员,这与劳动合同中的解雇保护制度导致解除合同困难以及社会保险缴纳基础计算等有一定关系。若增加人员比支付加班费的成本更高,企业自然会优先安排加班。

"从文化建设角度来看,劳动者和企业均应重视过度加班对劳动者身体、家庭等带来的危害。"沈建锋说。

首先,通读整篇文稿,找到新闻事实,罗列如下:
①目前社会有一大部分企业实行996工作制。
②996工作制下的员工昼夜加班成常态,长期输出被压榨。
③996工作制是违反法律的,可向有关部门投诉举报。
全文观点如下:
①倡导或变相要求加班,企业成为最大受益者。

②过度加班危害健康,解决需要多措并举,规范用工。

在这篇文稿中最重要的信息是996工作制是涉嫌违反劳动法的,所以标题中着重强调了这一事实,并且引用了专家的说法,更具专业性和说服力。员工昼夜加班成常态等信息,在标题无法呈现时则选择舍弃。

(三)凸显核心信息的策略

通过以上案例分析,可以总结出以下策略。

1. 归纳概括新闻事实

无论是传统纸媒还是网络媒体,读者在阅读新闻时首先关注的是新闻标题。尤其在网络新闻中,若想提高点击量,新闻标题必须要有一定的吸引力,因此,网络新闻标题必须客观、清晰地反映新闻事实,将一则新闻的核心内容和最有价值的信息展示给读者,切忌笼统敷衍,比如"意义重大""成果显著""形势喜人"等词语。

2. 突出核心数据

在标题中直接呈现核心数据,也是网络新闻标题制作的常见方法之一。

案例分析

与开街前相比,客流量累计增长超过了50%
西安大唐不夜城的魅力三字诀(节选)
光明日报记者　张哲浩　杨永林　光明日报通讯员　秦犁

在老西安眼里,向外地人推荐西安的打卡地名单,近两年增加了一个必选项——大唐不夜城步行街。

一条长2000米、宽500米的街区,它的魅力在哪里?

在网友看来,来西安看一场"不倒翁小姐姐"的演出,"真值"!在专家眼里,夜幕下的大唐不夜城,特别有文化韵味,"夜经济十分有活力"。

大唐不夜城步行街的火爆程度能从一组数据里得到充分说明:去年客流量共计78611705人次,平均每月客流量超过650万人次。与开街前相比,客流量累计增长超过了50%。数字的背后,则是西安曲江新区为文化旅游深度融合注入的新思路——把脉旅游产业发展趋势,做活历史文化资源,做火"吃住行游购娱"等旅游老要素和"商学养闲情奇"等旅游新要素,从而让游客获得更多新体验。让"活""火""获"成为城市品牌营销的新亮点。

……

雕塑只是唐文化的一个缩影,飞檐斗拱的建筑群、古装表演的胡汉斗舞、仕女武士组成的巡逻队伍、憨态可掬的唐元素文创、独具特色的非遗表演……这样的"造境"努力,让大唐不夜城成为唐文化展示的一个大舞台,台上魅力四射,台下如痴如醉。

在西安人的记忆中,拥有亚洲最大喷泉广场和最大水景广场的大雁塔北广场,曾是当之无愧的城市骄傲。经过十余年发展,位于大雁塔南的大唐不夜城在2018年经过基础设施提升、商建立面提升、街区亮化提升、街区氛围提升、商业业态调整后,迎来了"井喷":2019年"中国年",超400万人次游览街区,同比增长235%。以大雁塔为轴心,一个唐文化旅游集群已经形成。

……

"那可是必到的'打卡地'呀。"提起大唐不夜城,西安的哥何师傅话匣子就打开了,"不倒翁小姐姐啊、石头哥啊,都特别出名。很多来西安旅游的人,上车都直接说先去大唐不夜城。"

事实上,"不倒翁"的横空出世,也见证了大唐不夜城的用"新"良苦:为了增加游客的互动体验,根据西安的城市吉祥物"唐宝"和"唐妞"设计了两款不倒翁的街头行为艺术表演。最终,这个深入挖掘本地文化特色、寻找传统和现代的融合点,并积极借助网络的传播优势,不断创造有特色、有人气、有流量的文化符号的爆款IP,收获了 6000 余条表演视频,总播放量超过了 15 亿次。

这样的热闹景象,在步行街上几乎随处可见:喊泉、个性秋千、华服快闪、花车斗彩、行为艺术、音乐舞台、投壶游戏……总能在不经意间让人眼前一亮。

……

对于中国文化旅游融合发展,有评论指出,要不断创造和生产新产品,催生发展新业态,才能更有利于产业结构优化升级,推动区域经济更好更快发展。对于大唐不夜城来说,加快"夜经济"奔跑速度,不但可以拉长与旅客亲密接触的时间,也为产业发展打开了更大空间——构建夜经济商圈,温德姆、威斯汀等高品质酒店相继进驻,盒马鲜生、京东 7Fresh、星巴克、无人便利店等新零售纷纷落户,构建了完备的夜游聚集区;借助移动互联、人工智能等科技能力,打造了曲江大唐不夜城数字商圈;开启文化场馆夜间模式,被游客赞为"灵魂绿洲"的西安曲江艺术博物馆率先让"奇妙博物馆"体验成为夜游亮点;言几又等高颜值的人气书店,更是成为人们夜游生活的落脚之地;艺术景观照明也会持续到夜间 12 点……中国人民大学文化创意产业研究所所长金元浦就曾在参观完后表示,夜幕下的大唐不夜城,令人震撼的仿唐建筑灯光璀璨、歌声不断,特别具有文化韵味,这里的夜经济十分有活力。

在这则新闻的标题中,数字起着十分重要的作用,使读者一目了然。在新闻标题中直接呈现核心数据,更能体现新闻的客观真实性,比文字更有说服力,对于读者提取新闻的核心信息意义重大。

3. 反映事件最新动态

在报道一些时间跨度较大的社会热门事件中,将事件的最新进展放入标题中,不仅能够使读者第一时间了解到事件近况,起到答疑解惑的作用,同时还能吸引读者关注,增加点击量。

例如发生在重庆的 10 岁女孩电梯摔婴事件,华商网以《被摔男婴能进食 左手没有知觉家长盼女孩家庭道歉》为题,通过标题向广大网友将"男婴家长盼凶手道歉""男婴能进食"的最新进展直接通过题目展现出来。

4. 贴近读者引起共鸣

南汇生活网论坛曾发起过"你最感兴趣的新闻类型"的问卷调查,结果显示社会新闻成为网友们最为关注的新闻话题。而社会类新闻之所以能够吸引网友的关注,是因为它的"贴近性",即贴近网友的日常生活。因此,在进行新闻报道时,要抓住读者的心理,反映读者需求,根据拟定读者群体来拟定标题。例如《上海市民花 48 元可在香港澳门漫游不限流量》这则新闻,直接将通信最近优惠反映在标题上,一目了然,满足了不少读者的需求。

5. 突出与众不同之处

猎奇心理,是受众心理的一种,即要求获得有关新奇事物或新奇现象的心理状态。在提炼标题时,编辑应该考虑受众的兴趣因素,在标题中突出新闻事件中较为新颖和特殊的要素,引起读者兴趣以吸引点击量。这也要求在提炼标题时,编辑要对新闻事件的各个要素进行全面的分析和衡量。

案例分析

"太空蜜蜂"机器人将赴空间站"上班"①

美国国家航空航天局(NASA)日前在推特上宣布,首批"太空蜜蜂(Astrobee)"机器人将在本月奔赴国际空间站,辅助宇航员开展科研、维护等工作。

"太空蜜蜂"由位于硅谷的NASA艾姆斯研究中心研制,外形是一个边长约32厘米的立方体,重约10千克。别看个头不大,科技含量却挺高。它装备多款相机组成视觉导航系统,能够在国际空间站内自主飞行并规避碰撞,并通过小型风扇"鼓风"提供飞行动力。"太空蜜蜂"的能源依赖电池供电,其能在电量将尽时自动飞往补给站充电。这种补给站由NASA专门设计,装有对接部件将机器人牢牢抓住。

"太空蜜蜂"可谓本领高强,既能充当"自拍神器"记录宇航员的工作生活,又能化身"检查能手"监测空间站中噪音和空气质量,还能作为"贴心管家"助人搜寻遗忘了的工具。此外,"太空蜜蜂"配备了一个机械臂,既可协助宇航员拾取物品,也能抓紧墙上的把手将自身位置固定,以借机"歇歇脚",减少能源消耗,提高拍摄清晰度。

NASA一共制造了3个"太空蜜蜂",本月计划将其中两个送入空间站。恰如其名,这种机器人能够像"蜜蜂"一样形成编队、分工合作、协同完成任务。

"太空蜜蜂"并非人类首次在国际空间站上部署小型机器人。早在2006年,NASA开始在国际空间站中试验代号"球体(SPHERES)"的机器人;2017年,日本宇宙航空研究开发机构(JAXA)将"内球(Int-Ball)"机器人送入国际空间站日本实验模块;2018年,欧洲航天局也开始在空间站"哥伦布模块"验证"西蒙(CIMON)"智能机器人。相比这些"同行","太空蜜蜂"具备从充电到工作全自主运行能力,能够长时间独立工作。

新闻标题《"太空蜜蜂"机器人将赴空间站"上班"》,"太空蜜蜂""空间站""上班"等词语便很好地提炼了新闻稿件中的亮点,展现了新闻事件的与众不同,满足了读者的猎奇心理。但是运用此种方式一定要客观贴切,切忌一味追求"猎奇"造成新闻失实。如某网站曾发表一篇题为《美传媒称千年女木乃伊出土后怀孕》的报道,让人大跌眼镜。木乃伊经过古人的防腐处理,其大脑、内脏均无,人体活细胞早就不存在,怎么可能受孕?虽然标题中没有表明编辑的观点,但在选材上也能体现出编辑缺乏基本的科学常识,更为重要的是猎奇心理在作

---

① 《"太空蜜蜂"机器人将赴空间站"上班"》,http://www.xinhuanet.com/tech/2019-04/09/c_1124340909.htm。

怪,才导致这样的虚假新闻得以传播。

（四）找到体现新闻价值的背景

再次引用上文中《996工作制涉嫌违反劳动法》这个案例,我们可以体会到,我们为什么会选择报道996工作制是压迫员工的工作制度这样的新闻内容?那是因为我们看到了它的新闻价值。那为什么它会被认为是有价值的?那是因为996这种工作模式已经成为许多企业的普遍工作模式,而这种工作模式使员工长期被工作压榨,影响他们的身心健康。上面所叙述的一切都是本条新闻背后的新闻背景。所以,我们还需要找到体现新闻价值的背景,它既是新闻内容选择的原因,也是支撑标题的底层含义。

新闻背景是指新闻事实发生、发展的历史条件和环境条件。历史条件指事实自身的历史状况,环境条件指事实与周围事物的联系。新闻背景能对新闻事实起到说明、补充、衬托作用,又称为"新闻背后的新闻"。同时,有利于了解新闻发生、发展的来龙去脉,加深对新闻的认识和理解,深化新闻的主题。若能恰当地选择新闻背景,新闻的主题能被挖掘得更深入,其新闻价值也能够体现得更充分。

在《调查称一线城市月薪9000元生活才不惶恐》这则新闻中,读者看到标题后可以联想到当下与日俱增的生活压力,如高额房贷、CPI（消费者物价指数）的上涨等,主要体现了新闻背景中的环境条件。下面我们再来看一个体现历史条件的典型案例。

案例分析

宜春一学生救摔倒老人耽误考试,"当时一心想救人"[①]

近日,江西宜春"00后"小伙丁嘉旺救助摔倒老人的事迹在当地热传。

4月14日14时许,宜春中学高二学生丁嘉旺在前往学校参加周考的途中,遇到一名躺在地上的老人。他没有犹豫,立刻上前查看老人状况,将老人扶起并让其躺在自己腿上,等到120急救人员抵达现场后才离开。4月17日,丁嘉旺告诉澎湃新闻,当时他什么都没想,一心只想救人。

"看到老人躺在地上,我当时好慌,怕老人被轧到。"丁嘉旺告诉记者,事发时,有很多路过的车辆和摩托车,但一时没有人停下来对老人提供帮助。看到老人躺在路边十分危险,他立即上前施救,那时老人已失去意识,人中处还有血迹。

丁嘉旺称,之后又有几名好心人赶来帮忙。因为学校不让带手机,他拜托旁边的好心人拨打了急救电话,并一直陪着老人等到救护车抵达现场。

不幸的是,老人系因突发疾病摔倒,后抢救无效身亡。谈及此事,丁嘉旺情绪低落,他称如果自己懂得急救知识,或许可为老人赢得一些抢救时间。

4月17日下午,被救助老人的家属来到学校向丁嘉旺表示感谢并要给他一些钱。丁嘉旺婉拒了对方的谢意,称自己什么都没做,"抢救老人的是120急救人员,电话也是旁人打的"。

丁嘉旺的班主任黄俊告诉澎湃新闻,事发当天就得知了学生救人的事情,因为救人,丁嘉旺的当天周考迟到了近半个小时。"他能做出这样的事情我一点都不意

---

① 《宜春一学生就摔倒老人耽误考试,"当时一心想救人"》,https://www.thepaper.cn/newsDetail_forward_3313992。

外。"黄俊说,丁嘉旺一直是一个品学兼优的好学生,在班里任团支书,经常主动帮助同学,学习上也刻苦努力,获得过优秀团干部、优秀学生干部等多个奖项。

@六年级小叶poio:家教好,学校教育得好!

@箱子:现实生活中这样的人太少了!小伙子做得好为你点赞!

@凤望龙门:同时也为家属点赞。

近年来,新闻媒体报道了多起老人摔倒后躺在路边无人敢扶的事件,这则新闻的背景便源于此,体现了新闻背景的历史条件。与以往"害怕惹事上身"不同的是,这则新闻中的学生热心救助摔倒老人,同时老人的家属也感念该学生的善行。这则新闻的标题虽然没有明确介绍事件的历史背景,却将背景暗含其中,更加突显了此条新闻的新闻价值。

二、构思立意,把握分寸

在阅读完稿件,找出新闻事实之后,接下来就要开始构思了,即确定标题表达何种内容、确定何种主题、选择何种表达方式、用怎样的语言去表达等。具体构思立意的方法,可以从以下几个方面入手。

(一)实与虚

无论是传统媒体还是网络媒体,新闻标题都有实题与虚题之分。二者既有区分又有联系,各有优劣,在分工上起着不同的作用。

实题是指提供具体动作或物象等要素的标题,其特征是以提示新闻事实为主,着重表现新闻中的人物(或事物)、动作、原因、结果等。实题是新闻标题中最为常见的类型,制作实题要求新闻事实精准、叙事清晰而明确,可以独立使用。如《海军成立70周年纪念日临近 "多国海军活动新闻中心"启用》《沈阳降低公租房准入门槛:家庭人均可支配月收入三千元》《官方:武汉军运会期间工厂和工地绝不强制停产停工》等。实题能够具体、直接、形象、明确地交代新闻事实,能有效传达新闻亮点。实题的使用十分符合网络的特点,随着生活节奏的加快,读者阅读新闻的功利性和目的性也在增强,实题在一定程度上给读者提供了一个只要读题就可以获知基本信息的途径。但是实题也有一定的缺陷,如概括力相对贫乏,较难体现新闻事实背后的本质。此外,过于"实"的标题会使读者一看就对新闻事实一清二楚,不再愿意点击进行深入阅读。

虚题是相对于实题而言的,一般以抽象概念或话语为题,着重表现新闻事实所蕴含的思想、原则、本质等,以议论、说理或是抒情为主。虚题在消息题中不能独立使用,通常与实题配合,以提示新闻事实,点出说理的依据,如《十年,围观井底人》《电视里的他们,为何都紧闭双眼?》《雾霾里做鬼也幸福?》等标题。虚题能够揭示新闻事实的本质,涵盖面较广,更能体现事件的新闻价值。但虚题与新闻事实本身有一定的距离,具体性不够强,事实性较弱。

在网络新闻标题的制作中,一味求实,难免会显得索然无味,浮于表面;一味求虚,又难免会让读者产生"雾里看花"的疑惑。制作网络新闻标题时,要注意实题与虚题的搭配关系。一般而言,反映新近发生的新闻事实时宜用实题,这些事件在新闻网站中占大多数;当新闻事实的发生具有普遍意义时,宜选择"虚实结合",体现标题的吸引力。

案例分析

①如何破解"中国式过马路"之弊
②中国人为什么喜欢闯红灯
③"中国式过马路"是一种"转型病"
④"中国式过马路" 闯红灯心存侥幸爱跟风

在上述例子中,前两个偏虚题,以疑问的方式能够引起读者的思考,但是在信息化的海洋中,很容易被忽略。后两个更偏向实题,但是第三个标题比第四个更具吸引力,因为对于作者想表达的思想,它虽然说了却没有说透,给读者留了想象的空间。

(二)藏与露

编者对新闻事实有自己的观点和态度,归纳起来有三点:赞成、反对、中立。编者在编写每个标题的同时都面临着这三种选择,这便涉及新闻标题意向表达藏与露的问题。标题的藏与露,可以通过对内容的取舍、词义情感的选择、句式结构的选择等方式来体现。新闻传播界学者彭朝丞曾说:"标题要做到既涉笔成趣,又含义丰富,确实需要一番精心制作工夫。它的一个明显特点就在于:叙事达意有时并不是打开天窗说亮话,直来直去,而是引而不发,含而不露。借以诱发读者的好奇心,催促读者非看下文不可。"①

《别了,"不列颠尼亚"》是获得第八届中国新闻奖一等奖的一则消息的标题。1997年7月7日凌晨,接载查尔斯王子和离任港督彭定康回国的英国皇家游轮"不列颠尼亚"号驶离维多利亚港湾。通过标题,一方面,我们仿佛看到了"不列颠尼亚"号在中国人的目光中渐渐消失在茫茫的海面上;另一方面,读者看到了英国对香港长达一个半世纪的殖民统治宣告终结,中国历史上屈辱的一段终被洗雪,标题传递出中华民族在这个特定历史时刻的自豪感,同时,此刻所传递的情绪又是复杂和深沉的。编者虽然没有在标题中直接表达自己的观点和立场,却又将自己的情绪隐藏其中,可谓匠心独运又了无痕迹。

在国际新闻或时政新闻中,隐藏性标题也经常使用。因为外交、政治等原因,网络新闻标题多引用各国领导人的言论或文件原文的核心话语。由于此类新闻的严肃性,编者不对新闻本身妄加评论和推测,也很少表明立场。对于一些引而不发的话题,编者在制题时也会"藏"一些,给人留下思考的余地。如以下两条标题例证。

①中组部:把政府负债作为政绩考核重要指标(隐藏)
②安倍称为"避免不测"呼吁中方启用军事联络机制(隐藏)

面对大是大非的问题,如事关国家主权、民族尊严、国家安全、人民利益,或是涉及民生问题的社会新闻时,编者在制作标题时一般都会直接表明态度,褒贬鲜明,充分发挥新闻标题的导向功能。对于一些需要倡导的话题,编者制题时也会"露"一些。如以下两条标题例证。

①对两岸文化共鸣大可不必贴政治标签(直露)
②母亲毒杀脑瘫儿:"救助失灵"的悲剧(直露)

标题用"藏"与"露"的方法是为了表达编者的态度和观点,但是做这样的表达,必须把握

---

① 彭朝丞:《标题的艺术》,人民日报出版社,1985年,第148页。

好以下两个方面:界限要分明,分寸要得当。对于该肯定的事实,不能否定;同理,该否定的也不能含糊不清。学者郑兴东指出:新闻标题"肯定与否定都有鲜明的倾向性,当然是一种鲜明的态度,既不肯定也不否定只要不是含混,而是根据实际情况做客观报道,也是态度鲜明"[①]。在表达情感方面,除了在性质上褒贬不能混淆外,在程度上也有所区别。比如同样持否定态度,有时态度要强烈一些,有时则要弱化一些。无论是"过"还是"不及",处理不得当都会引起读者反感。

(三)雅与俗

截至 2018 年 12 月,我国的网民规模达 8.29 亿,网络受众无论是年龄段还是文化程度都千差万别,理解能力参差不齐。为了吸引更多读者阅读,新闻标题越来越注重趣味性与娱乐性。与传统媒体相比,网络新闻标题更加形式多样、通俗易懂,增添了很多娱乐化的元素。"俗"代表"通俗",而不是"恶俗"。娱乐化与诱惑性虽然可以增强新闻的吸引力,但是过度的煽情和惹火会使网站陷入歧途,激起读者的反感。近年来出现的"标题党"就是典型的例子,这种现象的出现不仅严重污染了版面,更使网友"受欺骗"错过真正有价值的新闻信息,导致"狼来了"的悲剧。

好的新闻标题的拟定要从受众的接受心理上寻找落脚点,在保证客观真实的基础上既要做到新颖独到,又要保证不一味地迎合媚俗。

一般来说,政治、科技、财经类新闻的标题可以制作得"雅"一些,风格体现出严肃性、专业性。如以下几条标题例证。

①六场跨省区座谈会,习近平对这件事作出超强部署

②澳门特区立法会主席贺一诚宣布参选新任特首

③商务部:中美经贸协议文本磋商不断取得新的进展

而社会新闻、娱乐新闻等,因为面向大众,贴近读者日常生活,所以在制作标题时可以"俗"一些,即在语言上通俗一些、活泼一些。

①工人日报:上海 9 千元月薪才不惶恐是向社会撒娇

②过了这么多年,张柏芝还是如此美丽

三、遣词造句

通读完全文后,标题中需要呈现的新闻事实、观点都弄清楚,如何构思立意,是偏实还是偏虚、是观点鲜明还是假借他人,各方面都确定了,那么就要落笔写了。

(一)多选用单一句式

从结构上说,新闻标题可以分为单一式和复合式两种。在传统媒体中,报纸的新闻标题结构最为复杂,多为复合式结构,即"引题+主题""主题+副题"或"引题+主题+副题"。目前,复合式标题在网络新闻中很少被使用,只是偶尔见于传统报纸的网络版。一般媒体网站和商业门户网站的新闻多采用单一式标题,较长的单一式标题中间用空格符"换气"。复合式标题占用的页面空间太大,在网页中,三两行的标题不仅会浪费宝贵的页面空间,而且很容易分散网民的注意力。同时,复合式标题需要网民换行阅读,容易增加受众的视觉负担。

[①] 郑兴东、陈仁凤、蔡雯:《报纸编辑学教程》,中国人民大学出版社,2001 年,第 213 页。

因此,网络新闻标题往往采用简单的单一式标题,并且有字数的限制,网络编辑对过长的新闻标题会进行严格的压缩与删减。

例如,2019年4月18日凤凰网资讯板块的今日要闻。

今日要闻

①习近平同哈马德就中巴建交30周年互致贺电
②"数字乡村"推进养老服务发展
③阿塞拜疆总统:"一带一路"有助于促进各国经济发展
④视觉中国被天津网信办重罚三十万元
⑤波士顿马拉松3名中国籍选手因造假被终身禁赛
⑥美国鹰派专家来华被拒签　外交部:完全是依法处理

这些标题均采用单一句式,简单明了、一目了然,成为网站直接传递信息的窗口。如果受众无暇阅读全文,只浏览标题也能大致了解最近发生的新闻事件。单一句式能够把新闻事实的主要内容概括出来,整齐美观,利于网络版面的编排,同时能使受众在短时间内了解新闻内容。因此,网络新闻标题的制作要求做到速度快、字数少、提炼准确。

(二)词序的安排

下面请看几个标题:

①"奇装异服"很少有人指责了
②停业啦!四百余个体户

如果把词序调整一下,改为:

①很少有人指责"奇装异服"了
②四百余个体户停业啦!

虽然把词序调整之后也无碍大局,但是仔细品味一下可以发现其中的区别。这个区别不仅涉及汉语语法修辞的奥妙,也涉及新闻中一个十分重要的细节——让什么尽快进入读者视野,即读者的"第一落眼处"。

标题是一则新闻的眼睛,如果标题不吸引人,新闻内容写得再精彩也容易被读者忽略。尤其是网络新闻"题文分离"的特点,使标题的作用更为重要。网络新闻标题一般采用顺序的编排,即"何人"做"何事"说"何话",这种编排的好处是符合人们正常说话的语序,表达清晰,便于理解。但是有时候为了增加新闻标题的吸引力,往往会将网民可能关注的内容"前置"。标题已经是一则新闻的高度概括,但是我们还要在"高度概括"中再找出最新颖、最主要、最有吸引力的词语,并尽量往前排,以期望网民能够"一眼看到"。例如:

①上海松江杀婴大伯母被批捕　因彩礼分配不均怀恨在心
②98岁抗战老兵无固定住所　因外地户口无法享深圳优抚

第一个题目采用倒叙的手法作题,这种倒叙手法的特点是使用被动语态,将本来的客体"松江杀婴大伯母"提前,使其成为主语。"松江杀婴案"是当时引起社会热议的话题,网络编辑将此案的嫌疑人通过被动语态前置,将公众关注的焦点摆在最前面,有利于吸引受众阅读。第二个题目,将"98岁抗战老兵"摆在题首,强调事件主人公的特殊年龄和特殊身份,容易增加题目的吸引力,符合此时受众心理。

(三)合理使用潮言潮语

以前我们曾称上网为"冲浪",引领网络潮流者为"弄潮儿"。如今作为网络工作者,不再那么顺理成章地成为弄潮儿了,因为自媒体时代,人人都可以成为"弄潮儿"。

2015年4月25日,《互联网经济》刊发的《雷军:世界这么大,我想去看看》一文,主要介绍了小米科技的创始人、董事长兼首席执行官雷军从20世纪80年代以来的一段成功人生创业史。标题巧用时下网络热门词"世界这么大,我想去看看",有效吸引了读者的注意力。近年来,网络语言频频出现在新闻标题中,成为大众媒体热用的"时尚词汇"。作为网络工作者,我们不能被抛弃在潮流之外,而是应该成为潮流的挖掘者、发现者,至少应该是第一个跟随者。

在网络新闻标题的制作中合理使用"潮言潮语",还要讲究一定的技巧和规范。首先,要紧扣新闻核心要素,选用简洁而不简单的网络词汇,拟出简要、鲜明的新闻标题。其次,要选用有人情味而不煽情的词汇,避免媚俗化倾向。"潮言潮语"虽然能够使新闻标题更加生动形象,但也不能一味地追求刺激效果,一味迎合而走上媚俗之路。使用低俗的、夸张的、卖弄的词汇制作标题,不仅容易给读者带来反感,还会影响媒体的公信力,难登大雅之堂。最后,巧用网络短句也可以丰富新闻标题。如《白岩松来接钱报热线,那个火啊》(《钱江晚报》2011年1月10日),其中"那个火啊"就是典型的网络潮流短句,将其使用在新闻标题中增添了极大的生动性和可读性。

(四)题图的使用

图像是人类生活中对事物、事件对与否的判断依据,同时也是人们接触信息最直接、最迅速的一种方式。图像也是一种无年龄、无国界,通用汲取信息的共同方式。

网络新闻标题是网民阅读新闻的起点,起着吸引读者和介绍内容的双重作用,其重要性不言而喻。尤其是在互联网时代,网络媒体的海量信息造就了一个全新的信息环境,给读者的思维和阅读习惯造成了巨大的冲击。因此,在制作网络新闻标题时,对标题的加工很有必要,应该加入体现网络多媒体优势的元素。除了对字体、颜色、字号等进行加工外,还有一种方式,就是题图结合、图文并茂。题图是指在标题旁边设置图片,为渲染标题服务的一种编排方式,多出现在网站首页。尤其对于那些现场感强、文字无法有效传达新闻事实的新闻,更适合使用题图。

在题图中,图片的使用一般有以下两种情况。

一种是在各新闻板块下设有一幅主打新闻图片,如图6-9所示,中国新闻网"社会"板块的主打新闻为《三问奔驰维权事件:服务费进了谁腰包?》,"国际"板块的这段新闻为《巴黎圣

图6-9 中国新闻网主页的题图

母院火灾后盘点:细数建筑内的世界奇珍》。这种编排方式主要是为了丰富板块元素,提示栏目内容。

另一种是作为板块中新闻标题的一部分,如图6-10所示,在热点互动板块中有多条新闻,鼠标每指向一个新闻标题,与标题相搭配的图片和摘要都会显现出来。它们图幅通常比较小,被称作"邮票图片"。

(a)

(b)

图6-10 人民网新闻板块中的题图

题图中使用的图片应具备新闻价值高、瞬间新闻性强、现场气氛热烈、形象动人、形式新颖、图像清晰等特点。因此在选择图片时应该注意以下几点:
①避免非新闻照片在标题旁出现;
②图片大小应依据实际情况调整,一般不宜过大;
③图片在修饰剪裁时要保持客观性,不可过度修改造成新闻失实;
④切勿擅自使用网络图片,尊重图片版权。

四、网络新闻标题制作的一般要求

(一)能够准确概括新闻事实,详略得当

新闻标题大都能揭示新闻的主要内容,但是一个好标题不一定将新闻事件的各要素全部展现出来,而是应用准确、凝练的语言提炼新闻事实的核心内容。标题的概括,一定是新闻事实的概括,是新闻事实基本特征的真实而又综合的反映,是最有新闻价值的事实生动、形象、简洁的再现。新闻标题的概括,不仅仅是对新闻事实的简单压缩和简化,而是要"取一于万,收万于一",以少见多,小中见大。一句话,就是要把有新闻价值、读者欲知而未知的新闻事实融化成意境,用简练生动的文辞表达出来,让读者看得见、摸得着。新闻标题的概括,要着力于凝练,但不能把形象化的事物概念化。要尽量少用那些现成的、省力的、枯燥的、抽象的语言,应该选择新颖的、具体的、形象的、有特点的个性语言来进行概括。

例如,凤凰网的"资讯"板块在2013年12月12日转载了一篇题为"菲律宾态度突转 拒绝对人质事件书面上用'道歉'字眼"的报道,这篇报道主要讲述了菲律宾对发生在2010

年中国人质死亡事件的后续态度问题。"突转"两字交代了事件的变化，一下子就抓住了读者的眼球。标题后半部分"拒绝对人质事件书面上用'道歉'字眼"则是对转变后的菲律宾态度的集中概括。同时这个标题对事件的概括准确得当，从文稿的最后一段可以得知，菲方并不是没有表达过口头或其他方式的"道歉"，而是在书面上拒绝使用"道歉"字眼。如果将"书面上"三个字去掉，容易引发误解，尤其是涉及政治、外交性的新闻事件，新闻编辑在编写标题时应更加慎重。

需要注意的是，虽然新闻标题要尽可能简洁凝练，但很多名称、专业术语是不可以使用简称的。有时简称会引发歧义或误解，所以编辑在制作标题时要考虑周到。

(二) 主题鲜明，重点突出

在《新闻写作学教程》一书中，该书主编董广安教授认为，好的新闻标题，能够揭示新闻内容，烘托和突出新闻主题；同时，能够吸引读者，提高新闻的阅读率；更进一步，能够对新闻事实进行评论，渗透着记者（编辑）的观点、倾向和感情。① 在前面的学习中我们知道，新闻标题具有导向功能，要想更好地发挥这种导向作用，可以在标题上下功夫。

受众浏览网络新闻标题时，往往会关注能吸引他们注意力的某个元素，因此编辑在制作新闻标题时应把最具有新闻价值的部分凸显出来，如突出最新鲜的内容，突出最重要、最权威的内容，突出最显著的内容，突出最有趣味或反常的内容，以及突出最实用的内容。

2010年7月18日是首个曼德拉国际日，以表彰南非前总统曼德拉为和平与自由做出的贡献。7月19日，《青年时报》发表了《永远的曼德拉　是世界的曼德拉》一文，并被多家网站转载。在标题中作者虽然没有直接表达自己对曼德拉的崇敬之情，但用"永远的""世界的"二词去形容一位人物分量极重，展现了对曼德拉的高度评价。

(三) 文情并茂，生动形象

俗话说"题好文一半"。一则新闻，能不能打动读者，标题往往起着很大的作用。一个好的标题，会使一篇新闻生辉增色，起到画龙点睛的作用。那么，怎样才能使标题起到这样的作用呢？在制作标题时，除了要注意准确、精练之外，更要尽力让标题生动起来。生动的标题有让新闻内容活起来，从而吸引读者的魅力。

新闻标题的生动，不同于文学作品标题的生动。它要求使用准确、简洁、具体的语言，深挖事实所包含的生动活泼的因素。经过精选有新闻价值的事实确定之后，要求选用确切的、有个性的动态形象化语言去表达它，让其字字都落到实处，字字都掷地有声。使标题生动形象的方法有很多，比如运用比喻、口语化、变静为动等方式。如以下几条标题例证。

①放假方案"后遗症"：除夕没加班费　高速不免费

②对手发挥超常奖牌溜走　3位铅球姑娘进前8已是历史

③伦敦大雾"吞噬"摩天大楼　现壮观奇景

写新闻，做标题，不外乎就是写人、写事。新闻标题的比拟方法，也无非是拟人或拟物。在上面三个标题中，为使其生动形象，作者都采用了"拟人"的手法。如第一个标题中，"后遗症"本是人物或动物等有生命的个体才会有的现象，而作者将其用在"方案"一词上，使标题一下子活泛了很多。在第二个标题中，作者巧妙地运用了"溜走"一词，赋予奖牌生命力，能

---

① 董广安：《新闻写作学教程》，郑州大学出版社，2008年，第61页。

够生动地表现出对铅球姑娘们失利的遗憾。最后一个标题中"吞噬"一词,不仅能够表现出大雾的来势汹汹、规模之大,又赋予标题以动感,引人入胜。

新颖生动的标题能够吸引受众的注意力,但这并不是必要的要求。在制作新闻标题时,编辑不能一味地追求新颖,而忽略合法性、真实性等原则。二者之间的界限需要新闻从业者好好把握。

(四)合理引用成语、谚语、诗歌、网络流行语

新闻标题好比一个人的外表,外表美,给人的第一印象就不会差。在新闻标题中合理地使用成语、谚语、诗歌或网络流行语等,对体现新闻报道的内在美有着强烈的导向作用。

如将成语、谚语入题,不仅能够更加生动形象、微言大义、寓意深刻、增加文字的表达力,同时还能增强题目的韵味,使标题显得更加醒目。如下面这个标题:

迷信"石来运转"何不"愚公移山"?

这篇报道记叙了国家级贫困县甘肃武威市古浪县于2010年9月12日花500万元(另说1300万元)将被当地人称为"神石"的"甘州石"从古浪峡搬到9公里外某广场的事件。在标题中"石来运转"取成语"时来运转"的谐音,既紧扣了报道花巨资购买巨石的主要新闻事实,又展现出了当地政府不劳而获和急功近利的不良心理,还暗讽了该县封建迷信的无知。

如今的网络新闻标题中不乏网络流行语的身影,在标题中使用网络流行语不仅能够增加标题的趣味性,还能拉近与网民之间的距离,吸引网民阅读。如《今日NBA最囧时刻:小乔丹空接卡在篮脖子上》这则新闻,标题中的"囧"字,是网络聊天、论坛、博客中使用十分频繁的字,它被赋予了"郁闷、悲伤、无奈"之意。"囧"被形容为"21世纪最风行的一个汉字"。

(五)写作语言通俗化,避免陈词滥调、晦涩难懂

新闻标题的语言要通俗化,要能照顾到大多数阅读者的理解能力,拒绝华丽辞藻的修饰,拒绝连篇累牍的描述,需要将思想和灵感通俗化、商业化、锐利化。能吸引读者的新闻标题,一定是能被人轻松阅读并理解的,这是前提和基础。没有语言的通俗易懂,新闻只能曲高和寡,没有回应。为了通俗,能避免使用成语时就不要使用成语,尽量长话短说,尽量避免华丽辞藻的修饰,尽量用消费者熟悉的生活元素去讲道理。

传统媒体公式化的新闻报道与写作形式,已经在中国社会流传了几十年。固定的写作套路与记者的习惯性写作、读者的习惯性阅读方式相结合,形成了固化的文化记忆,使网络新闻的写作也不能免俗。此外,在网络中每每有新词出现,就会在短时间内被网民大量地复制使用,比如凡是支持就"力挺",凡是丑闻就"××门",凡是特别就"史上最××"……类似的标题在短时间内被过于频繁地使用,很容易造成受众的审美疲劳。

大众已经进入一个快速阅读的时代,庞大的信息量迫使网民通过标题来选择性阅读,因此,网络新闻标题应尽量避免陈词滥调、空洞难懂,以免让读者产生反感或被读者忽略。

(六)利用网络的多媒体功能

网络媒体的一大特点就是其视觉呈现更加多元化,编辑在制作标题时要充分发挥这个优势,新闻标题除了可以用文字来表现以外,还可以用声音、图像、视频以及动画来表现。在前面讲到的题图相配就是形式之一,此外还有以下几种比较常见的形式来制作标题。

1. 滚动标题

目前，我国多家知名网站都设置了滚动新闻模块来反映重大的新闻事件和突发新闻事件，充分发挥了网络新闻的时效性，如网易、新浪、腾讯网等。滚动新闻充分发挥了网络新闻高时效的优势，使受众能够在第一时间了解突发事件，这是传统纸媒所不具备的。因此，网络新闻标题滚动播出成为一种趋势，如图 6-11 所示。

图 6-11　中国新闻网的滚动新闻板块

2. 视频标题

网络视频新闻将传统的电视新闻搬到网络平台中，结合了声音和图像的长处。网友可以在有网络的环境下随时随地、有选择性地点击观看，是网络新闻的一大创新。视频新闻的标题通常位于视频播放器的上一层页面，受众可以通过点击标题进入视频页面，如图 6-12 所示。

图 6-12　新华网"新华视频"板块的视频标题

3. 标题上特定的表意符号或动画符号

网络新闻具有海量性和及时性的特点，为了在海量标题中突出强调某条新闻，网络编辑可以根据这些新闻的特性在标题上附加一些特定的表意符号，如"LIVE""hot""New""★"等。其中某些符号还可以做成闪烁等特殊的动画效果，以吸引受众眼球。

五、新媒体环境下网络新闻标题制作

（一）精练语言传递事实

由于网络新闻标题有字数要求,在网络新闻标题制作中,要选择精练的语言,用最少的字将事件叙述清楚,才能保证读者快速获取阅读信息。在网络新闻中,新闻标题十分重要,是读者阅读该条新闻唯一的引导。因此,只有抓住新闻事件的核心内容才能制作出好的新闻标题。网站每天所产生的新闻信息量巨大,读者不会逐一筛选,更不会花费大量时间去解读新闻内容,只有制作出言简意赅的新闻标题,才能保证读者可以在较短的时间内掌握新闻的核心内容,提高新闻的阅读量。那些简明扼要的新闻标题更容易吸引读者眼球,并且简洁的新闻标题还能优化网络页面排版。

（二）加强创新突出亮点

网络新闻标题的制作应该及时进行创新,突出标题或者事件的亮点,才能激发读者的阅读兴趣。所谓的"新"主要包括以下几方面内容：首先,标题立意要新、要深刻。其次,标题的角度要求新意,要达到独树一帜的效果,因此,在制作新闻标题时,要从整个事件出发,选择事件的亮点,揣摩读者的心理,将读者想要了解的内容体现在节目中,才能激发读者的阅读兴趣。最后,标题语言要进行创新,网络新闻标题可以采用拟人、夸张、借喻等修辞手法增加标题的吸引力。同时,在新闻标题中还要多使用动词,凸显标题的动态,才能抓住读者的眼球。

（三）实事求是彰显观念

现阶段的网络新闻标题存在许多"标题党",其只是为了吸引读者眼球,甚至还有一些采用不健康的信息来吸引读者的做法,违背了新闻的本质。新媒体时代,新闻标题应该实事求是,彰显正确的价值观念,因此,制作新闻标题时要避免故弄玄虚、哗众取宠,重视网络新闻舆论引导作用,采用最简洁的语言,紧扣新闻事件动态,做到内容与标题一致,才能增强媒体的公信力。

案例 6.2　中国人赴美买房特点不同：四成人将长期居住

第五节　网络新闻标题制作的失范与规范

在网络新闻中,一些网络标题存在着夸张、煽情、猎奇、媚俗等失范现象。随着社会的日益进步、新鲜事物层出不穷,网络热词、新词的出现,加之商业化趋势的发展,导致了网络新闻标题失范现象日益增多。这些失范现象不仅对受众造成了负面的影响,对网络媒体公信力也是致命一击。在信息泛滥的时代,一些网络新闻媒体为了增加点击量,吸引读者眼球,在制作新闻标题时本着"语不惊人死不休"的原则,一味哗众取宠,因而沦为"标题党"。

"标题党"是指对在以互联网为代表的媒体上,通过制作耸人听闻或者媚俗、低俗、庸俗的标题来吸引网友注意力,置新闻内容的基本事实于不顾,以达到增加点击量、提高知名度或者谋取一些见不得光的利益等各种目的的一小撮网络编辑、记者、管理者和网民的总称。① 网络新闻中"标题党"现象已经相当普遍。恶俗的新闻标题在网站甚至随处可见,通常多分布在社会、女性、旅游、娱乐等板块。

一、网络新闻标题失范的表现

(一)故意夸大、扭曲新闻事实

故意夸大、扭曲新闻事实,或者在转载新闻过程中断章取义,是"标题党"常见的手段之一。表面上看是运用正常的编辑手法对新闻点的凸显和强调,实际上是对新闻事实的故意夸张、歪曲,使读者对事实产生错误认知。网络新闻标题具有"化腐朽为神奇"的特殊"作用",善于运用几个词语就将一个事件的性质加以数倍的扩大,使凡人凡事变成奇人异事,最常见的就是"史上最××"体。一些网络新闻标题试图利用这些带有极端色彩的词语,引起网民的好奇心,促使他们点击进入一探究竟。此外,网络新闻标题还善于故意夸大新闻事件中的某个细节,这样一来难免会造成新闻失实。

如某网站刊登的《韩国国内乱套 想来中国求救?韩国人彻底崩溃了》,在此案例中,标题将韩国雾霾的影响过分夸大,"韩国国内乱套"无疑是网络编辑故意设置的"亮点"。实际上,雾霾仅仅是对环境造成了影响,虽有一定危害,但其危害程度远不及国家秩序层面,但是此标题却容易使读者误以为韩国国内出现了某种动荡,造成不良影响。

(二)故意与色情、暴力词汇搭边

目前我国已有数亿文化水平、受教育程度参差不齐的网民。网络新闻标题常常将新闻中涉及性与暴力的内容提取出来作为新闻标题加以强化,以迎合部分读者的低级趣味。这些新闻标题常使用一些令人想入非非的词语,刺激网民的窥私欲,如"男催乳师现场为美女挤压""各国空姐上演制服诱惑""亚洲小姐美佑熙34E豪乳代言网游"等。这些标题利用"性"作为新闻事件的要素,以偏概全,掩盖了事件全貌,使读者的眼光无视新闻的真相与本质,危害极大。

(三)利用名人效应,生硬联系名人和热点事件

国外有一个著名的新闻公式:新闻=名人+普通的事。这个公式是说,只要新闻主体是名人,无论发生在他身上的事件性质如何,都能成为新闻。有些失范的网络新闻标题将此公式的功能可谓是发挥到了极致,不但事事都拉上名人,而且变本加厉地扭曲事实,使读者难辨真假。

如某网站刊登的《奥巴马中学恋人:明星梦破灭沦为应召女郎》,这则新闻主要讲述了主人公米根的一些人生经历,事实上事件本身跟奥巴马没有太多关系,只是利用奥巴马的名人效应提升读者对这篇文章的阅读兴趣,增加点击量。

---

① 朱继东:《"标题党"泛滥的危害、根源和对策》,《新闻爱好者》,2012年第17期。

(四)套用模式化的网络流行语

这类标题可以说是"标题党"中形式大于内容的典型,其叙述策略是忽视新闻事实本身的特性,将其套入固定的描写模式,制造词语上的轰动效应。这些模式化的网络流行语,容易使受众习惯性地点击标题。如2019年的网络流行语"你品你细品",潜台词是"此处应有猫腻,这件事不简单"。标题"【案件纪实】三个男人之间的'网恋'故事,你品你细品"(来源:澎湃新闻·澎湃号·政,2020年8月7日。),内容并无太大新意,无非是一件常见的网恋骗局案件介绍和相关图片。原本了无新意的内容和网络流行语"你品你细品"联系在一起,故弄玄虚,透露着你不知道的事情背后的内幕,但其实自己也说不出个所以然来。这种标题无非是"新瓶装旧酒"。无休止地套用流行语也容易落入俗套,给网络受众造成审美疲劳。"这里面水很深"这句网络流行语也有相同的意思。

(五)失当的比喻与暗含的歧视

传媒工作者是大众中的一员,因此在撰写新闻稿件时应时刻保持一名普通公民的平民视角。网络新闻工作者在制作新闻标题时也应注意避免因视角不同而导致的偏见与歧视。然而,在众多网络新闻标题中不乏运用失当的比喻和暗含歧视的现象。

比如《赵薇浑身脏兮兮如民工》这则新闻,这不是一条令人愉悦的标题,无形间将"脏兮兮"与"民工"画上等号。诸如此类的现象不止一个,类似的还有《农民致富跳龙门 高升成了城里人》等。近年来,赌博、强奸、抢劫、裸奔、讨薪、性饥渴、自慰、偷窥、械斗、口吐秽言、馋嘴、手脚不净——民工一出现在媒体报道中,通常相连的都是这些不雅的词汇。同样被"妖魔化"的还有"女大学生""农民"等群体。一些失范的网络新闻标题展现出了执笔者居高临下的态度,以及内心持有的一种以侮辱某些群体为前提,达到提升所谓自我价值的小市民格调。

案例6.3 手枪卡壳警察遭遇凶顽 天佑正义毒贩最终被擒

二、网络新闻标题失范的危害

(一)浪费阅读时间,获取资讯效率下降

失范的网络新闻标题常存在题文不符的现象,新闻内容和标题有时会严重脱节。受众被具有较强吸引力的新闻标题吸引,便会花费时间阅读;而一些与期望值不符或没有价值的新闻信息,无疑浪费了读者的时间。同时,也使得读者获取新闻资讯的效率下降。

(二)造成受众不满心理,媒体公信力下降

失范的网络新闻标题,如"标题党"在某种程度上相当于虚假新闻,长期受"标题党"新闻的影响和误导容易引起读者的反感,使读者觉得自己受到了欺骗。久而久之,网络媒体的公信力会下降,最终可能导致读者错过一些真正有价值的新闻信息。

此外,有些失范的网络新闻还配上具有强烈视觉冲击感的不良图片,严重污染了网络新闻媒体的版面和质量,使得新闻媒体的严肃性、专业性下降,最终失去读者群。

(三) 不利于社会矛盾的缓解和良好社会心态的建立

《中国青年报》调查数据显示："受访者中20.1%的人平时看新闻时只看标题不看正文，66.3%的人会在看完标题后快速浏览正文，只有11.2%的人会详细阅读正文。"[①] 在这种阅读环境下，网友很容易被新闻标题"牵着鼻子走"，把已扭曲新闻事实的标题认定为新闻报道所要传达的内容，并将这种扭曲的事实加以传播和扩散，扩大了"标题党"造成的负面影响，挑起了更多网友的"怒气"，将原本并不存在矛盾和对立的客观报道制造成一个充满"冲突"和"怒火"的报道事件。

如《单身妈妈千里寻被卖儿子　警方称民间买卖是好事》一文，警方竟称拐卖儿童是"好事"？乍一看让人觉得很不可思议。看了正文之后才知道，这位单身母亲因未婚生子，儿子被家人经中间人送走，后来反悔想将儿子要回来，对方却不同意。警方认为这种民间实际存在的抱养行为并不属于"拐卖儿童"，并不触犯刑法，仅是一则抱养纠纷。警方称中间人的"搭线"行为是好事，并没有将拐卖儿童视为"好事"。这个标题不但新闻失实，还人为地制造冲突，加深了社会矛盾。类似的还有各种以"专家称"开头的标题，这类标题中"专家"所说的内容往往与读者的常识相悖，一方面容易误导受众，另一方面也抹黑了真正的专家群体。

三、网络标题失范的原因

在大量的网络新闻中，每一条失范的新闻标题背后都能追究出相似的缘由。这些失范标题的产生固然与网络媒体的媚俗难脱干系，但又与网络传播快速发展的大环境有着千丝万缕的联系。归纳起来，新闻标题失范现象的产生主要有以下几个方面。

(一) 媒体竞争的现实考虑

从网络媒体数量上看，网络媒体的总量已十分庞大。庞大的网络媒体队伍却面对着相同的"客户群体"，受众接触和接收信息的渠道与便捷程度均相等，因此网络媒体间的竞争更加激烈。

网络媒体的经营者从媒体自身考虑，就必须从营利机构的角度出发选择有利于媒体获得商业利益的运作方式。正如"收视率是万恶之源"蕴含的道理一样，商业利润的驱动影响着媒体的经营方式。如何提高点击量、收视率和阅读率这些大众传播媒体的显性业绩，是每一位媒体经营者要考虑的问题。在网络媒体中，点击量即意味着网站能获得多少利润。

由于互联网信息传播的迅速和便捷，同时大部分网络媒体没有独立的新闻采访权，其新闻来源大多依靠转载，因此网络新闻同质化现象已相当严重。在这种形势下，网络新闻标题要想提高点击率，必然需要能够吸引网民眼球的"过人之处"，从而导致种种失范现象的出现。

(二) 网络编辑新闻素养欠缺

网络媒体之间的竞争直接体现为媒体内部工作人员之间的竞争，即网络新闻编辑的竞争。目前我国网络新闻媒体还不具备采访权，也就是说网络媒体中没有一支各方面素质过硬的专业队伍。网络新闻编辑有些并非"科班出身"，没有系统地学习过新闻传播知识，文字功底不佳，难免会存在职业素养方面的训练不足。比如，有的网络新闻编辑文法、语法不通，

---

① 洪欣宜、向楠：《万人民调：六成受访者曾受耸人听闻式新闻误导》，《中国青年报》，2012年5月29日。

用词、用字不准确;有的缺乏科学常识,对自然界和人类社会普遍规律缺乏认知;还有的逻辑混乱,理解存在偏颇等。诸多原因导致了网络新闻标题失范现象的产生。

然而,导致新闻标题失范现象最主要的原因是网络编辑的主观故意和新闻素养的欠缺。部分网络编辑在制作标题时只注重标题的娱乐性和消遣性,一味地追求点击率,置科学性与客观性于不顾,体现出他们作为媒体人责任感的缺乏。《纽约时报》专栏作家安东尼·刘易斯曾说:"新闻界……在争夺受众的竞逐中,存在着诽谤性丑闻和煽情性新闻驱逐严肃新闻的倾向。"网络新闻编辑与传统新闻记者的社会使命理应无异,其最起码的底线应是尊重新闻客观性,真实地记录或揭露事件的真相。

(三)现代生活压力下的受众价值取向偏差

中国正处于经济、社会急速变革和发展的阶段,每一个个体都面临着前所未有的社会生存压力,如升学、就业、升迁、买房、物价上涨、抚养孩子、养老等。生活中的不安定感,人际关系的漠然,使人们越来越需要从现实中逃离,以调节巨大的生活压力,网络成为不少人选择进行情感宣泄的场所。

当大众看到涉及生命本能如快感、暴力等词汇的标题时,注意力很容易被转移,人们在转移注意力的同时可以在短时间内忘记现实生活中的烦恼,这无疑给失范的网络新闻内容提供了滋生的土壤。大众的阅读取向通过网络将自我满足建立在他人的丑、恶、俗上,成功地使受众完成精神压力的释放与宣泄。部分网络编辑为了"迎合"这种不理性的宣泄,制作"三俗化"的新闻标题。失范的网络新闻标题制作者们仅关注受众在物质与官能方面的低级需求,而忽略了精英品位与多元化的高级别价值需求。

(四)网络新闻法律法规的不完善

目前我国与网络新闻相关的公约与规定主要有《中国新闻界网络媒体公约》《互联网从事登载新闻业务管理暂行规定》《保护网络新闻作品权利信息公约》《互联网信息服务管理办法》《互联网电子公告服务管理规定》《信息网络传播权保护条例》等。这些公约与规定虽然从主要方面对网络新闻行业做了规定,但并没有具体可行的操作办法,对于"违法"没有全面和清晰的界定,也并无具体的严厉惩罚措施,因此没有形成一定的法律威慑力。如果没有相应的法律规范来约束新闻标题的制作,网络环境难免变得乌烟瘴气,导致了网络新闻标题的失范。

四、网络新闻标题制作的规范

标题作为网络新闻的"眼睛",肩负着吸引受众阅读和提高点击率的重任。然而,部分媒体在标题制作策略和方法上出现的偏差,直接导致了网络新闻公信度的下降,削弱了网民对网络媒体的信任。因此,从标题制作的方面对网络写作加以规范,既是一种应然,也是一种必然。

(一)以简单、明了、准确的语言确保新闻真实性

因网络新闻页面的特点和版面的局限,若采用传统纸媒冗长的新闻标题将会占据宝贵的版面资源,既不经济也不美观。方延明教授从方法论的角度谈到新闻写作(包括新闻标题的制作)完全可以借鉴数学的方法,即简洁美是新闻写作可以从数学中借鉴的内容之一。网络上的海量信息令读者目不暇接,没有人会从头到尾完整地阅读整个网页,也不会有人愿意

花大量时间去仔细研读一条长达两三行的新闻标题。倘若新闻标题拗口并难以理解,读者看了半天也搞不懂意思,这样的新闻就算文稿内容再精彩,网民也会因为不耐烦而放弃阅读。人们已经进入了"浅阅读时代",即面对泛滥的新闻信息,读者往往对新闻标题一扫而过,只选择自己感兴趣的内容阅读,因此,网络新闻标题不仅担负着吸引读者眼球的重任,还应具有对全文提纲挈领的概括功能。为了适应网络新闻"眼球经济"的特点,网络新闻标题应该简单、明了,一目了然。

事实第一性,新闻第二性。新闻的本质要求新闻必须客观、真实地反映事实的原貌,用事实说话。这里的用事实说话包括两层意思:一是与新闻事件相关的背景、新闻五要素等必须客观、真实;二是指新闻编辑在撰写新闻标题带有评价性倾向时,必须通过隐晦的形式呈现,切勿破坏新闻的客观性,让读者自己去品评而不是通过媒体的声音发言。

标题对新闻内容的准确表述是实现新闻真实性的一个要素,准确是衡量新闻标题好坏的首要标准。在网络新闻"题文分离"的编排环境下,网络新闻标题的准确性尤为重要。真实是新闻的生命,网络新闻标题作为网络新闻报道不可或缺的一部分,新闻的真实性对其同样适用。

(二) 凸显核心价值观

核心价值观(core values)简单来说就是某一社会群体判断社会事务时依据的是非标准、遵循的行为准则。核心价值观通常是指一个社会必须拥有的终极信念,它是解决国家与社会在发展过程中内外矛盾的一系列准则。每一则新闻背后都可以从数个价值视角进行审视,因此,媒体一方面要根据自身的特点和利益去突出一则新闻的某一个价值观,另一方面也不能违反和背离社会的核心价值观,应充分发挥自身正面的社会导向功能。

一般来说,值得肯定和推介的核心价值观主要有以下几个方面。

1. 社会公平

社会公平,体现的是人们之间一种平等的社会关系,包括生存公平、产权公平和发展公平。追求社会的公平与公正一直是社会主义的一个基本目标和核心价值,也是一个文明社会进步的标志。目前存在的不公平现象不利于社会的稳定与和谐,没有体现社会主义社会"共同富裕"的宗旨,不利于对弱势群体的保护。

2. 个体平等

个体平等的理念主要是指形式的平等,或曰机会的平等。个体平等的内涵不能简单理解为在任何事情上实现全体社会成员的拉平化,绝对意义上的平等仅仅是一种理论上的理想状态,在现实生活中是很难或不可能存在的。但是,文明社会理应不断缩小人与人之间的差别,实现最大程度上的平等。

3. 正义价值观

正义是人类社会普遍认可的崇高价值,指的是对政治、法律、道德等领域中的是非、善恶做出的肯定判断。作为道德范畴,与"公正"同义,主要指符合一定社会道德规范的行为。正义的基本内容是所有社会利益的分配与社会义务的承担必须遵循一定的规范和标准,必须符合平等或量的均等的原则。在此过程中,权利义务分配者必须保持一定程度的中立。

(三) 应体现记者和网络编辑的人文关怀

人文关怀具有丰富的科学内涵。文艺复兴后人文主义的形态几经变迁,其核心却基本保持了稳定,那就是承认和肯定人性的价值、意义和人的主体性。具体来说,包括层层递进又密切相关的几层含义。

(1) 承认人不仅作为一种物质生命的存在,更是一种精神、文化的存在。

(2) 承认人无论是在推动社会发展还是实现自身发展方面都居于核心地位或支配地位。

(3) 承认人的价值,追求人的社会价值和个体价值的统一、手段和目的的统一。

(4) 尊重人的主体性。人不仅是物质生活的主体,也是政治生活、精神生活乃至整个社会生活的主体,因而也是改善人的生活、提高人的生活品质的主体。

(5) 关心人的多方面、多层次的需要。不仅要关心人在物质层面的需要,更要关心人在精神文化层面的需要;不仅要创造条件满足人的生存需要、享受需要,更要着力于人的自我发展、自我完善需要的满足。

(6) 促进人的自由全面发展。人的全面发展应该是自由、积极、主动的发展,而不是由外力强制的发展;是各方面素质都得到较好的发展或达到一定水平的发展;是在承认人的差异性、特殊性基础上的全面发展;是与个性发展相辅相成的全面发展。

对记者和编辑来说,这种人文关怀不仅体现在新闻文稿的内容之中,而且渗透在新闻编辑过程的各个环节中,比如记者的采访过程、对新闻稿件的改写等。作为网络新闻的把关人,一个充满人文关怀的网络新闻编辑在制作新闻标题时,除了向读者介绍新闻事实外,还应向广大网民展示蕴含的某种积极向上的价值取向。

(四) 带给读者感受美的阅读体验

邓利平认为:"从审美角度来看,读者的新闻美感,除了新闻的内容撩人心魄,就是来自新闻的语言文字表达。"[①]他认为,"标题具有审美功能"并且概括出标题审美的"九个一"。网络新闻标题的写作不能只追求短时间内的眼球效应,更要秉承文学写作的精神去创作。在市场化的过程中,某些网络新闻编辑在利益的驱动下,为了博取点击率,不惜以丑为美,用一些低俗不堪的噱头去吸引读者,不但浪费了读者的阅读时间,使读者不能体验到美好的阅读愉悦感,反而会引起读者内心的不愉快和厌恶。

(五) 坚守一名新闻人的职业操守

新闻职业道德是新闻工作者在长期的新闻实践活动中形成的调整人们相互关系的新闻规范和准则,是社会道德对新闻记者这一职业所提出的特殊要求。随着改革开放的不断深入,特别是在传播引入市场因素之后,不规范的市场秩序和记者对自身要求的放松,导致违反职业道德的现象频频出现。近年来,尽管新闻事业以及记者职业道德建设取得了巨大成就,但不能否认的是,由于不规范的市场秩序和记者对自身要求放松等原因,有些新闻从业人员不同程度地存在着违背职业道德的现象。因此加强新闻职业道德建设,提高新闻记者的职业精神修养迫在眉睫。

在当下社会,作为一名职业新闻人,应该具备以下职业操守。

1. 坚持党性原则

我国的新闻媒体是党和人民的喉舌,因此必须坚持新闻工作的党性原则,坚持以团结稳

---

① 邓利平:《审美视野中的新闻传播》,新华出版社,2002年,第176页。

定鼓劲、正面宣传为主的方针,牢牢把握正确的舆论导向,努力营造昂扬向上、团结奋进、开拓创新的良好氛围。党性原则具体包括:任何时候无条件地服从党中央和上级党委的领导,无条件地执行党中央和上级党委的决议、决定;任何时候把党的纲领作为自己总的宣传纲领,无公开传播违背党纲、党章以及上级党组织决议的文章等。

2. 进行舆论监督

舆论监督是新闻媒体的职责,舆论监督必须以对党和人民群众高度负责的精神,做到实事求是、客观公正。没有调查,就没有发言权。新闻媒体进行舆论监督的前提是维护社会稳定,化解社会矛盾。在新闻报道中要做到:深入细致地调查,认真听取来自不同方面的意见,不带有主观感情色彩,不轻易下结论。倾向性要通过客观事实的内在逻辑凸显出来,而不是记者的主观议论或情绪宣泄。新闻舆论监督旨在揭示事件真相、呼唤社会公正和推进民主法治建设等,但也不能越位去代替法律监督、行政监督和党内监督等监督机制。

3. 坚持新闻自律

新闻自律是新闻工作者及新闻媒介机构对所从事的信息传播活动进行自我限制或自我约束的一种行为。在新环境下,一名新闻工作者除了应该具备一定的新闻实践能力外,树立良好的新闻工作态度也是十分必要的。在报道新闻事实时,新闻工作者应坚持新闻的客观真实性,拒绝有偿新闻,拒绝虚假炒作;坚持新闻报道的客观公正性,拒绝新闻买断,禁止滥用媒介权力,真实反映最广大人民的呼声;随时保持高度的质疑,不畏强暴,随时同虚假现象和一切不公平现象进行斗争,将客观正义带给社会,更好地引导社会舆论。

附录

(一) 拓展内容

新浪标题制作规范3.0版(节选)[1]

①首先注意准确。标题要准确反映文章的主要内容,禁止为凑字数而加长标题。

②其次考虑吸引力。注意将文章中兴奋点提炼出来,应该做到不少于一个兴奋点(兴奋点,即重要的新闻人物、离奇的新闻事件、重大或者是新奇的事件本身等),用词不要口语化。

③标题做成实题,不能断章取义、以偏概全,避免因修改标题违背文章原意;标题内容避免空洞、言之无物。

④尽量使用单句式标题,主谓宾结构必须完整,避免出现双谓语,必须有动态词汇,主要为"主体+行为+客体";标题中尽可能避免"的"字结构、"是"字结构、"和"字结构等静态句式出现;控制双句式标题、倒装句标题和被动语态标题的数量。

⑤新闻标题中尽可能地省略标点符号,以保持页面的清新,避免给人主观感情色彩,防止产生歧义;除表达反讽的含义外,尽可能不使用引号;电影、书籍可用书名号。

⑥标题用词应当客观,避免在标题中出现主观色彩浓厚的字眼,如"惊现""惊爆""竟然""竟""胆敢"等。

⑦标题中严禁出现重复字眼。

⑧标题中避免使用"一""某"等含混表述。

⑨标题中禁止使用过于专业或晦涩的词语,严禁出现常人不熟知的人名、地名(必须出

---

[1] 陈彤、曾祥雪:《新浪之道——门户网站新闻频道的运营》,福建人民出版社,2005年,第246—247页。

现时应做说明),或引起歧义的地名缩写(如"巴首都汽车炸弹三人死亡")。

⑩标题中不得出现港台式词汇(如"飞弹""单车")。

⑪标题中的数字和字母使用半角字符,标题中尽可能不使用英文。

⑫重点媒体的文章,或在某些特定的情况下需要强调媒体出处,如欲表明文章权威、敏感或有争议性等,可以在标题前标注媒体名称。

⑬非新闻事实类文章可在标题中注明类型,如评论、分析等。以图片为主的文章,标题前要标注"图文:"。以文字为主,附有图片的文章,要在标题后标注"(附图)"。文章有两张以上图片的,以图片为主,标题前要标注"组图";以文字为主,标题后标注"(组图)"。

好标题的九条标准①

①就它的生动而吸引人讲,它应该使读者"一见倾心";

②就它的简洁明快讲,它应该让读者"一目了然";

③就它忠实于新闻事实讲,它应该是"一片丹心";

④就它对新闻内容的高度概括讲,它应该是"一语道破";

⑤就它的笔触犀利讲,它应该是"一针见血";

⑥就它的逻辑说服力讲,它应该是"一言九鼎";

⑦就它所提供的信息含量讲,它应该是"以一当十";

⑧就它的含义深刻讲,它应该让读者"一唱三叹";

⑨就它给读者的印象讲,它应该是"一曲难忘"。

(二) 参考文献

[1] 秦州.网络新闻编辑学[M].上海:复旦大学出版社,2007.

[2] 陈彤,曾祥雪.新浪之道——门户网站新闻频道的运营[M].福州:福建人民出版社,2005.

[3] 仲志远.网络新闻学[M].北京:北京大学出版社,2002.

[4] 彭兰.网络新闻编辑教程[M].武汉:武汉大学出版社,2007.

[5] 雷跃捷,辛欣.网络传播概论[M].北京:中国传媒大学出版社,2010.

(三) 思考题

①打开一个常用的新闻网站,分析一下其中的新闻标题是如何体现"标题即信息"道理的。

②根据以下三个标题回忆一下什么是实题,什么是虚题。其各自的优缺点分别是什么?

- 北上广均已限牌限行　杭州或也会紧跟其后
- 一线城市以限牌限行治拥堵被指转嫁管理责任
- 内地一线城市治堵限令频升级　被指"添堵"

③题图与图片新闻有什么不同?如何区分?

④回想一下在阅读网络新闻的过程中,标题中存在哪些失范的现象?为什么会存在这些现象?

---

① 叶春华、连金禾:《新闻采写编评》,复旦大学出版社,1996年,第57页。

第七章 网络新闻专题的策划与实施

内 容 提 要

融媒体时代的到来极大地影响和改变着网络新闻的发展,网络新闻须应时而动,推进自身的改革与工作方式上的创新,适应融媒体时代的新发展需要。对于网络新闻专题策划来说,面对受众的角色转变、内容同质化现象,需要深化网络新闻专题的内容,在策划时,遵循一定的策划原则,才能够提升网络新闻专题策划的深度、广度,打造出更具特色的网络新闻专题策划品牌。

本章主要阐述了网络新闻专题的定义、基本特性以及在网络新闻报道中的重要作用,并从选题策划、角度策划、内容策划等方面,结合典型案例分析网络新闻专题的策划与实施过程,同时还介绍了网络新闻专题在制作过程中的视觉设计、模板应用等实际操作方法。

第一节 网络新闻专题概述

伴随着网络技术的飞速发展,互联网新闻呈现出即时性的传播趋势,尤其是重大突发事件发生后,网络媒体常常利用标题新闻、一句话新闻、滚动新闻或者实时转播等形式进行报道,这些形式虽在一定程度上满足了人们了解事态最新进展的欲望,但也造成了报道结构的瞬时化、碎片化,不利于网民完整地认识新闻事件。于是,一种对单篇新闻进行集纳、整合的报道方式——网络新闻专题应运而生。

一、网络新闻专题的定义

作为一种新闻报道手段,专题在传统媒体的新闻报道中早已有之。从报道内容上看,专题是对某一新闻事件或新闻话题进行较长时间或较高程度的关注并对此组织集合式的报道。从传播效果上看,专题是通过对新闻事件的深入挖掘和全方位解读,达到全面集纳内容、突出新闻主题的目的。

由于传统媒体的版面容量和播出时间的限制,对新闻专题的采用非常慎重,只有在重大、突发、具有重要社会影响的新闻事件发生时,才考虑运用新闻专题的形式进行报道。但是在网络新闻报道中,网络新闻专题却是网络媒体最频繁、最普遍采用的一种报道方式,也是最具互联网特性的一种手段。对于网络新闻专题的定义,不少学者都给出了自己的解读。

学者季桂林认为,"网络新闻专题是以'集装箱'的方式,对社会政治、军事、经济、文化等方面的某一主题或某一事件进行快速、立体扫描与透视的一种新的新闻表现样式"[①]。

而学者廖卫民、赵民则认为,"网络新闻专题通常是围绕某个重大的新闻事件或事实,在一定时间跨度内,运用新闻消息、特写及背景资料、新闻分析、评论、新闻调查等体裁,调用文字、图片、声音、视频等多种表现方式,通过专门的编排与制作,进行连续的、全方位的、深入的报道和展示新闻主题前因后果、来龙去脉的新闻报道样式。这样一组相关新闻或消息汇总的整体,就是新闻专题"[②]。

关于网络新闻专题的定义,我们认为,学者詹新惠的定义更为客观和完整:"网络新闻专题是互联网独有的新闻梳理、整合与优化的方式,设立、制作和完成一个网络新闻专题既是对网络信息资源进行的一次重新包装,也是网站思想和编辑方针的一次完整体现。"[③]

二、网络新闻专题的特点

就新闻传播手段而言,网络成为继报纸、广播、电视之后的"第四媒体"。由于它是以数字的形式来传递、储存信息,因而具备许多得天独厚的优势,如高时效性、超链接性、强互动性、非地域性等,这些特性在网络新闻专题中都得到了完美体现。此外,专题还是一种更广泛意义上的深度报道,它既可对某一事件进行深入、全面的报道,也能够对一系列相关事件进行集中、整合。网络传播的优势结合专题报道的特长,使网络新闻专题的特性主要表现在以下几个方面。

(一)既具集成性又具延展性

从表面上看,新闻专题是一种典型的"拿来主义"。网络上丰富的信息资源为制作专题提供了大量的素材,似乎只需要通过键盘与鼠标的灵活操作,将这些素材进行简单的复制与粘贴,就可以成为一个专题。但事实并非如此。专题的特点在于对新闻的整合,即根据网民的需求,把分散的单篇内容集中组合成为一个有机的整体,通过对其流量、流度和流向的有效控制,为用户提供分门别类、具有内在联系的一组相关信息。新闻专题不应是信息的重复表述,而是要发现其中存在的错误和遗漏,并加以修正和补充;对于新闻中出现的"信息泡沫",要及时更正、消除,确保网民获得的信息有效、有价值。同时,由于网络的超文本特性,网络新闻专题不是封闭的、孤立的,它以专题的主题为中心,向外辐射形成一个更广阔的信息空间,因此,它是可延展的。由于这种特性,网络编辑在进行新闻专题的组织时,既要善于捕捉到信息传播的焦点,又要善于围绕这一焦点进行恰到好处的信息延展,使网络新闻专题具备丰富的信息层次,满足不同层次的读者的需求。

---

① 季桂林:《网络新闻专题探析》,《军事记者》,2001年第3期。
② 廖卫民、赵民:《互联网媒体与网络新闻业务》,复旦大学出版社,2001年,第345页。
③ 詹新惠:《网络新闻写作与编辑实务》,中国传媒大学出版社,2011年,第177页。

图 7-1　网络新闻专题中的信息层次

一般来说,网络新闻专题的信息构成包括三个层次:核心信息、周边信息和辐射信息(见图 7-1)。

(1)核心信息:直接针对新闻事件或主题的信息,满足受众对信息的基本需求,实现报道的主要目标。核心信息的选取取决于新闻专题的报道角度,是一个专题中最为重要的核心内容。

(2)周边信息:与新闻事件或主题相关的背景信息、相关知识等,它们有助于丰富人们对当前对象的认识。

(3)辐射信息:从当前新闻事件或主题引申出来的信息,如同类事件的信息,它们可以帮助人们进行纵向或横向比较,在一个更大的坐标系上认识当前对象。通常这类信息只需提供相应链接即可。

当然,并非任何一个网络新闻专题都一定要具有这三个层次的信息,在有些情况下,周边信息和辐射信息可以简化甚至省去。

(二)既具即时性又具延时性

运用网络新闻专题的形式发布信息,一方面,可以在面对突发事件时,第一时间传递动态信息,跟踪事件进展,充分发挥网络的即时性、实时性特征;另一方面,通过将相关的消息、通讯、图片、音视频等内容长久地保留在网页中,可以使专题围绕一个主题/事件,完整地承载一段时间内的所有报道,使得信息具有一定的延时性。这一点是所有传统媒体无法具备的功能。

(三)多种信息手段、传播方式的有机结合

融媒体时代在推动网络新闻专题与传统媒体、新媒体平台信息融合的同时,也带动了网络新闻专题传播方式的革新。得益于"互联网+"技术、大数据技术、AI(人工智能)技术、VR(虚拟现实)技术、云直播技术等,网络新闻专题策划工作在网络新闻传播方面能够实现传播方式上的创新。首先在传播内容上可以实现创新。网络新闻专题的系列报道,可以将传统的文字与图片,与信息技术中的 Flash 动画、视频、音频结合起来,形成更具观感的网络新闻,受众在接触到网络新闻专题时,能够在文字、图片、视频、音频、Flash 动画等内容中,获得更优的阅读体验,对于提升网络新闻专题报道的深度有着较好的作用。其次在传播方式上可以进行创新。网络新闻专题在依托网络新闻媒体平台进行推广时,可以借助新媒体平台,如今日头条、短视频平台、微信公众号等,在这些新媒体平台上发布与网络新闻专题相关的内容,既可以是网络新闻专题中较为精彩的内容,也可以是网络新闻专题的宣传视频,从而扩大网络新闻专题的覆盖面,扩大受众群体,提升网络新闻专题传播的有效性和时效性。

网络新闻专题并非不同形式的新闻的简单相加,它是多种媒体手段的一种有机结合。同时,网络作为一种"元媒体"(metamedia),可以有效实现对信息的多媒体化传播。由于网络为包括报纸、杂志、广播、电视等在内的传统媒体提供了一个系统平台,因此通过网络新闻专题报道的方式,公众可以实时接收媒体、记者以及事件参与者提供的视频、音频或文字、图像等信息。而且,各种单媒体的新闻在专题中融合后,可以相互提升、相互促进,提高新闻的利用效率与传播效果。

(四)表现形式灵活,以文字配图片及短视频为主

移动传播时代信息量剧增,移动端用户很多时候只是阅读标题和新闻图片,澎湃新闻和

封面新闻客户端在汶川地震十周年报道中以文字配图片为主,强调新闻图片的视觉冲击力,没有纯文字的报道内容。此地震专题报道中还设有"影像志"板块,以图片加文字的形式讲述影像故事,"汶川十年镜头无尘"系列图片极具震撼性,冲击力极强,吸引受众阅读。除图片配文字的表现形式外,澎湃新闻和封面新闻还加入了视频报道。移动媒体已进入半视频化的阶段,视频化、直播化必将是未来新闻客户端的发展方向。封面新闻客户端推出纪念"5·12"汶川特大地震十周年系列报道,以短视频为主,以采访加自述的方式,介绍人物故事及十年的成长变化,如"北川吊瓶男孩""民警蒋敏"等,人物形象在报道中十分鲜活、有生命力,大大提高了新闻报道的震撼程度。

(五)信息相互连通

如今的网络新闻已经形成一个"卖方市场",大量的单篇新闻充斥眼帘,使网民感到散、滥、乱。专题对新闻进行加工整合的目的就是要为读者阅读提供方便,并给他们留下深刻印象。在这里,整合是一个"先拆后装"的过程。编辑首先要对整个专题的素材有一个全面了解,"拆"是将相关报道、事实进行细分,将不同的内容拆散后分门别类编入相关栏目,"装"则是把不同栏目内的相关内容通过超链接的方式组合成一个有机整体。专题内容的拆装当然不是随意而为的,而是需要网络编辑利用新闻敏感、新闻嗅觉,通过位置、标题、图片等版式语言以及音视频、超链接等技术手段,形成一个既符合读者阅读节奏又内容丰富的专题集合。

与传统媒体线性传播方式相比,网络媒体在组织专题时可以使内容呈现网状、多维、立体结构。在网络中,编辑要根据实物联系的相关性、集合性,对事实报道进行处理,要采取科学的方法组织、指挥、协调,使相关内容在不同栏目、不同专题中全部呈现,并吸引读者通过进一步点击来查看事实的全貌,整个过程要有自主性和能动性。

(六)具有高度互动性,"个性化+社交化"式的互动型传播

与印刷媒体、电子媒体相比,网络媒体最为人津津乐道的优势,就是其信息发布的自由性以及传播过程的互动性。网络媒体先进的技术手段造就的低门槛准入,使信息发布者和接收者之间形成了一种自由交互的传播模式,不仅赋予读者对所接收的信息提供评价与反馈的权利,而且使受众在很多时候在事件的进展中扮演着日益重要的角色。从早期的"滴滴顺风车案""崔永元炮轰范冰冰阴阳合同"到后来的"长春长生疫苗造假事件"等网络讨论中,处处都闪耀着网民的身影。正是他们的积极表态、自由的发言所形成的网络舆论与社会舆论,在一定程度上推动了事件的进展。而多数的网络媒体在对这些事件进行深入报道时,也不约而同地采用了专题的形式。

澎湃新闻客户端设置有跟踪、追问、收藏功能,在一条新闻中,不同用户可以一起评论、交流,互动性强。澎湃新闻注重服务功能、注重个性化及受传互动,注重形式和模式的创新,在汶川地震报道中,推出互动H5《我的汶川记忆》《十年成长:擦掉伤痕,感恩前行》等,用户能发表评论,点赞、评论其他用户的分享,分享H5到微信、微博、朋友圈,打造"个性化+社交化"的互动型传播,大幅提升用户数量,增强用户黏性和活跃度。封面新闻的H5还采用了VR全景技术,用户滑动屏幕,可以全景感受地震时的场面及震后重建的家园,增强互动性。

典型案例

纪念人民海军成立70周年

本专题(见图7-2)以纪念人民海军成立70周年为主要核心内容,在专题中全面横向、纵向介绍了海军活动的具体内容,如海上阅兵仪式、"构建海洋命运共同体"高层研讨会的召开等,以及中国海军战备力量等相关内容,并附加解读辐射内容,如海军战队历史的信息,微博互动、网友评论等。

核心信息中头条、标题集群、最新报道、图文报道、视频报道均紧紧围绕着核心内容——海军庆典活动。通过头条、标题集群、图片报道、视频报道体现多媒体性。视频报道、最新消息(文字新闻最新消息)体现即时性。头条、标题集群、图片报道、视频报道随着时态的发展不断更新,既体现即时性,又体现延时性。"新闻聚焦"体现了整合性,标题集群是整合基础上的选择与精练,发挥其导向性的功能。

周边信息中"活动亮点呈现"为介绍信息,是编辑在总结活动信息流程和了解相关知识的前提下对海军活动的全面介绍,是重要的背景信息。

辐射信息有"评论分析""北洋水师之命运""高清图集"等,其全面解读了70周年活动主要的辐射话题,包括航母编队的组成、人民海军成立的历史等。除此以外还有一些互动的形式,如微博互动、前方记者、网友评论等。

图7-2 纪念人民海军成立70周年

三、网络新闻专题的作用

网络新闻专题集中了网络新闻传播的多样性、整合性、互动性等多种优势,映射出网络新闻传播的价值规律,因而自诞生以来,网络新闻专题就成为新闻报道与编辑实践的一种独特的表现形式。其作用主要体现在以下几个方面。

(一)展现新闻事件及发展全貌

面对内容庞杂而又零零碎碎的新闻报道,专题的首要价值就在于编辑能够根据新闻的时效性、重要性、关联性等,对事件报道进行编排、处理,并采取科学的方法组织、指挥、协调,选择合适的手段报道不同的内容并配置到不同的栏目,呈现出新闻报道的连贯性、持续性和逻辑性。专题的包容性与完整性能淋漓尽致地展现出新闻事件的进程和事实的全貌,因而,新闻专题成为网络编辑最常用的手段,也是网络新闻报道吸引网民、扩大影响力的有效手段。网络新闻专题是网络媒体关于"内容的内容"的具体体现方式之一。专题中最常见的编辑方法是集中组织一个新闻事件或新闻人物的定期持续性报道,注重实践的同一性和内容的连续性,不但提供对于最新进展的跟踪报道,并按照一定的时间顺序进行编排,而且要通过对以往事实轨迹的追溯,体现出时间背后隐藏的内容,探索未来的发展趋势。其报道形式可以是消息、通讯、评论、图片报道等,务求将整个时间的来龙去脉交代清楚。如图7-2所示的纪念人民海军成立70周年专题中,除一般海军阅兵仪式消息外,还包括了人民海军参与过的维和行动、海军战队的战备力量和外媒对中国海上阅兵仪式的评价等,力求全面多角度地展现事件全貌。

（二）便于网民的在线浏览和认知平衡

观察一个时期网络新闻浏览量的变化会发现,每当有重大事件发生时,新闻专题的点击率和新闻跟帖数都会直线上升,有的甚至高过网站首页的访问量。这也就意味着,专题是网民了解重大事件、获知新闻内容的首选。在一个新闻专题中,要想看到新闻事件的发展过程和最新进展,可以选择按照内容性质编排的导航条进入各个栏目与板块。此外,专题中多层次、多角度的内容聚合可以改变单篇新闻单方面事实的陈述和评论,来自不同信息源的报道也可以帮助网民摒弃信息源的偏见,获知全面均衡的认知。在新闻专题中,应努力做到：一个主题,多种声音。这里面既有正方观点,也有反方的态度；既有政府的立场,也有民间的反映,要努力营造一个真实的多元化媒体环境。

（三）使社会舆论客观公正

在网络中,真实信息、正面舆论与歪曲信息、误传信息、误导舆论复杂地交织在一起,舆论传播的导向很容易出现偏差。而在专题中,新闻信息由于受到编辑的二次把关,可以过滤"噪声",筛除虚假、重复和无价值的信息,避免片面报道、失实报道,从而降低涉及新闻伦理与新闻法律等问题的可能性。新闻专题要充分发挥后发优势,经过罗列、引证、分析以后的新闻报道,既有利于挖掘事情的真相和实质,有惠于网民得到全面均衡的信息,也在一定程度上有益于保证社会舆论的客观公正。而且,新闻专题内容充实、言之有理、论之有据,可以防止网民由于道听途说、偏听偏信而形成的主观随意的社会舆论。

（四）提升网站的报道质量和媒体品牌

新闻专题是网站苦心经营的一块重要领地,在这一领域还有很多潜在的优势有待发掘。从确定选题到组织材料,从文本写作到表现形式,都有很多尚待开发的地方。一个好的新闻专题不但可以提供丰富的新闻信息,体现网络新闻编辑的独具匠心,同时可以吸引网民眼球,提高点击率。在网络新闻一日千里的发展速度面前,有特色的新闻专题题材,有品位的专题制作方式,可以提高网站的核心竞争力。而一味地因循守旧、墨守成规,只会使网站丧失凝聚力,在激烈的竞争中终被淘汰。新闻专题作为一种可持续发展的媒体报道形态,应该通过建立自身品牌的公信力与权威性,为提高网站的核心竞争力服务。

案例7.1　网络新闻在重大报道中成长

四、网络新闻专题的类型

不同的专题内容,需要用不同的方式去组织与实现,因此,制作网络新闻专题的第一步,是进行专题方式上的选择。专题可以从不同的角度进行分类。

（一）采访型专题与编辑型专题

采访型专题与编辑型专题的区分从字面上就可以理解。相较于编辑型专题而言,采访型专题更具有一定的主动性和原创性。它是由网站针对一定的选题,组织力量进行社会采访报道,最终制作而成的。但是就目前而言,大多数网站的专题偏属于编辑型专题,即在一个特定的主题之下,进行相关材料的组织与整合。也就是说,通常素材是现成的,编辑的任务是按照一定的方式和思路将这些材料组织起来。

之所以现有的大多数专题属于编辑型专题,有以下两个原因:一是受到有关政策的限制。目前有关部门并没有给予新闻网站采访权,一些新闻网站只能利用自己的母体的资源进行新闻报道。二是现阶段网络新闻人才匮乏。特别是能利用多媒体手段进行采访报道的人才十分缺乏,因此,网站还需要利用其他媒体的资源。

国家大型新闻门户,如新华网、人民网等,有条件和资源完成采访型专题。如人民网的专题报道"聚焦养老金改革",其主题定下后,人民网记者以此主题聚焦养老金改革的各个方面,用几十篇稿件的版面力求全面解读政策及社会矛盾。但是,网站的原创能力以采访型专题体现的毕竟有限,在编辑型专题里,通过选题上的策划、报道的角度与内容的选择等,也可以充分体现出网络编辑的社会观察力与思考力,以及新闻素质。

(二)事件性专题与非事件性专题

事件性专题是指针对某个新闻事件来展开的报道,而非事件性专题往往只有一个大致的主题,并不起因于某个特定的新闻事件,但是它在内容上也会涉及一些新闻事件。因为新闻事件的发生,事件性专题通常具有很强的时效性,而非事件性新闻并不特别强调其时效性,更将关注点放在选题和策划上。

现在新闻网站上的专题多是事件性专题,但是事件性专题最大的问题是,它是被动的,往往是由外界条件,如突发的新闻事件、政策变动等所决定的。由于各个网站都会对这一类大型新闻事件迅速做出反应,也就容易产生彼此雷同的现象,因此,非事件性专题更能体现网站在选题策划上的竞争力。前文提到的人民网专题"纪念人民海军成立70周年"即为事件性专题,除了人民网之外,其他新闻网站也有相似选题,如搜狐新闻的"军事集中营:中国海军70周年'生日庆典'来了!"等。但人民网的专题"中国昆山""中国苏州高新区"则为典型的非事件性专题,其内容及策划相对工整平稳,不强调时效性。

(三)主观性专题与客观性专题

主观性专题在制作过程中的观点非常鲜明。是否在报道中添加主观意见也成为制作专题时会出现的争论。在网络新闻实践中,出现了两种做法。一种新闻专题追求的是客观性、全面性,稿件之间只是用简单分类的方式加以组织。而另一种新闻专题则追求更有针对性,内容上讲求稿件之间的严密逻辑关系,整个专题往往像一篇文章一样,有谋篇布局的安排。专题有时也带有一定的主观评价,因而将前者称为客观性专题,后者称为主观性专题。

我们不能简单地评价这两种专题孰优孰劣,应该说,这两种不同性质的专题的出现都有其合理的渊源。不同的方式,也体现了不同网站的新闻理念。但是,在做这一类主观性专题报道的时候也要谨慎,在主题上应慎重选择,挑选那些适合进行主观评判的题材;在编辑方面,应该具有更高的思考与判断力,能够提出公正与深刻的观点。即使是主观性的专题,也要防止将网站的意见凌驾于受众的意见之上,或者出现一边倒的情况。只有保持公允,才能获得更好的意见表达效果。

（四）动态型专题与静态型专题

对于动态事件,大多数专题都是伴随着事件的进展而不断更新的,专题始终处于一个开放的过程中,这类专题可称为动态型专题。

动态型专题在设置上多会出现滚动新闻条,方便内容进展的实时更新,除此之外,还有一个不同之处则是添加互动区域,网友的评论以及专家的意见等都会实时更新在专题内容区域内,整个专题的版式会显得较为活泼和流动。动态型专题的内容是在不断变化的,这既是它的优势,又是它的劣势。这种动态更新性可以在更大程度上保证报道的时效性,但是如果编辑方法不得当,有可能给受众的阅读带来困惑与负担。而有些新闻专题则是一次性完成的,一旦推出,便不再更新,这可称之为静态型专题。一般以 Flash 整合的专题都是静态型的,非事件性专题也多为静态型的。这种专题的内容相对完整,线索清晰,但灵活性与可扩展性却比较差。

五、新媒体时代网络新闻专题策划的原则

网络新闻受新媒体时代的影响应时而动,与一般新闻报道相比,网络新闻专题除了必须具备新闻的几个要素外,还需要遵循以下几个原则。

（一）具有深度报道意识

一个专题是否有其存在的意义不在于其资料是否完整,而在于这样的一个专题是否按照特定的思路或逻辑展现全局,这与深度报道的制作是相类似的。这样的深度一方面靠内容的选择来体现,另一方面要通过栏目的设置来体现。如果一个完整的专题仅是对消息不加整理地简单叠加,只有"最新消息""各方反应"这样的栏目,就很难让人体会到专题的深度。

如图 7-2 所示的纪念人民海军成立 70 周年的专题中,包括很多方面的内容分析。纵向从阅兵活动前的多国乐队表演,到海军阅兵仪式的图文、视频影像,再到阅兵结束后的研讨会议;横向从新中国海军成立的历史回顾到新中国海军参与的维和行动,再到专家对阅兵活动的即时解读和评析,构成了横纵交错的全方位分析。站在一定的高度上思考专题所表现的主题或事件,通过横纵向的比较,或通过事件来龙去脉、长远影响等的思考,来深入表现主题。这不仅是专题的特色所在,也是深度所在。

（二）将融媒体思维贯穿始终

除文字外,视频、图片、Flash 动画等多媒体形式可更为直观地表现新闻内容,扩充专题的丰富度,并增加专题的活跃度和可看性。因此,就需要在选题策划、角度选取、栏目设计、素材采集与编辑等所有环节上,运用多媒体的思维方式,为多媒体能量的发挥提供空间,发挥网络不同于传统媒体的最大优势,使每一种媒体形式的新闻得到合理、充分的运用。

（三）保持线索的完整性

之前在分类中提到过动态型的专题,这一类专题在总数上占较大比例。这种类型的专题由于其实时性与延时性,可能会带来一个问题,信息在不断地更新,旧的信息很快就被新的信息淹没。因此,旧有的有线索意义的消息就会被网友遗漏,如果没有相关的导读手段,网友就很难对事件的整体发展线索有清晰的把握。

在专题中设置介绍基本发展线索的栏目很有必要。如纪念人民海军成立 70 周年这样

的动态性专题,除了在策划设计的过程中要考虑到对事件的整体性呈现外,在更新过程中也要时时保持事件线索的脉络,不可将这些重要的主线替换。在这个专题中,整个海军纪念活动的介绍和流程就很好地起到了作为主线存在的作用,即使信息在更替,对于整个专题的主题拿捏依旧可以很准确。

(四)合理体现信息层次

在专题栏目的设置过程中,最忌讳的是主次不分、胡乱填充。一个好的专题应该在整个专题的各个方面都表现出主次内容之分,不混淆视听。因此,应在内容安排上体现出层级式的信息构成,在多数情况下,应使核心信息、周边信息和辐射信息都得到相应的体现,使读者根据自己的愿望各取所需。

但是,在周边信息和辐射信息的提供方面,应该科学且有节制。在图7-1所示的网络新闻专题中的信息层次中,我们可以看到除了核心信息以外的信息是非常丰富的,但是一个专题主题的明确性全部由核心信息构成,在专题中若周边信息和辐射信息的篇幅多于核心信息,则非常不妥。有些网站的背景与资料有着明显的滥竽充数的痕迹,表面上让人感觉内容丰富、非常热闹,但实际上,干扰了受众对主要信息的阅读。因此,背景与资料的栏目,应该节制有度,并与核心内容保持较强的关联度。

(五)突出网站的特色与资源优势

迄今为止,各类新闻网站数不胜数,在同等资源和政策的情况下,加大各自专题的建设是新闻网站现如今突出重围的唯一出路。新闻专题的栏目策划不仅要为其主题的特质服务,还要充分利用与开发网站之间的资源互通。拥有采访能力的网站,则可加大自己的原创性专题建设,丰富内容的广度,不局限于现有的背景资料;而没有采访能力的网站,则可突出专题策划和整合能力的原创性,在此基础上推出自己的特色专题品牌,以求在新闻专题中搏有一席之地。

(六)提高互动的目的性与有效性

网络在互动方面的优势几乎在各个专题上都有不同程度的体现,但可惜的是,互动形式多局限于"评论"和"调查",鲜有新的参与表现形式。而现阶段"调查"的影响力更大一些,因为更多地涉及数据的整理,而"评论"的参与仅仅作为一种存在方式,网友的意见较为分散,难以整理也难以做二次使用。

因此,应该根据不同主题的需要,设计更有目的性的互动方式。在一定的情况下,需要通过某种方式来提升互动内容的影响力,如将重要的网友评论推荐出来,而不是让它们淹没在成千上万的帖子中。

第二节 网络新闻专题的策划

一、网络新闻专题的选题策划

网络新闻专题适合于表现各种类型与题材的重大新闻事件,但并非所有的事件都值得以专题的方式呈现,因此确定选题是网络新闻专题策划的第一步,也是进行栏目策划与内容组织的前提。在一般实践中,网络专题主要运用于以下几个场合。

(一) 重大突发事件

传统媒体尤其是纸质媒体对于重大突发事件的应变能力是很弱的,而电视媒体应对重大突发事件时不仅会改变其原定的播出内容,对现有内容的把握也不够完整,形成不了全面的专题,因此,发生重大突发事件时,反应最迅速的就是网络专题。其凭借大容量、多媒体等长处,可以为受众提供全面、丰富的消息源,满足受众对信息的渴求以及与专家和网友互动的需要。

排除传统媒体的竞争,各大新闻网站对于此类选题的同质化竞争最为明显。在短时间内,编辑难以全面了解事情全貌,但却亟须定下专题的主线,这就需要通过编辑本身的业务水平、策划报道角度与方向等各方面内容,来更好地发挥网站的资源优势。在突发重大事件中,对编辑而言也有一些基本的报道思路可供选择,以降低专题的随意性。

(1) 前因式。通过报道探求突发事件的起因、背景,以及其他社会环境因素,让受众更深入地理解偶然事件中所包含的必然因素。

(2) 后果式。注重突发事件发生后的过程的报道,让受众及时地获得各种相关信息,了解事件的进展及其结果。

(3) 影响式。全方位关注事件所造成的社会影响,为受众释疑解惑。

在突发事件的报道中,一般第一落点的报道是"后果式"的,因为这是受众对于专题的首要需求。而且对于网络编辑而言,后果式的报道也相对容易跟进。但是随着事件的发生,不同的阶段需要考虑不同的方式。对于持续性事件而言,"后果式"是受众最想探知的事实。而对于瞬时事件而言,"影响式"就成为受众的首要需要。当持续关注到一定阶段后,需要对受众需求和社会环境的变化进行考查,适时调整报道思路,及早从同质化报道方式中转向,以便形成网站自身的特色。如人民网、凤凰网、新浪网等新闻网站重大专题同质化现象普遍,虽导向性各有不同,但特色性仍稍显不足。

(二) 可预知重大事件

网络新闻专题的选题应具备扩展性,即它本身是一个内容丰富的母题,其下可延伸出一系列的子题,多数可预知重大事件即属此类。

可预知重大事件是指按照时间发生、发展的一般规律,而即将发生的国内外的一些重要事件,如每年3月在北京召开的两会就是典型代表。对这类专题的策划,立足点要高,视野要宽广,尤其要坚持真实、诚信的原则。无论是报道新闻背景、事件进程,还是进行深入分析、前景预测,都要实事求是,不能随意歪曲、摆布事实,更不能编造事实。

从报道的时机来看,可预知重大事件的报道通常有如下两种。

(1) 先发式。在重大事件到来之前的某个时间点,便启动新闻专题,以此求得先声夺人的效果。先发式专题做得好会起到意想不到的传播效果,但是最难把握的是专题启动的时间。如果时间启动过早,不容易引起受众的及时注意,会与当下的受众关注点脱节,同时启动太早也会造成事件持续报道时间过长,不易于培养受众的忠诚度。如《莫言获诺贝尔奖》,在正式获奖前,就有传言此次诺贝尔奖将由莫言获得,而诺贝尔奖开奖的时间也是确定的,这样的专题就比较好操作。

(2) 同步式。即新闻专题的推出与重大事件的发生基本同步，这样的专题更有时效性，在启动初期就易获得高访问量，信息的需求量高。因为是与重大事件同步进行，所以此类专题最容易出现同质化现象，这时就需要通过专题角度的选取、内容的组织、形式上的设计等方面来弥补。

从目前情况来看，信息时代谁也不可能在优先发布权上取胜多少，不管是先发式还是同步式，撞车和同质化的情况都非常普遍，从自身的特色、专题品牌上下功夫，增强原创性，正是各新闻网站都在努力做的事情。

从报道的规模和角度来看，可预知重大事件新闻专题的组织有全景式和特写式两种。这两种组织方式的采用视编辑手中资料的多少而决定，如果资料非常丰富，则可采用全景式特写，力求展现新闻事件的面貌，给受众提供丰富的信息；如果资料较为缺乏，也可从某一个横截面或纵截面反映新闻事件，这样的好处是可以将有限的力量和资料集中起来，从一个角度深入发掘，以便在众多专题中脱颖而出。但是需要注意的是，角度的选择很重要，专题从横截面或纵截面的开拓要选择与事件联系紧密的切口，切忌相差太远而影响到受众的阅读兴趣。

典型案例

① 全景式专题案例。

2019 年 7 月 7 日，是中国抗日战争胜利 74 周年，也是"七七事变"全民族抗战爆发 82 周年纪念日。纪念全民族抗战爆发 82 周年仪式在京举行，如图 7-3 所示。

② 特写式专题案例。

西安一女子在西安利之星汽车有限公司首付 20 万购买了一辆奔驰车，新车还没开出 4s 店院门就发现车辆发动机存在漏油问题。此后该女子多次与 4s 店进行沟通解决，却被告知只能按"汽车三包政策"更换发动机。该女子哭诉维权，当地市场监督管理部门介入调查，4s 店对该女子进行了换车赔偿。如图 7-4 所示，本专题从个案切入，深度挖掘本案的内外部矛盾，试图对此危机进行个案化解读。

目前专题内容虽同质化普遍，各大新闻网站仍乐此不疲地推出专题报道。真正体现新闻网站原创能力、具有竞争性的专题，还是要善于从现有资源中挖掘，推演出新的新闻选题来。

(三) 重要的社会现象或问题

社会发展的历史进程，总伴随着一些社会现象和社会问题，它们虽不像突发事件那样会引起人们短时间内的集中关注，但由于具有重要的现实意义，因此也是媒体关注的对象。对于此类非事件性的选题，由于缺乏明确的主题，因此对网络编辑来说，更能体现其对新闻价值的判断分析能力和新闻敏感程度。这类选题的确定可以采用如下一些方法。

1. 纵向延伸与横向拓展

纵向延伸即从时间的坐标轴上探索某一个已有选题的延伸可能性。在之前分析的重大突发事件或可预知重大事件的报道完成后，并不一定意味着整个事件的即时终结。有经验的编辑可将这一事件做向前向后的纵向延伸，从而发现旧有事件的新角度，提高信息的多重利用率和挖掘事件深度。

图 7-3　全景式专题：纪念中国抗日战争胜利 74 周年　　　图 7-4　特写式专题：西安奔驰女车主维权事件

纵向延伸的方式可以考虑以下几点：将当前新闻事件与以前发生的同类新闻事件进行比较，从其变化规律中寻找新闻选题；将与当前新闻事件直接相关但尚未披露的历史性事件作为报道对象，延伸当前报道；也可以向未来的时间点发展，即对某些尚未发生但可能发生的事件进行预测与前瞻性报道。

而横向拓展方式则可以从已有选题出发，搜索与之相邻、类似的话题，寻找合适的报道对象。也可以从事件的背景中寻求新的角度。例如，孙杨撞车的事件，在发生的时候受到了许多媒体及网友的谴责，在各大专题中也多有体现。在撞车事件的后期，孙杨与体育总局的关系非常紧张。此时专题的角度除了可以延伸到同类运动员的撞车违法事件，也可以探讨现阶段运动员与总局间的关系、其生活和教育问题是否得到妥善的解决等。

典型案例

视觉中国版权纠纷一案

2019 年 4 月 11 日下午，共青团中央官微发布两张视觉中国网站提供的中华人民共和国国旗和国徽图案的截屏，质问"国旗、国徽的版权也是贵公司的？"。4 月 11 日晚，天津市互联网信息办公室连夜约谈视觉中国网站，责令该网站立即停止违法违规行为，全面彻底整改。4 月 12 日，视觉中国在"VCG 视觉中国"发布致歉信，称接受广大网民和媒体的监督批评，全面配合监管部门彻底积极整改。2019 年 4 月 12 日，视觉中国再次发布致歉信：下线不合规图片，自愿关闭网站开展整改。

如图 7-5 所示，新浪网对这件事所做的专题已经相当完整。但是细致分析此事，其实对于专题的横纵向拓展都还留有余地。纵向方面，可以将此次视觉中国版权问题与于正的电视剧作品《宫锁连城》抄袭琼瑶的电视剧作品《梅花烙》的事件进行对比，同样涉及版权问题，同样在网络上引起了广泛关注和高度热议，两件事情在内容上虽然相似度较低，但是对于版权的规范化以及版权的维护都起到了警示作用。而横向方面，则可以讨论一下目前版权问题的现状、版权维护的路径，还可以由此事联系到各大公司的危机公关,以及突发性事件对互联网企业资本的影响等各个不同的方面。

图 7-5　新浪网专题:视觉中国版权纠纷

2. 多点聚合与单点分解

有些单一的新闻事件,无论是事件的后续延展性还是社会影响力都比较小,不足以开设专题进行报道。但是如果从一个个典型的案例出发,我们会发现其背后是普遍存在的社会问题,这些问题非专题报道的方式不足以阐明其意义。多点聚合就意味着将一些看上去零散出现的现象或事件,用一个主题统领起来,作为新闻报道的对象。比如,新浪网曾推出一个名为《中央重拳反腐》的专题,里面每一件事情拿出来单讲都很像微博里零散的 140 字的短消息,但是将这些事情聚集在一起,则可以反映出国家政策和领导对反腐的重视和持之以恒,从而可以使读者站在一个更高的角度来认识个别现象之间的关系,及其所反映出的深层原因。

而单点分解则是将一个主题细分为若干个子主题,从中寻找新的报道落点。比如新浪网的专题《中国放开单独二胎》,此前,《中共中央关于全面深化改革若干重大问题的决定》中明确提出:坚持计划生育的基本国策,启动实施一方是独生子女的夫妇可生育两个孩子的政策。政策推出后,专题从人口现状、人口变化、社会影响等各个方面进行分析和解读,这是一个与百姓密切相关的话题,因此有利于将每一个子主题做深做透。当然,从本身政策的颁布中,还有一些其他内容可与其相关,在这种情况下,单点分解是一种可行的思路。

虽然非事件性专题的选题策划有一定的规律可以借鉴,但是在实践中,这更多地需要网络编辑用其丰富的经验和手中的资源信息等发挥创造性的劳动,从而避免专题内容的空洞和低价值。

典型案例

① 多点聚合案例。

此专题以端午节为契机推出端午专题,其中囊括有关端午节的多项内容,包括端午节民俗、端午节文化、旅游出行人次等信息(见图 7-6)。每一条信息单拉出来都会淹没在互联网的信息大潮中,而像这样聚合在一个专题中则显得内容相当丰富。

②单点分解案例。

上述所说的视觉中国版权纠纷这个专题则更好地展示了单点分解的做法。对于事件本身而言,很多人的关注点被拴在了案件的进展上,较少分析案件发生的原因、背景及其历史必然性。这个专题的子主题中的《同类网站》《锐评》《历史"纠纷"》等报道都是对事件本身的深度挖掘,这也成为此专题区别于其他同类专题的最大的优势。

图 7-6　端午节传统文化专题

(四)媒体策划的活动

上述的三种策划形式都会在各大专题中出现类似的报道,而由媒体策划的活动虽然花费成本较高,但是却可以保证专题的唯一性和新奇性。由媒体策划的活动也含有两种不同的形式,一是媒体结合当时的形势和社会政策,有意识地策划一些活动,媒体作为报道者和参与者两种身份参与到专题形成的过程中去。如养老金改革政策出现后,人民网在全国范围内启动大范围的调查性问卷,最终形成一组养老金系列报道,数据的独家性和可读性使其报道夺人眼球。二是关注到一些社会问题后,主动地开展活动以了解受众关心的问题。如剩女问题引人关注,被放到电视荧屏和大荧屏的作品也比比皆是,中年夫妻对此类主题的关注程度尤为重视,因此一些网站及时推出"鹊桥"活动,在缓解社会问题的同时,也拉近了与受众的距离。

对于这类活动的报道,网络新闻专题具有得天独厚的优势。但是,这样的活动在策划时应该注意一些相应的问题,包括社会效益、活动依托、报道空间、投入产出等。

网站的运行需要人力和财力资本,因此一个活动专题的实现要考虑到投入产出的比例,所付出的价值是否与专题的质量成正比是一个网络编辑需要考虑的内容。同时,媒体策划的活动一定要将社会效益放在首位,这是媒体社会责任感的具体体现,哗众取宠的方式不可取。专题的成立需要一些名目,活动依托应该由社会影响或新闻事件引出,这样的活动更容易引起社会的关注。另外,有些活动虽然本身有意义,但是从媒体角度来看,报道空间有限,在进行活动的筹划时,要尽可能考虑到它是否适合于媒体报道,报道能在多大规模、多长时间跨度内展开,活动开展的场所是否便于组织现场报道,能否利用各种媒体手段应用等。

二、网络新闻专题的角度策划

一个网络专题通常信息容量很大,但专题也并不是一个什么都存在的"大杂烩"。最省事的专题是将所有信息都堆积在一起,让读者各取所需,但这样的专题基本上只可以起到一个搜索引擎的作用,不能发挥其专题这一形式的价值。所以,为了让专题形成自己的亮点和特色,就需要找到最佳报道角度,通过一个特别的视角来透视新闻主题,以少胜多。

所谓新闻角度,指的是新闻报道中发现事实、挖掘事实、表现事实的着眼点或入手处。

好的角度可以使宏大的选题落到实处,使静态主题呈现动态效果、抽象主题呈现具象效果。合适的角度,也是使新闻报道"立"起来的支点,它可以促进新闻报道的立体化。

策划网络新闻专题的角度,可以参考以下思路。

(一)通过典型勾勒全貌

这里的典型可以包括很多方面的内容,如典型人物、典型时刻、典型空间、典型数据以及典型意见,都是典型的表现形式。用典型勾勒全貌的好处在于可以有一个着眼点,深刻分析揭示典型后面的事件全貌。

1. 典型人物

用专题反映一类人群的命运、生存状态。如果抽象地从大局分析这一人群,就容易造成焦点不明确的情况,这样既不便于组织深度的文字报道,也不利于多媒体素材的采集。但是,如果找出了这一类人群中的典型人物,那么专题的落脚点就容易多了,从典型人物的角度出发,更容易引起读者的共鸣。

2. 典型时刻

新闻事件一般都有一个很长的时间跨度,虽然网络专题的空间可以满足这样一个长跨度的专题,但是事件进程的每一个时间点并不一定都是事件发展的关键点,而且如果将每一个时间点都纳入专题中,不仅会加大工作量,还会分散网络编辑的精力,从而导致专题主题的弱化。从受众的角度来看,他们也并非需要如此多的信息。如"嫦娥三号"的专题,从发射到登月全程一共 18 天,如果每个时间都深度报道,会耗费大量的人力精力,因此对于这样的报道,编辑只需要抓住发射、脱壳、登月等几个重大典型时刻即可。

3. 典型空间

除了典型空间,还可以是典型环境,反映专题主题。如北京井居人专题,可以将其当作一个社会弱势人群的缩影,再如之前经常出现的"胶囊房"等报道,都是以典型环境为场景表现对象。这类专题更加突出对环境的描述,会更多地使用多媒体手段直观展现环境样式。

4. 典型数据

从数字角度来切入新闻报道,也可以为报道提供一条鲜明的线索。当然,新闻专题的任务,不仅仅是罗列这些数据,而是要挖掘在这些数据背后隐藏的深层背景与含义。如北京 2 元地铁票的终结时代,关于这样一个主题就可以从数据分析的角度入手,分析 2 元地铁票的成本构成、各大城市地铁票的价格对比、涨价后的票价合理性等,以表格和数据图的形式从多个角度分析已有数据,对于专题本身的严谨性而言很有说服力。

5. 典型意见

将围绕新闻主题或事件形成的意见与争论作为报道的重点,也是网络新闻专题常见的一种切入方式。但是,采取这种操作方式时要注意观点的客观和中立,以免造成报道的偏颇。

(二)抓住阶段性特征以显示事物的进展

每年的定点节日与人大和政协会议等都是一些老生常谈的话题,年年都有,时效性及新奇性已经很少。但是,若想将专题办得出众,就需要判断出报道对象在当前阶段的新动向、新特点或新趋势,以此为突破口来揭示事物的发展进程。

如开会之前,各地人大代表来到北京,在服装搭配和所代表的领域上都会有一些别有新意的装饰及故事,编辑可以抓住在这个阶段读者既想了解政策,又想得知他们所选出的人大代表是什么样的人的心理,开设专题分析人大代表的构成或服装搭配,从边角信息先开始培养受众的忠诚度。

（三）通过透视背景来剖析现实

对于一个新闻事件的发生,大多数专题会紧跟事件发展,以结果和影响引导整个专题的走势。这样的好处在于可以给受众他们最感兴趣的信息,而缺点则是同质化现象严重。如果将眼光放到新闻事件发生之前,通过对事件发生的背景做出深入、透彻的分析,就能帮助人们更好地理解当前发生的新闻事实。

如图7-4所示的奔驰女车主维权专题,在分析案件的同时,可将着重点放在背景调查上,中国普通消费者的维权之路道阻且艰,从背景切入,深度挖掘本案的内外部矛盾,试图对维权事件进行背景化的解读。这样不仅可以从千篇一律的案件报道中跳出来,还可以纵向延伸,深刻分析本案发生的前因后果。这样的报道弥补了其他网站上的专题仅注重过程与结果报道的不足。

（四）通过关键词解析全局

关键词也可以理解为代表性"符号",以关键词为主题的专题可以很好地引起受众的兴趣。在以往的专题中,一般有这样的一些关键词已使用,"反腐""富二代""官二代""农民工""飞车党""医疗""教育"等。这样的操作方式多适用于重要的社会现象或问题,可从总体上把握专题的走向。

三、网络新闻专题的内容策划

内容策划是针对专题的主题与选择的角度,以合理的结构和相关的栏目将整个专题的零碎内容整合组织起来,选择一个最合适的操作方式在网络上展现。

（一）网络新闻专题的栏目与结构设计

专题的内容一般包括核心信息、周边信息和辐射信息,在图7-1中也可以清楚地看到这三种信息的关系。对于专题而言,核心信息是最为重要和明确的内容,因此在内容的设计上要最为突出。而周边信息和辐射信息因为内容有一定的局限性,所以在操作中也有一些常见的模式可以借鉴使用。

栏目设置的方法有很多,目前多采用的是从内容报道角度出发的划分方式。

以时间为维度:从事件的发生和发展过程、当前状态、历史背景、未来趋势等方面设置栏目。

以空间为维度:从地理上划分事件发生或波及的地区,将每一个地区作为报道的一个栏目。

以人物为维度:从事件中的人物命运、人物的感情状态等方面设置栏目。

以社会环境为维度:从新闻发生的社会背景、社会影响、与其他事件之间的关系等方面设置栏目。

以意见态度为维度:从当事人的态度、相关人物的意见、社会舆论反响、专家的评论等方面设置栏目。

事实上,在实践操作中,以上几种栏目的设置思路往往同时并存。无论采取哪一种或哪几种维度,一些共通性的因素是必须考虑的。除此以外,在进行栏目的设计时,还需要考虑到专题的整体结构。将正版内容置于一个思考成熟的结构之中,不仅有利于网络编辑对内容进行增添和修改,还有利于帮助受众分析事件发展过程中的逻辑关系。目前的网络新闻专题通常有以下几种结构方式。

1. 平行聚合式

平行聚合式是互联网专题中使用最多的一种结构方式。新闻事件的发生和进程中会有很多重要度相同的侧面角度,这些角度在自成一体后放在整个专题中可以细致解读各个角度,并较为全面地表现事件的全貌。如图 7-7 所示,我们可以看到平行聚合式专题中的每个栏目的地位是平等的,顺序也是自由组合的,一般不存在逻辑上的先后。这样的专题主要适合信息十分丰富、事件处于动态发展中的客观性专题。

从图 7-8 中可以清晰地看到平行聚合式专题样式。此专题是以放开二胎政策为引题,全面解读了近些年有过重大改革的规定。其中"这些不是遥远的话题""钱是硬道理""专家谈""大家谈"等栏目在这个专题中都是处于平等地位的信息,而且此主题涉及的信息较为丰富,用平行聚合式的方式可以细致地展现主题全貌。前文所提的"纪念海军70周年"同样也是平行聚合式结构。

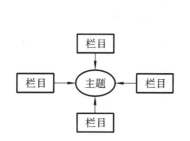

图 7-7 网络新闻专题的平行聚合式结构

图 7-8 平行聚合式专题:那些改变我们生活的决定

2. 层层递进式

层层递进式专题中存在着逻辑或时间上的先后顺序,因此用层层递进的方式可供受众按照清晰的思路整理对事件的看法,同时也方便受众查询特定时期或特定栏目下的具体内容(见图 7-9)。在层层递进式的结构中,存在这样几种逻辑关系:以时间的顺序来组织栏目,符合人们的认知习惯;以观察事物的顺序来整合栏目,可以是全景、中景、近景、特写等形式,这样的方式多用于图片专题;还可以是以认识事物的顺序来组织栏目,其逻辑是按照发展过程来叙述的,同样也是目前网络新闻专题中用得较多的形式。

这种结构的专题更适合于主观性的专题。

3. 观点争鸣式

观点争鸣式结构一般是三方观点:正反、反方和中立方。视事件或背景情况不同,有时也会出现两方观点或多方观点(见图 7-10)。

(二)网络新闻专题的信息手段的策划

网络新闻专题中最常出现的是"文字+图片"的组合方式,但随着多媒体技术的广泛应用,一个好的新闻专题需要涵盖绝大多数的多媒体形式,包括音频、视频、Flash、互动等。这

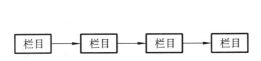
图 7-9 网络新闻专题的层层递进式结构

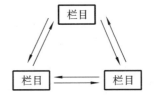
图 7-10 网络新闻专题的观点争鸣式结构

些形式的应用并不是被动的而是积极的,手段之间的关系不是松散的而是紧密的。因此在策划时,需要考虑每一种手段在当前专题中的主要作用与地位,从选题的角度出发,来组织相应的素材采集和编辑工作。

1. 文字

一个新闻专题中,最新动态报道与背景资料是必不可少的两个栏目,主要是一些文字类信息。通过文字的具体描述,网民可以获得关于某一主题的基本情况和内容。尽管网络媒体的优势之一在于其多媒体的呈现方式,但是受到采访拍摄、传输编辑等客观因素的限制,在一些重大新闻、突发事件发生时,广大网民对于信息时效性、广泛性的要求远远高于生动性、形象性,因此文字报道是专题中必不可少的要素。网络新闻专题还是深度报道的一种形式,因此在常规栏目的设置上,很多网站会采用观点型、评论性栏目,比如"各方观点""专家点评"等。这些评论性文字既可以是记者的采访所得,也可以是编辑或特约评论员的文章,还可以较多地采用网友的言论。这样,在为网友提供表达意见的平台的同时,也有效实现了传受双方的互动。

常规栏目的设计应尽可能具体化,要方便网民的直接调阅;同时也要处理好不同专题频道之间的栏目联动。在条件允许的情况下,还可以设计一些问卷、调查等栏目,吸引网民的积极参与,这些都有利于提高信息的传播效果。

2. 图片

图像时代的来临,使"读图"成为人们获取信息的又一重要渠道。传统媒体的专题报道十分重视图片的地位,它不仅能够给人一种身临其境的感受,发挥传达现场感、提供证据的功能,而且对于美化版面、烘托气氛也有不可替代的作用。

除了新闻照片和新闻图表这些基本的素材外,还可以利用的图片资料包括漫画、记者的照片、采访对象的照片、资料照片、报纸版面照片等。图片在专题中的作用在于:传达现场感,有助于加深受众对新闻的理解,也有助于加深对新闻的记忆,特别是视觉冲击感强烈的图片;定位报道基调、烘托气氛,在接触专题时,最先吸引眼球的是图片,一张符合背景和专题基调的图片可以引导整个专题的发展走向,渲染报道的气氛,让受众在瞬间形成对专题的基本认识;提供旁证,增加文字材料说服力;调节视觉感受;消除距离感,用文字描述会增加受众与报道对象之间的距离,而照片有助于人们消除这样的感觉;设置导航;提供比较,通过一些资料图片,能形成纵向与横向的对比;传授知识,等等。

网络新闻专题中的图片,可以以静止的方式出现,也可以用幻灯片的方式连续播出,或者被集成到 Flash 中。图片可以单张运用,也可以成组运用。

3. 其他

除了文字和图片的表现形式,例如音频、视频、Flash 和互动等也都是网络新闻专题中常用的多媒体形式。

(1) 音频。

一般而言,网络新闻专题中使用的声音主要包括两类:一种是后期制作时添加的背景音响,比如在观众观看再现的绑架案或其他类似事件时,会伴随着让人感觉不祥的音响;另一种则是自然音响(又叫作原始音响),一般是在报道现场真实捕捉到的声音,它们具有强大的传播效果。声音可以与图像相伴,也可以自成一体。它在网络新闻专题中的作用主要表现为:补充信息、渲染现场感、加强真实性、传达报道的基调等。为了使多媒体报道拥有足够的音频素材,可以考虑在采访时对每个采访对象的讲话进行录音,当然其前提是征得对方的同意。此外,网站还应该有一个基本的音频资料库,积累一些常见的自然音响、音乐等资料,以备不时之需。

(2) 视频。

根据视觉暂留原理,视频是每秒超过24张连续播放而形成的动态画面。网络新闻专题中也经常会运用到一些视频素材来增强报道的生动性,提高网站的吸引力。这些素材主要包括相关的电视新闻、影视作品,以及网友拍摄的视频资料。需要指出的是,由于受技术、资源、资金等客观因素的限制,目前一些中小型网站在专题中还无法提供音频、视频素材。同时,受制于目前网络传输的现状,一般受众也不太习惯在专题中点播观看视频内容。因此,在专题中开设特色栏目,一定要把握好适量、适度的原则,既要体现自身的特色与优势,又不能让有价值的信息被淹没。

(3) Flash。

Flash在这样的专题中的作用主要有,将专题中的某些素材整合在一起,形成专题中的一个小单元;作为替代性材料,弥补专题中需要而又缺乏的影像材料的不足;活跃报道的气氛,使报道更加生动;提高专题的互动程度等。但是,Flash作为一个信息传播单元,其文件体积可能比较大,过量使用Flash会增加网页的负担,反而影响到信息的接收。

(4) 互动。

网络新闻专题在策划时,要注意关注受众的诉求,针对当前受众越来越多元化的新闻阅读诉求,网络新闻专题策划加强互动性,既有助于加强与受众之间的互动,又可以在与受众的互动中,发现受众所感兴趣的点,并将其融入网络新闻专题策划工作中,增强网络新闻专题的针对性。网络新闻专题中常用的互动手段包括受众调查和受众评论。

受众调查可以及时了解网民的意见与看法,针对当前新闻事件与主题收集意见。因为其是在网上进行的调查,所以在实践中最具操作性的是"投票式"的调查。即设立一个调查主题,预设若干答案,让受众从中进行选择。在预设的答案中,应该充分反映正、反、中立等各个方面的意见,而不要出现偏向,一般最好设立一个"说不清"或类似的答案,为那些不愿意明确表态的人提供方便。受众调查不仅可以为网站收集受众的反馈,也可以让受众有一个宏观的比较,了解到对某一问题的不同态度。针对新闻事件或社会问题开设的调查也在一定程度上揭示了新闻事件与现象的社会影响,这时,调查已经成为报道中的一个有机部分,在某些情况下,调查结果甚至可以成为一种新闻线索。

受众评论主要是指根据主题的设置,在互动区域通过微信、微博或新闻客户端等方式参与主题讨论,它为受众表达自己的意见与态度提供了更直接的途径。评论的数量在一定意义上可以反映出人们对新闻事件或现象的关注程度,也可以提升专题的影响力。

在与受众进行互动时,除了传统的互动方式外,可以借助网络新闻平台,让受众主动参与到其中,由受众提出新闻热点进行讨论,网络新闻专题策划则辅助受众的讨论,受众在讨论新闻热点的过程中,参与热情会十分高涨,且在网络新闻专题策划工作的引导下,有助于正能量的传播,有助于增强受众在互动过程中的情感体验。

现有自媒体发展迅速,专题也善于用自媒体的方式扩充选题和内容。自媒体是一种由个体提供信息生产、积累与共享,传播内容兼具私密性和公开性的信息传播方式,微信、微博等就是自媒体的典型代表。特别是2010年后火爆全网的微博,更是成为新一代自媒体的"代言人"。自媒体的蓬勃发展,不仅吸引了越来越多网民的注册参与,而且在一些重大事件发生时,自媒体上的很多言论俨然成为社会舆论动态的风向标。网络媒体在制作专题时,必须关注自媒体中的相关内容。特别是上述提供微博服务的网站,已经将微博内容及时地通过链接引入专题中,并进行实时动态更新。在日本大地震的专题中,新浪网开设了"他们正在日本""微博记录日本民众抗灾""微博关注"等栏目,通过在日网友的播报、前方记者播报的方式,让更多中国公众能够近距离感受日本大地震,也为他们提供了表达哀悼、纪念与发表言论的平台。同时专题还设置"微博互助""微访谈"等栏目,大大丰富了该专题的内容。

案例7.2　周永康被中央纪委立案审查

第三节　网络新闻专题的形式设计

网络新闻专题不仅要有策划精良的内容,还应该有光彩夺目的包装。形式设计与内容策划同样重要,要坚持双管齐下的指导原则。光怪陆离的形式与乏善可陈的内容固然令人觉得是金玉其外、败絮其中,但质量上乘的佳作如果不注重形式的包装,也难以在百花齐放的网络新闻中吸引网民的眼球。

一、专题栏头设计

每一个专题都有一个标题区,是专题的门面,也是吸引人们注意力、烘托专题气氛的一个重要手段。一个精心制作的专题栏目,可以使人们在瞬间形成对专题的基本印象。

在制作专题的栏头设计时要注意以下几个原则。

(1) 醒目抢眼,冲击力强。一个冲击力强的栏头容易在第一时间抓住受众的注意力,引起人们对专栏的阅读兴趣。

(2) 文字表述准确。专题的名称可以对整个专题的主题和中心起指导作用。其撰写原理与新闻标题类似,要尽量简洁、准确。同时可以放大单个字,以显得更为抢眼。

(3) 情绪传达到位。专题需要突出自己特定的情绪与气氛,或欢快,或愉悦,或沉重,或庄严,栏头是最直观表现出这些情绪的一个窗口。在栏头上可以用两种形式表现不同的情绪,一是背景图片的选择,这个形式最为直观,也最能突出主题;二是栏头文字的字体、字号和色彩,这本身也带有一种情绪,黑体庄重、幼圆轻快等,要视具体情况采用。

典型案例

栏头设计

图7-11表现出栏头设计中的情绪传达,由黑白二色奠定这个栏头的主色调,表现曼德拉的生前身后,图片的选择也颇为讲究,除了曼德拉的人物照片,背景中还有监狱和一丝光明,对曼德拉的一生做了简短的梳理。字体和颜色的选择匹配图片色调。在标题的写作中,也传达出整个专题的主题基调,"给人类留下了自由与平等"是对曼德拉的主题评价。

图7-11 专题栏头设计:曼德拉的光辉岁月

二、专题的版式设计

网络新闻专题的报道一般分为首页与正文页,首页也就是我们通常所说的页面页。页面的传播风格应与网站保持一种有机的整体感,或清新,或自然,或流畅,以此吸引网民的访问和参与,加深网民对网站的黏附力。新闻专题页面设计的基本原则是:用清晰的线条将页面划分清楚,把最重要的内容凸显出来,使精华能够最先呈现给网民。同时,还要注意整体形象,可以通过颜色、亮度等元素的搭配、对比形成层次,给人一种平衡感。但是文无定法,设计专题页面并没有必须严格遵守的形式要求,只要能吸引网民阅读,提高点击率,可以说这样的页面设计就是成功的。

栏头		
焦点图片	最新消息、主要栏目	多媒体信息或其他信息
图片集锦		
受众调查、同类专题连接	其他栏目	背景资料

图7-12 "日"型专题版式设计

因此,首页的设计并无完整的规定,但是在实践中自然而然地形成了这么几种常用的版式。

(一)"日"型

这类版式主要出现在国内的新闻网站上,它的版面构成如图7-12所示。从整体来看,专题的核心信息被安排在屏幕的中间地带。周边信息和辐射信息分别位于屏幕的两边。当然,当专题内容十分丰富时,内容的位置安排会有所调整,但整体构图类似于汉字的"日",版面被分割成几个清晰的区间。阅读时感觉视觉移动路线比较稳定,有规律可循,易于形成阅读习惯。

(二)"T"型

这种版式的样式类似于字母"T",将页面分割成三个区域,专题的栏目在最上方,左侧专题以图片为主,右侧以文字稿件为主,各个栏目自上至下依次排列。

T型版式结构简单、分区明确,方便网民阅读。但其在后期填充过程中可能会造成事件不清晰的后果,因为其更新更多是以时间顺序处理的。

(三)"门"型

国内新闻网站如新华网、搜狐网多会采用这样的版式。此版式将版面分成四个区间,栏头位于最上方,屏幕的中间部分为主要的文字栏目内容,而左右两侧则是图片或相关信息及链接等。"门"的排版方式给人一种平衡和稳定的感觉,也多用于政治性专题。

(四)平线性

平线性的版式是将整个专题分成左右两栏,左侧为核心信息,右侧为周边信息和辐射信息。两栏内容平行发展,右边的信息紧密呼应左边的内容,有一种纵深发展的感觉。这样平线性的版式也多会与其他类型的版式嵌套使用。

除上述的四种版式外,在一般的操作过程中,一些网站专题为求新颖,会设计其他一些多Flash的样式。但不管采用何种版式,最终的专题设计都是为内容服务的,不该主次颠倒。

从总体来看,一个网站的新闻专题应该尽可能保持一定的稳定性,这样便于读者阅读习惯的形成,使他们可以以较小的代价从专题中获得更多有用的信息。摇摆不定的风格变化,往往造成读者阅读成本的增大,同时给读者造成困惑。专题版式设计的一般原则是线索明晰、便于阅读,而且符合平面设计构图的基本原则。

三、专题的色彩

新闻专题好似网站中一个独立的主页,它可以根据内容的不同而灵活运用多种颜色组合搭配,以达到烘托页面的效果。

专题中的色彩一般有这样几个功能:传情达意,直接传达专题的基本氛围;引导视觉,专题要利用栏目及图片等的色彩给读者的眼睛以适当的刺激,激发人们去点击;分割版面,色彩的主要功能是区分空间,使专题内容的分区更为明显,方便阅读;营造美感,如果一个专题具有和谐的色彩搭配,那么就可以通过形式来提升内容,使它获得更多的关注。

因此,专题网页色彩的搭配以简单为宜,过于花哨的色彩不但会令网民感觉俗气,还容易让人产生视觉疲劳。通常而言,一个页面中使用的色彩应控制在三种以内,要有主次之分,且不宜将相近的颜色搭配使用。色彩的设计应该鲜明、突出,为文字内容服务,最好能有自己的独特之处,以便与其他网站同类题材的新闻专题相区别。在对一些特别题材的内容进行处理时,色彩的使用还应该形成强烈的视觉冲击,给网民留下深刻的印象。

除此以外,在专题网页中使用色彩,一定要考虑与网站的传播主旨和专题内容的风格相一致。如每年的两会期间,各专题报道多采用中国红契合主题;而碰到丧事或是大悲之事,专题则多使用黑色,这是对主题应有的尊重。

四、专题的线条和留白

线条是绘画时描画的线,在网页中利用线条可以起到分割空间、凸显重点内容等作用。专题中运用线条,应该注意线型、粗细及色彩等要素。一般而言,黑色的细线条是最常使用的种类,它既能起到强调的作用,又易于与其他色彩相配合。如非必要,应尽量避免使用彩色线条或过于粗/黑的线条,以减少视觉负担。

线条在专题的数量要适中,要避免可有可无的线条的使用,因为线条同样需占用宝贵的空间,线条过多,会影响到主题内容的安排,同时也会造成视觉上的混乱。

"留白"是国画中特有的绘画语言之一,它源于中国阴阳辩证、虚实相生的哲学思想。在网页设计上,利用留白达到一种平衡、和谐,可以使整个页面布局显得松紧有度、简洁明快、富于美感,这种虚实、浓淡、动静、轻重相得益彰的布局,也可以让受众获得更加良好的阅读体验。

五、专题字符和模板

网络新闻专题的页面上往往有大量的文字,文字的外在表现形式如字体、字号、色彩等,都直接影响到专题的传播效果。除了栏头外,专题中其他文字的选择应该考虑到大多数人的阅读习惯。因此,除非特殊情况,专题中稿件的标题与正文都以宋体字为主,即与一般的新闻稿件的格式一致。个别重要稿件的标题可以采用黑体字以示区别。

像一般新闻页面一样,专题中的文字多采用蓝色或黑色。有时,也可以根据版面整体色彩的搭配需要采用别的色彩。但无论用什么样的色彩搭配,首要的问题是文字在色彩上的易读性,要尽量避免文字对视觉的长时间的强烈刺激,减少视觉疲劳,在正文的文字设计中尤其需要注意这一点。另外,在新闻页面中,应避免使用斜体字,专题也不例外,因为斜体字占用更多空间,阅读也不方便。

模板的使用是现阶段大多数新闻网站的通用手法。模板是专题既定风格与版式的一个载体,它由设计人员事先设计好版式,并成为新闻自动发布系统中的一个部分,当需要制作新的专题时,只要根据需要设置相应的栏目名称、添加相关稿件等即可,而无须重新设计版式。

使用模板的好处,首先,可以在极短的时间内完成专题的制作,因为编辑只需要在已有的版式中对号入座地添加相应内容。对于突发性事件的专题来说,模板是实现时效性的一个重要保障。其次,利用模板可以实现一个网站专题版式风格上的继承与统一,便于读者的阅读。同时,这种统一的风格一旦被读者接受,就可能成为网站品牌的一个重要组成部分。

因此,在常规情况下,专题的模板要保持一定的稳定性,这就要求在制作一个模板前要充分研究读者的阅读心理与习惯,同时考虑到信息传达的有效性及审美上的要求,制作出经得住时间考验的模板。

附录

(一) 拓展内容

中国新闻奖网络专题分析(节选)

1999年12月20日澳门回归,新浪、搜狐、网易等媒体进行了专题报道,这是早期的网络专题。这种聚焦重大事件的传统后来一直被网络专题所坚持。"网络新闻专题报道的主要题材有以下几种:重大突发事件、可预知重大事件、重要的社会现象或问题、媒体策划的重要活动。"中国新闻奖获奖网络专题往往关注重大和突发事件,注重报道典型人物,充满正能量,具有较强的政治性。

2015年是纪念抗日战争胜利70周年,这既是重大新闻事件也是重大政治事件,各大媒体都精心策划推出了一系列有影响力的报道。2015年获奖的网络专题有2件:《难以忘却的记忆——全球寻访见证人口述中国抗战史》《祭·忆——南京大屠杀死难者国家公祭日》;

2016年获奖的有4件:《穿越直播重返70年前英雄之城》《证在说历史》《英烈祭民族魂中国梦》《抗战口证大抢救·烽火岁月》;2017年有《网上重走长征路之"征程"——红军长征全景交互地图》。这7件作品是同一主题,但从不同的角度进行了多层面、多视野报道,充分运用了多种媒体手段和多种新闻体裁,体现了网络专题的整合性。

2013年获奖的《十八大数据馆》是新华网对十八大权威数据进行内容聚合的集纳展示。该专题除了采用文字、数据、动图、图表等多媒体手段,更重要的是用3D技术构造了网络虚拟展馆,展馆分为门厅、展馆一至展馆四。门厅是专题的首页,展馆一和展馆二是十八大代表篇,展馆三和展馆四分别是十年成就经济篇、十年成就民生篇。网民进入展馆,在动态交互技术的帮助下,页面可以向左向右跳转、自动播放、放大图片等,与会代表、十年经济、十年民生等重要数据进行了可视化呈现。该专题还采用其他多媒体技术,保证了在电脑、平板、手机等多个平台的观赏效果一致。

2017年获奖的《办好G20 当好东道主——全媒体直通G20杭州峰会》不仅在题目中强调"全媒体",而且在专题首页的中部醒目地开设了"全媒体策划",分为8个板块:G20畅想、聚焦G20、中国路径的浙江实践、湖畔观察、解码G20、E眼看峰会、中外记者浙江行、G20杨澜访谈录。表现手段除了传统的文字、图片、视频等,还使用了高清图片、全景动漫H5、沙画视频、微视频短剧等。高清大图如组图《金秋逢盛会 最忆是杭州》,有12幅新华社记者拍摄的图片,内容涉及会议场馆、杭州风景、记者采访场景、志愿者等,具有视觉冲击力。全景动漫H5《马可波罗游记》将杭州称为"世界最美丽的华贵之城",网友在网页上扫描二维码,就可以观看H5,陪同马可波罗游杭州,包括手绘图片和全景大图武林门码头、钱江新城、城市阳台全景图、杭州西湖全景图等。沙画视频,如《浙货漂洋记》,介绍了历史上杭州丝绸、浙江青瓷、西湖龙井茶叶如何通过丝绸之路到达世界各地。这些网络化的多媒体表达方式,使G20报道有趣生动,让重大报道接了地气。

(资料来源:石云天,《中国新闻奖网络专题分析》,《现代视听》,2018年第5期。)

(二)参考文献

[1] 徐明华.网络新闻采写[M].武汉:华中科技大学出版社,2014.
[2] 吴玉兰.新闻报道专题研究[M].北京:中国社会科学出版社,2015.
[3] 蒋晓丽.网络新闻编辑学[M].2版.北京:高等教育出版社,2012.
[4] 吴飞.新闻专业主义研究[M].北京:中国人民大学出版社,2009.
[5] 彭兰.网络传播概论[M].北京:中国人民大学出版社,2001.

(三)思考题

①网络新闻专题的选题应该具备哪些基本要素?试举例说明。
②网络新闻专题与网络中其他的新闻报道方式有何异同?
③学习新浪专题、搜狐专题、新华网专题、人民网专题,试分析比较其对于同一主题的角度和技术处理的异同。
④小组合作,结合当前热点问题,完成一个网络新闻专题的策划与组织方案。
⑤网络新闻专题在报道上具有很大的优势,但也有不足,对于这些不足该如何去改进?请举例进行分析。
⑥如何扩大新闻专题的原创性,增强自身的竞争力?

第八章

新闻页面的组织

内 容 提 要

所谓新闻页面的组织,就是新闻页面以什么样的面貌呈现在受众面前。那么,我们首先要明确这个面貌的呈现要达到怎样的目的,是为了满足受众的需求,增加用户的黏性,还是为了体现网站自身的引导性,突出网站的特点。网站的结构随着网络技术的兴盛日益多元化,从单一的线状结构到复杂的网状结构,网站所容纳的内容也急剧增多。采用什么样的结构能够使网站的海量内容更为清晰、有条理,网民浏览更为便捷,是网站结构设计中要考虑的首要因素。

本章主要从网民主体和网站主体的角度出发,介绍了一些网站创意设计的基本原则和应用。从网民主体的角度出发,主要考虑到网站的视觉效果、网站获取信息的方便性等方面,直接影响着网站能否给网民留下深刻的第一印象,并黏住网民;从网站主体的角度出发,则考虑网站的视觉效果和内容设计能否体现并实现网站定位中对网站的规划,以及与网站主体线下实体风格的相互映衬。本章系统介绍了新闻页面组织的概念、新闻页面组织的目的,以及如何进行新闻页面的组织。重点指导学生了解新闻页面组织的概念,熟知新闻页面组织的目的,以及掌握导读页及正文页的设计方法。

第一节 什么是新闻页面组织

在我们利用互联网阅读新闻的时候,会发现所浏览的新闻页面都有一定的条理性,这是因为网络编辑对新闻页面进行了相应的组织编排,从而使受众方便迅速地获取他们所需要的信息。由此可见,新闻页面的组织十分重要。那么,什么是新闻页面组织呢?我们首先需要了解相关的概念。

一、网页的概念和特点

《现代汉语词典》对"页面"的定义是：书刊、本册每一页的图文设置或书写状况。在网络环境中，信息以页面信息为组织，信息页面由语言来实现，在各个信息页面之间建立超文本链接以便浏览。在网络环境下，页面与网页的定义基本相同。

网页是网站中的任何一个页面，通常是 HTML（标准通用标记语言下的一个应用）格式（文件扩展名为 html、htm、asp、aspx、php、jsp 等）。网页通常用图像档来提供图画，网页要使用网页浏览器来阅读。网页是构成网站的基本元素，是承载各种网站应用的平台[①]。

网页页面具有以下几个特点。

（一）结构的稳定性

与报纸、期刊等传统媒体相比较，网页的整体样式和格局具有较强的稳定性，其稳定性表现在三个方面：一是网页页面一旦设计完成，要经过很长一段时间才会改版，如新浪、网易等大型门户网站近几年来几乎没有大的改版；二是在设计完成的网页上，位置、区域、新闻数量都是相对固定的，一般不会随意变动，即使有变动，变化的大多只是框架结构里的内容；三是网页上新闻的表现形式也基本上是固定的，新闻以文字、图片、音频、视频等形式，以动态、静态中的一种或几种形式进行呈现，都在网站发布流程中进行了限定。

网页的稳定性特点在一定程度上会使网页显得比较呆板，但是对于网络新闻报道却是必要的。互联网上的海量新闻需要网页有相应的规则来控制报道数量，突出新闻重点和引导读者阅读，网页的相对稳定性不仅便于网络媒体发布新闻、归类内容、编排广告和设置议程，也便于读者的浏览。如果受众每次都要在网页上像大海捞针般地搜索自己需要的内容，他们浏览的兴趣和效果将会大大降低。

（二）浏览的跳跃性

网页间的组织结构比较复杂，有序列结构、层次结构、网状结构、复式结构等，超链接的属性可以让网民随意浏览任何一个频道、任何一条新闻，在不同网页以及一个网页的不同局部之间跳转，这种跳跃性给设计网页中的层次与导航带来了一定的难度。面对自由分散的网页，设计者需要考虑如何设计网页浏览路径，如何构建合理的页面组织结构，以及如何建立网站索引、频道地图，使受众在海量信息中感受到条理性。

（三）构成的多媒体性

随着网络带宽的增加以及家庭宽带网络的普及，网页中的多媒体元素越来越多。目前，网页中使用的多媒体元素包括文字、图像、声音、视频等。特别是数字压缩技术的改进和流媒体技术的发展，网页可以承载实时的音频和视频服务，比如在线音乐、在线广播、网上电影、网上直播等。此外还有形形色色用以承载广告的 Flash，即富媒体广告。多媒体综合运用是网页的新特点，也是网页未来发展的方向。

（四）展示的灵活性

网页的灵活性体现在两个方面：一是页面的长短可以伸缩。这不同于报纸、杂志等传统

---

① 赵丰年：《网页制作教程（第三版）》，人民邮电出版社，2006年，第1页。

媒体必须使用固定的尺寸,网页的可视页面以"屏"为基本单位,网页可以是一屏,也可以是多屏,网页的长度依据内容的多少和网站的风格来确定。二是发布与改动的灵活性。以报纸为例,报纸出版必须完成所有的组版、印刷工作才能出报,而网页的更新可以全面改版,也可以局部改造,页面内容可以整体更新,也可以区域变动,网页内容的色彩、大小、尺寸也都可以随意调整。

（五）设计艺术性

网页是网络技术与艺术创意的结合体,网络技术是网页设计的基础,是外在的客观因素,艺术创意则是网页设计的升华,是内在的主观因素。设计网页的过程是主观与客观共同作用的结果,是在掌握网络技术的基础上的自由想象。目前,网页的多媒体性使网页的艺术观赏效果远远高于书籍或报刊等印刷媒体,更接近于电影或电视的欣赏效果。

二、新闻页面的概念及新闻页面组织的定义

新闻页面也可称之为新闻网页,是构成新闻网站的基本元素,网页包含以下元素。

①文本。文本是网页上最重要的信息载体和交流工具,网页中的主要信息一般都以文本形式为主。在制作网页时,可以通过调整字体、字号、颜色等对页面进行美化。

②图像。图像元素在网页中具有提供信息并展示直观形象的作用,图像元素分为静态图像和动画图像。静态图像在页面中通常是光栅图形或矢量图形,一般为 GIF、JPEG 或 PNG 格式；或矢量格式,如 SVG 或 Flash 格式。动画图像通常为 GIF 和 SVG 格式。

③Flash 动画。动画在网页中的作用是增加网页的生动性,吸引访问者更多的注意。

④声音。声音是多媒体和视频网页重要的组成部分。将声音添加到网页之前,首先要对声音文件进行分析和处理,包括用途、格式、文件大小和声音品质等。支持网络的声音文件格式主要是 MIDI、WAV、MP3 和 AIF 等。

⑤视频。视频文件的采用使网页效果更加精彩且富有动感。网页中支持的视频格式主要有 RealPlay、MPEG、AVI 和 DivX 等。

⑥表格。表格是在网页中用来控制页面信息结构的布局方式,精确定位网页元素在页面中出现的位置,使网页元素整齐美观。

⑦导航栏。导航栏在网页中是一组超链接,其链接的目的端是网页中重要的页面。导航栏是用户在规划好站点结构、开始设计主页时必须考虑的一项内容,其作用是引导浏览者游历所有站点。

⑧交互式表单。交互式表单在网页中通常用来联系数据库并接受访问用户在浏览器端输入的数据。利用服务器的数据库为客户端与服务器端提供更多的互动。

⑨其他常见元素。网页上除了以上几种元素之外,还有一些其他的常见元素,包括悬停按钮、Java 特效和 ActiveX 等各种特效,这些元素使网页生动有趣。

从以上页面、网页及新闻页面的定义可以了解到,新闻页面由众多元素组成,如果没有一定的编排与组织,很容易导致信息冗杂,受众很难快速地从页面中获取自己需要的信息,缺乏合理组织的新闻页面不但会降低阅读的效率,还会让读者失去耐心,放弃浏览该网页,进而导致网站用户的流失,因此,合理的新闻页面组织是十分必要的。

综上所述,所谓新闻页面的组织,就是将新闻文字、图片、视频等新闻网页的构成元素,给予视觉上的梳理与配置,对其进行均衡、调和、动态、视线诱导、空白版面、结构、比例等的

关系设计,使新闻信息能够迅速而精确地呈现在受众面前的过程。

三、网页设计的常用软件介绍

(一) Dreamweaver——自制动态 HTML 动画的网页

Dreamweaver 是 Macromedia 公司一款"所见即所得"的网页编辑工具(或称网页排版软件)。Dreamweaver 软件采用的是 Mac 机浮动面板的设计风格,是一个很实用的网页设计软件,它包括可视化编辑、HTML 代码编辑的软件包,并支持 ActiveX、JavaScript、Java、Flash、Shockwave 等特性,而且它还能通过拖拽从头到尾制作动态的 HTML 动画,支持动态 HTML(Dynamic HTML)的设计,使页面在没有插件的情况下也能够在 Netscape 和 IE 4.0 浏览器中正确地显示页面的动画。

(二) Flash——动画制作软件

Flash 也是 Macromedia 公司的产品。网页设计者使用 Flash 软件可以创作出既漂亮又可改变尺寸的导航界面以及其他奇特的效果。它不但易学、易用,而且可以制作出有很多动画的网站,并且声色结合,是一种用途很广的网页制作技术。

(三) Fireworks——图像制作软件

Fireworks 也是 Macromedia 公司的产品。Fireworks 是一款强大的网页图形设计工具,提供专业网络图形设计和制作方案,可以编辑网络图形和动画,支持位图和矢量图。同时,它能同 Dreamweaver、Flash 实现网页的无缝链接,为用户一体化的网络设计方案提供支持。

(四) Netscape 编辑器——制作简单的网页

Netscape Communicator 和 Netscape Navigator Gold 3.0 版本都带有网页编辑器。Netscape 可以像使用 Word 那样编辑文字,改变主页作者、标题、背景颜色或图像,定义锚点,插入链接,定义文档编码,插入图像,创建表格等。

(五) Adobe PageMill3.0——制作多框架、表单和 Image Map 图像的网页

PageMill 功能不算强大,但使用起来很方便,适合初学者制作较为美观、简单的主页。如果制作的主页需要多框架、表单和 Image Map 图像,那么 Adobe PageMill3.0 可以作为首选。

四、网页设计在新媒体技术中的视觉要素

(一) 文本编辑

文本内容是直接进行信息传达的基本途径,也是网页设计阶段所不能忽视的重要的视觉要素构成部分。文本能够对设计作品进行描述或突出主题,一般情况下会在网页中占据很大的比重,所以需要结合技术手段不断进行完善,达成理想的文本设计目标。设计人员需要从给观众提供一个清晰的表达过程入手,让观众能够在一个完整的描述过程中获得良好的观赏体验。设计人员需要尽可能地避免一些较为零散的文字布局、修饰词的应用,突出整个作品的风格或主题,那么就能将整个作品的核心思想进行传递,还能吻合作者的初衷,不至于出现与设计目标要求差异较大的情况。计算机本身或网络平台中,能够给文字的字体

提供多样化的选择,也就是目前常见的一些艺术字的应用。而字库的丰富性能够给设计人员创新设计提供条件,同时也是对文本编辑整体把控能力的一种挑战。如果一味地追求某种美感而忽视了字体应用阶段应该注意的问题,那么就会导致版面设计中的情感传达存在问题,受众的阅读感悟效果也会大大降低。

(二)色彩要素

色彩能够第一时间给人们带来一种视觉冲击感,也是将网页设计中的版面设计突出的一种手段。色彩作为网页视觉要素的基本构成部分,能够将色彩艺术的表现形式以及色彩搭配效果逐步增强。当柔和的色彩搭配能够给用户带来一种良好的视觉体验时,那么人们的心理波动也会受到色彩的良性的影响。所以在进行网页设计阶段需要对色彩、色调、明暗等进行集中把控,根据目标客户群体的阅读习惯等选定网页主色调,同时将点缀色、邻近色搭配应用其中,这样网页设计的主次能够更分明,给人们带来更好的审美体验。同时还需要结合文本字形、颜色等展开进一步调整,避免文字淹没于背景色之中,导致文字传递的要素也被忽视,直接影响整个网页设计作品的质量。

(三)图片编辑

图形也是网页设计的基本构成部分,网页设计中的美术要素把控能够将其整体的信息存储量逐步增强。图形参与设计之中能够帮助受众通过图文并茂的形式加深自己对文本的理解与感悟,进而逐步提升信息内容传递的有效性和趣味性。

综上所述,图形在网页设计中有着重要作用,那么在设计阶段也需要设计人员进行综合把控,通过分析网络流行图片技术手段,以及信息传播途径的形式,对图片的质量、规格进行控制,避免因为图片数量过多或图片过大而影响用户的浏览体验。一般情况下,图形在网页设计中,无论是其长宽比例还是具体的放置位置、结构设计等方面,都会对信息传播产生至关重要的影响和作用。

案例 8.1　VI 设计在 SUN Microsystem 公司网站设计中的体现

第二节　新闻页面组织的目的

我们在进行新闻页面的规划和设计时,要思考到底达到什么目的。对于这个问题,我们主要从两个方面来考虑,一是受众的需求,二是网站的引导作用。

一、新闻网页设计与受众阅读习惯和需求

与报纸的版面设计相比,网站的页面版式不会经常更换,除非是网站整体结构的改变,或者是网站发展思路的调整,否则,网站一般不进行改版。这种情况的出现,除了有技术、制作成本等方面的因素外,受众阅读习惯的制约也是一个重要因素。保持相对稳定的版式,对

网民提高信息获取效率、减少获得信息的成本等方面都有明显的好处,因此,各大门户网站的版面设计基本上不会出现大的变动。通过对比图 8-1 和图 8-2 可以看出,新浪新闻中心首页的页面版式在近几年的变化都不大。

图 8-1　新浪新闻中心首页(2013 年 12 月 1 日)

图 8-2　新浪新闻中心首页(2019 年 4 月 19 日)

因此,从实践中我们观察到一个现象:网民容易形成稳定的在线阅读习惯,而这个习惯一旦形成,就会被牢固地维持下去。而这个习惯,通常是由网站培养出来的。所以,要研究新闻页面组织的目的,我们必须要了解受众的习惯。

一般来说,在网民对新闻页面的阅读中,受众的习惯可以从以下几个方面进行研究。

（一）受众视线在页面上的第一落点

网民在打开某个网页后，视线一般会立即落到页面上的某个区域，这个落点就是网民阅读网页的起点，通常也反映了他们对该网页中某一内容与服务的依赖程度。对某个特定的受众来说，在浏览不同类型的页面时，视线的第一落点也不尽相同，但是在同一个页面中，这个第一落点可能是相对固定的。例如，一个网民无论何时访问某一网站的首页时，都会习惯性地将视线投向某个固定的位置。

受众视线的第一落点的形成与以下因素相关。

1. 受众在网页中最关心的内容或服务

这与用户的兴趣有关，例如一个用户喜欢看凤凰网的深度报道，而凤凰网定期推出一个新的内容，那么他的视线一般都是从这一区域开始的。而对网站来说，则需要定期更新相应区域的内容，因为这些受众对网站的忠诚度高，是构成用户群体的中坚力量，当忠诚用户丧失时，对网站的损失不堪设想。

2. 网站的编排手段

如果网络编辑对某一区域进行了强势处理，那么这个区域就比较容易成为第一落点。同时，这也是增加受众数量、使网站获取更多人关注和喜爱的一种非常重要的方式。

虽然不同网民的第一落点不可能完全相同，但是网站应该尽量把自己重点推荐的内容编排成为多数浏览该网站的网民视线的第一落点。这要求网站对网民的需求进行调研，并通过编辑手段的强化来达到自己的目标。可以说，受众视线的第一落点是可以通过网站的编辑手段来控制的，正如报纸的头版头条。

（二）受众视线扫描的核心地带

尽管在网页浏览中，人们的视线会有横向扫描和纵向扫描两种运动，但是纵向的扫描式阅读更为普遍，尤其是在阅读正文页时。在纵向扫描中，一个人会形成自己视线移动的核心地带，而对处于该核心地带之外的信息，人们一般是用眼睛的余光进行扫视，除非有某些特殊的内容吸引人们的视线停下来。

因此，在进行网页设计时，网页设计者应尽可能地将主要新闻集中放置在一个垂直延伸的区域当中，避免横向地过分扩张。多数网站的新闻频道首页一般分为三栏，中间一栏是重点内容，即不断更新的新闻，而旁边两栏的内容的重要性则相对较弱。在正文页中，主要内容基本上被安排在版面的中间，两边往往有大量的留白，这种版面分割方式与受众的阅读习惯是相吻合的。

（三）受众视线移动的速度

一般来说，同一受众在进行电子阅读时，阅读速度比其阅读报纸、杂志要快，他们的视线往往是从上至下快速地进行扫描。无论是导读页主体内容的栏宽，还是正文页正文段落每行的宽度，在设计时都需要在考虑受众视线扫描速度的基础上加以编排。当内容安排太多时，受众的视线在扫描时会漏掉一些信息，而当内容安排太少时，则会导致内容的纵向扩展过多，使页面显得过长。只有合适的宽度，才能更好地满足受众的阅读习惯。例如，我国四大新闻门户网站（新浪、搜狐、腾讯、网易），其正文页宽度为每行 41—42 个字。

（四）不同类型信息吸引受众视线的能力

由于网络是一个多媒体的信息环境，所以在这样的环境中，受众对不同的信息符号具有什么样的接受心理就很值得关注。目前国内对这方面的研究尚不多,但国外已经开始对这一方面展开研究。美国斯坦福大学和佛罗里达大学波因特(Poynter)中心研究成果表明,网络读者首先看的是文本,他们对图片和形象视而不见。这是因为用户浏览网站的主要目的是获取信息,而文字信息的获取更为直接。

(五)网民浏览网页的差异性

网民的阅读环境不尽相同,在不同的地点浏览网页,网络带宽不一样,会直接影响到图片和视频新闻浏览的流畅度。同时,网民的阅读需求不尽相同,不同的兴趣产生了不同的阅读习惯。另外,网民接收信息的时间不尽相同,家庭妇女、自由职业者或者弹性工作者浏览网页的时间较长,而上班族浏览网页的时间则较短。正因为有这些差异性,网页设计者需要通过不同的频道、栏目、导读层级来满足不同网民群体的需要。

二、新闻网页设计与编辑思想

网站为了自身的发展,积极地发挥引导作用是网站进行设计与编辑时重要的考虑因素。网站需要让网民在浏览网页的过程中,有意无意地接受网站的引导,从而吸引更多受众,提高受众对网站的忠诚度。同时,新闻类网站在引导网络舆论走向方面也扮演着重要的角色。而要积极地发挥新闻类网站的引导作用,对新闻网页进行合理的组织和设计就显得十分必要。在新闻网页的设计与编辑中,可以通过以下的手段来发挥网站的引导作用。

(一)推荐手段

设置头条,通过在网站首页上设置要闻来进行信息的推荐。

设置优先级,可设置多层优先级来进行新闻信息的推荐。

通过排行榜进行推荐,排行榜一般不出现在首页上,而是在频道页面上。新闻网站中常见的"点击排行"就是通过排行榜进行推荐。

(二)时间手段

提高新闻的更新频率:更新频率越高的新闻,一般来说,也是越受重视的新闻。

延长新闻在网页中的驻留时间:驻留时间越长,一般来说,表明新闻越重要。

一般情况下推荐都是"及时性+重要性"来体现的,如果一个新闻事件在更新不多的情况下,仍然驻留在首页上,也体现出它的重要性。

(三)"强势"手段

"强势"指版面吸引读者注意力的方式或能力。

"强势"有关的手段包括以下几点。

①发挥"标题集群"的导向作用,帮助读者分清主次,尽快获得重要信息。

②"非强势"信息进行弱化处理,通过字符大小、字体、色彩等方式进行弱化。一般新闻页面的色彩都比较单一,以方便读者阅读,不使读者产生过度的视觉疲劳。

③通过配图吸引读者的注意力。

④采用动态方式呈现信息。

⑤将需要突出的信息放置在最佳的空间位置上。

如图8-3所示,"强势"信息主要为习近平总书记"在服贸会全球服贸峰会上致辞"和"提出三点倡议,抗战精神,永不过时",还有"中印防长在莫斯科会晤,魏凤和就局势郑重表态"

（图）等。网页中主要标题、配图等信息均与"强势"信息有关，而页面中与此无关的新闻则做了相应的弱化处理。

图 8-3　凤凰网首页

第三节　新闻页面组织的方法

网站的页面通常可以分为两类：一是导读页，包括首页和各个频道或栏目的首页，它们相当于杂志的封面；二是正文页，即每一篇正文的页面。这两类页面的功能不同，在版面空间的组织上也有所不同。

一、导读页的版式设计

网站导读页的功能包括导读的功能、容器的功能和审美的功能。导读页的作用非常重要，用户阅读的方便程度往往与导读页相关，用户的阅读习惯也往往是由导读页培养起来的。

一个网站的导读页主要分为以下几个级别：网站首页（一级导读页）、频道首页（二级导读页）、栏目导读页（三级导读页）。它们的设计原理大致相似，但也有一些区别。

导读页的版式设计，本质上是一种平面设计，它的总体设计原则应体现实用性与审美性的统一。实用性是指既要让读者容易阅读网页内容，又要让编辑的意图能够得到充分的表达。审美性则表现为综合运用文字、色彩、图像、动画等多种手段后所营造的美感。这种美感不但能够更好地烘托内容，也能在潜移默化中培养网站的亲和力。

（一）导读页版面布局

网站设计虽然是一项较为新颖的设计内容，但是，人们在实践中已经形成了一些共同的规律。网页设计主要考虑的是导航条、主体内容、其他内容之间的位置关系以及最终的视觉效果。总体来看,网站导读页的版面布局有以下几种模式:垂直式、水平式、格子式和重点式。

1. 垂直式

垂直式网页布局指从视觉上看,网页内容形成一种纵向切割、延伸的效果,通常又可分为"T"形布局、"门"形布局、"川"形布局等几种布局结构。

(1)"T"形布局。

在这种布局结构中,页面通常被分为三大区域,这几个区域安排的内容分别是导航条(上部)、特别推荐内容(左侧或右侧)、主体内容,他们之间通过色彩和线条加以区分,形成一个"水平板块+两个垂直板块"的格局,通常垂直的两个板块的比例是1∶3或者1∶4。导航条和特别推荐内容两者的关系模式看上去像一个英文字母"T",如图8-4所示。

图8-4 瑞士中文网

(2)"门"形布局。

在这种布局结构中,页面通常被分成四大区域,这几个区域安排的内容分别是导航条、特别推荐内容(左、右各一块)、主体内容(也可以根据需要进行调整),它们之间通过色彩和线条加以区分,形成一个"水平板块+三个垂直板块"的格局,导航条和特别推荐内容构成了一个"门","门"里面是主体内容,如图8-5所示。

(3)"川"形布局。

在这种布局模式中,内容的垂直分割感比较强,导航条与其他内容在垂直方向上形成平行关系,类似"川"字的结构,如图8-6所示。

2. 水平式

该模式是指从视觉上看,网页内容似乎被若干水平线分成了几个板块。

有时,这种布局恰好将屏幕分成三块,这种模式可称为"三"形布局。这种布局多用于国外网站,国内网站用得不多。一般来说,这种模式适合于页面大小为一个屏幕的版面,如图8-7所示。

但更多时候,可以依据内容的需要来分割页面,而不必拘泥于三块。

3. 格子式

这种模式不是简单依照水平或者垂直方向进行版面划分,而是将页面分成若干个有序排列的格子,将相关内容分别放到各个格子中,如图8-8所示。

图 8-5 新浪新闻中心首页

图 8-6 法国新闻社

图 8-7 相约加拿大

图 8-8 美国有线电视新闻网(CNN)

在以上几种版式风格中,在"T"形与"门"形基础上演变出来的版式,是目前网站首页较常采用的,因为这两种版式更适合大容量的页面设计。

4. 重点式

重点式版面有意强调页面的某个局部,一般有一至两个重点放置在页面的显要位置。读者在阅读这类版面的时候,注意力往往首先集中在版面的重点上。传统媒体特别是党报的新闻网站较多地采用重点式版面对当天的重要内容进行处理,特别是关于领导人或者重大事项的新闻消息。

当然,上述版式的称呼是基于互联网早期相对简单的网页形成的,今天的网页已经越来越复杂,它们常常是上述几种版式的混合体。

(二)版面布局的基本原则

任何网页设计者都可以根据网页的特色和自己的喜好进行相应的设计。但是,无论版式如何变化,一些基本原则是不可违背的。

一般来说,网页与报纸的版面有很多相似之处,因此,它所需遵循的原则也与报纸的版面设计原则相类似。根据视觉传达设计的理论,版面的设计应体现出对比、统一、平衡、节奏、动感的原则,并处理好主次与聚散、图与地(即背景)、群组与间距、四角与对角线、空白与版面率等关系[①]。那么,这些原理在网页的设计中,如何通过相关手段来体现呢?下面就其中的主要方面进行分析。

1. 对比

对比关系被认为是产生视觉刺激的基础,对比包括明暗对比、方向对比、大小对比、横直对比等。在网页中,主要对比关系体现在文字与图像的对比、不同层次级别的字符(如栏目标题、文章标题、正文)的大小和色彩对比等,因此,缺少图像的网页往往会显得平淡无奇,让人提不起精神,整个页面上只有一种色彩也会给人留下枯燥乏味的印象。

2. 统一

版面各种元素的统一不仅是方便阅读的需要,也是产生视觉美感的需要,这一点在网页的设计中比在报纸版面的设计中显得更重要,因为网页最终是通过显示器来呈现的,看显示器比看纸张更容易产生视觉疲劳,过多的变化只会进一步加重负担。在印刷报纸版面中,虽然可以将所有标题的字体统一起来,但一般不会把它们的字号也统一起来。然而,网站的文章标题的字号、字体甚至色彩往往是一致的,同样,所有正文部分在以上几方面也是统一的。从视觉效果来看,这样能体现出更强的秩序感。

3. 平衡

平衡可以分为对称平衡和不对称平衡两种。网页中多是不对称平衡,即虽然几个部分并非对称关系,但总体上能形成平衡感。

网页中的平衡与网页中色彩比较突出、面积比较大的那些区域的位置相关。这些区域容易成为视觉焦点,因此它们能否形成平衡的关系,会影响到网页整体的平衡。

有时,页面中的留白也可以与页面中具有重量感的内容相呼应,形成一种平衡感。

另外,页面中各板块的分割比例,也是影响平衡感的一个重要因素。但无论是水平式、垂直式或格子式的对页面的分割,往往都不是采用均等式的分割,因为如果分割过于均衡,

---

① 张福昌、王延羽:《视觉传达设计》,山东美术出版社,1995年,第45—74页。

会使页面显得呆板，缺乏生气。真正的平衡感是在对比与变化中产生的，是一种富有流动性的、具有生机的平衡感。

4. 节奏

节奏指同一现象的周期性反复。在网页中，把文字分成不同级别，如栏目标题、文章标题、正文等，给予不同的级别、不同的风格，并使它们相互交融，进而形成视觉上的节奏变化与反复。事实上，在网页中，节奏是对比与统一结合后的产物。

5. 逻辑

网页是网站的基本单位，也是海量信息的载体。页面之间通过不同的链接方式联系在一起组成信息组，网页信息间的逻辑关系就称为组织起这些网页的内在动因。一般来说，首页是一个网站的主页，是访问者必须阅读的页面。页面信息的重要性是最突出的，而首页的空间是有限的，因此网站的首页更像是个橱窗、入口。网站的首页往往存有重要信息和各个频道的链接，通过这些链接，访问者可以进入下一级页面，以此类推。在网页间关系逻辑性强的网站，越远离主页的网页，其与重要信息的逻辑关系就越弱，直至转入其他信息。

（三）导读页布局中需要注意的问题

除了以上基本原则外，导读页的版式设计还需要考虑以下几个问题。

1. 视觉冲击中心

视觉冲击中心（center of visual impact，CVI）是指一个平面中视觉冲击最强的地方，因此也是首先吸引人们视线的地方。CVI是美国心理学家斯金纳（B. F. Skinner）提出的一个概念。他认为，一个有创造性的、和谐的版面设计，就是要在版面上安排一个强有力的CVI。

一个版面上只能有一个CVI，否则多个视觉中心会形成相互干扰，从而起不到引导视线合理移动的作用。

同样，在导读页的设计中，最好也有一个CVI，这个CVI通常是由图片构成的。目前，网站普遍采用的"焦点图片"往往就是一个CVI。除此之外，图片和文字的组合也可以成为一个CVI。

2. 分栏设计

在导读页的版式设计中，合理的分栏是十分重要的。

从形式上看，合理的分栏指各个栏目的宽度比例的协调。过于均衡地切分会使版面显得死板，而反差较大的分栏，也会使版面失去平衡。

从内容上看，合理的分栏意味着每个栏目的宽度与其承载的内容相吻合，从而不因形式而损害内容的完整性。

多数网站会将主要内容放在中间的一栏中，这是基于对受众视线移动路径习惯的判断。当然，这种习惯实际上是由网站培养起来的。也有些网站在首页的设计中，将主要内容放在靠右的一栏，这是因为人们需要用鼠标拖动滚动条，视线也容易落在右边。

无论将最重要的内容放在哪一栏，网站都需要用相应的方式引导受众的视线移动。如果不能做到合理地引导受众的视线，那么受众在阅读时就会感到不舒服。

3. 视线引导

网页内容往往比报纸版面中的内容更复杂，之前提到受众视线在网页中有一个主要的流动区域，但如果网页的内容布局与这个区域不完全吻合，就需要使用一些手段对受众视线进行引导,这主要包括以下几项。

(1) 栏宽。一般情况下,宽度较大的栏目更容易引起受众的注意。

(2) 色彩。色彩本身吸引视线的能力不同,例如,深色通常更容易吸引人们的目光。此外,大面积的色彩往往更容易吸引视线。因此,一些具有"强势"效果的色彩往往能引导视线的自然流动。当然,这里所说的色彩不一定是单纯的色块,而是体现在文字的色彩、图片的色彩、线条的色彩等各个方面。

(3) 线条。在网页设计中,线条除了可以进行内容分栏外,还可以在一定程度上暗示视线的移动方向。

除此之外,图片、字符的表现形式等,也会在人们的视线移动中起到一定的引导作用。在实践中,需要综合考虑各种因素,使之共同发挥作用,为受众的阅读形成有序的导向。

二、正文页的设计

正文页是新闻或信息进行完整展示的页面,直接关系到新闻与传播的质量。虽然它的设计相对来说较为简单,但也是不可忽视的。

(一) 页面的长度控制

每篇稿件长度不可能整齐划一。如果页面长度过长,读者会失去耐心,也会使他们在阅读过程中必须使用鼠标来控制屏幕,从而带来一定的麻烦。

在设计页面时,可以通过将一份稿件分割成若干个页面的办法,来对页面的长度进行控制。但是,不能简单地规定一个页面占几个屏幕大小较为合适。过去一般认为,一到两个屏幕大小是合适的,但以这样的单位来进行页面分栏,会将稿件变成过多的碎片。而有些受众并不喜欢不断地点击链接,就像很多人在读报纸时碰到转页就会放弃一样。另外,一份稿件放在一个页面中,下载一次就可以获得全部内容,便于离线浏览与打印,因此,不能过分强调页面的短小。只有找到一个合适的分栏比率,才能更好地满足读者的需要。

如果一篇文章分成若干页面,最好在页面上部显著的位置注明本文有几页,并且在每一页上将标题显现出来,以引起读者的注意。

(二) 页面的字体与字号、色彩

阅读的舒适度与信息传输质量是正文页最注重的,而字体、字号、色彩等这些基本的设计元素,正是影响以上效果的重要因素。

从目前的实践来看,中文字体中,最适合在网页上使用的字体是宋体。有些设计者喜欢用圆体字,但是圆体字的拐弯处呈圆弧状,使字迹看上去不那么清晰,不如使用宋体的浏览效果好。

从字号上来看,10 磅至 12 磅大小的字,是比较适合阅读的。

色彩搭配方面,白底黑字或白底蓝字都是比较合适的。

在正文页的设计中,要以满足一般读者的阅读习惯,而不是以彰显设计者的个性为目标,因此,无个性的设计在这里反而可能是最理想的。

(三) 页面的空间处理

正文页内容构成简单,空间处理也较为容易。一般来说,导航条位于页面的顶部,文章标题与正文位于其下。正文之后,也可能还有附加内容,如相关文章、用户评论等。

值得注意的是，正文的宽度不能占满整个屏幕，因为一行文字如果太长就会造成阅读时的混乱。合理的宽度是屏幕的二分之一到四分之三之间，剩余的空白之处可以用来放置附加内容，如相关文章、推荐内容、广告等。但无论网页有没有附加内容，都应该留出一定空白，这样做除了能够减小阅读负担，还可以增加页面的美感。

国外的一些网站正文页，页面留白相当多，如图8-9所示。这样能够使读者阅读起来比较轻松舒适，这种做法值得我们借鉴。

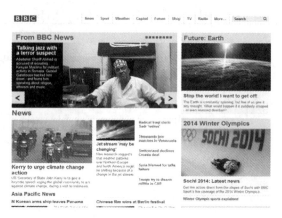

图8-9　BBC（英国广播公司）首页

（四）页面的附加内容

正文页除了刊载文章的正文外，通常还有一些附加内容。这些内容虽然不一定与主体稿件有直接的联系，但是它们充分利用了正文页的空间，使网站拥有更多的区域来展现想要推荐的内容。这些附加内容主要包括网站重点推荐的文章、专题报道、博客或热帖、广告等。

在进行页面设计时，既要给这些附加内容留有相应的空间，又不能让它们过分冲淡了正文内容。对于广告，应该用明确的方式表示出来，以免与主体内容相混淆。特别是需要注意内容之间的协调，例如，如果主体内容是严肃的，而周围充斥着庸俗的小广告，那么就会让人产生不适的感觉。

三、网络新闻网页设计原则

网络新闻网页的设计原则既复杂又简单。复杂的地方在于，作为新闻网页，网络新闻的设计既需要遵循新闻版面设计的主要原则，又要根据网络页面的特点对新闻网页进行设计。而简单的地方在于，网络时代很多规则都不复存在，只需更好地提供信息、服务读者即可。

（一）版面简洁，方便用户

当今社会信息技术高速发展，相应产生的是过度泛滥的信息资源。人们逐渐开始对繁复的信息感到头疼和反感。近些年来，在多个领域不断兴起的极简主义风格就是对繁复拥挤现象的反击和矫正。

就像现在很多人很难接受密密麻麻的报纸版式一样，人们对版式复杂的网络页面会更加反感。版面简洁越来越成为新闻网页乃至绝大部分网页设计的基本要求。大部分版式都注重对版面模块的区分，并且在板块之间留出足够的"呼吸"空间，以增加网站的亲和力。

网站的操作应该方便用户，如果用户不能迅速地进入网站或便捷地操作，那网页设计无疑是失败的。

（二）重点突出，优化内容

面对突如其来的信息洪流，人们往往会不知所措，而人类对信息的需求又是不断增长的。内容是核心，一个优秀的新闻网页设计者在做到版面清新简洁之余，更要能满足读者对新闻信息的需求。

网络编辑需要合理评估新闻的重要性，并对不同重要程度的新闻做好分级处理。一般来说，除了在版面位置上对新闻进行分级处理，还可以通过字体、颜色、图片、视觉引导线等方式突出新闻的重要程度。

网站的内容包括网站功能和用户所需的内容，网站的整个设计都应该围绕着这些方面来进行。

（三）重头轻尾，注重设计

很多情况下，新闻网页传达出的第一印象决定了网民是否会继续阅读网页，因此前面数屏的设计非常重要。首屏的重要作用是能够引起读者的兴趣，同时能够将最重要的信息呈现在读者面前。在设计网站页面的时候，一定要注意前几屏的设计。

读者经过前几屏的浏览后，对网页中后部分，一般是带有某种目的性去寻找信息的。因此，网站在中后部分应当减少带有设计感的元素，转而使用规整合理的分类来呈现不同的信息。

（四）视觉平衡，合理布局

在视觉感官中，人们总是会对自己所见到的物体进行重心的判断。人们大多喜欢稳定、平衡的状态，因此一个重心平衡的物体肯定会比不平衡的物体更加受到人们的欢迎。人们一般认为黑色代表了重量，物体颜色越深，重量就越大。因此在版面中，如果某个地方的字体较为密集，那么人们就认为这部分较重。

在每一屏的版面中，策划在设计的时候都应该考虑各个部分和板块的视觉重量。我们可以通过调整文字的字体、粗细、字号和密度，合理地将平面视觉重量较为对称地安排妥当，避免让读者由于视觉失重而潜意识地产生焦虑感。

（五）颜色和谐，风格统一

颜色是版面设计中读者较先感知到的元素之一。好的颜色搭配能够起到非常美妙的整体感官效果。在采用多种颜色时，必须注意它们之间的关系与配合，利用明暗、深浅对比等方式对版面进行合理的布局。网页一般都有一个主色调，色彩通常不超过三种，以形成自身独特的品牌风格。

鲜明的特色易给人留下深刻的印象，眼花缭乱的设计往往会模糊人们心中的网站形象。风格统一则是指网站内所有的页面在色彩、导航条、内容版面、网站LOGO等版面元素上保持整体风格相对统一。

在进行创意设计时，每个网页根据信息内容、访问者的不同，版面风格也有所差异，这种差异是建立在网站整体风格基础上的，不仅不能削弱网站的整体风格，而且要成为网站整体风格的一个组成部分。这种整体风格的存在将时刻提醒人们自己所访问的是什么网站，从而使人们能很快地从众多的网站、网页中辨别出该网站。

（六）避免串题，版面合理

避免串题是传统报纸版面的基本要求。传统报纸版面上的串题是指相邻两条新闻的标题在水平位置上比较接近，有可能造成标题相连而产生混淆甚至误读的情况。由于传统报纸越来越放弃咬合式版面而采用模块化版面，串题的情况越来越容易发生。而在诞生伊始就采用模块化编辑的新闻网页中，串题的情况更容易发生。

为了防止串题，网络新闻网页除了直接移动版面位置之外，还可以仿照传统报纸的方法对标题的字体、字号等进行处理。同时，在新闻网页设计中，我们还可以采用在标题前添加项目符号、添加隔断线等方法避免串题。

（七）流量优化，网站维护

在信息加载方式上，阅读报纸和阅读网络新闻网页存在很大的不同之处。人们在购买报纸的时候，新闻信息就已经通过印刷的方式加载到报纸上。而阅读网页的时候，是在人们选择某个页面之后，页面信息才进行加载的。网民在时间等待上的焦虑感是很强烈的，所谓的"八秒定律"就是指用户在访问一个网站时，如果等待信息加载的时间超过 8 秒，那么他们中有 70% 的人会选择放弃访问该网站。一般来说，一个标准的网页应不大于 60 kB，以尽量缩短加载时间。

在制作网络新闻页面的时候，一定要注意网络流量的优化。在保证质量的前提下，采用轻量化的网站结构、压缩后的照片、合理运用超链接等都会对缩短新闻网页加载时间有帮助。如果是新闻图集等以视觉质量取胜的网页的话，则可以采取先加载整体框架，然后设置进度条等提示控件来保证用户的使用体验。要时刻注意网站的运行状况，仔细做好网站的升级工作。

四、网页布局设计常见错误

（一）栏空大小不合适

一般以一个字符的空间为恰当栏空，太大或者太小的栏空都是不适当的。

（二）大标题不突出

将大标题设为粗体，和小标题之间留有足够的空间。同时，大标题与正文的字号要有明显的差别，否则会导致大标题不够突出。

（三）边框设计不合理

网页版面要留有足够的边框空间，一般以一个字符的空间为宜，太大或者太小的空间都会给人以憋闷的感觉。

（四）图表不够简化

图表的目的是让人在短时间内快速了解信息，知道大致的分布，过于细密的图表不利于内容的阐述。

（五）字体的形式太多

在一页版面设计中使用过多的字体，会造成版面混乱。一般情况下，在一个版面中，英文字体不宜超过 5 种，中文字体不宜超过 3 种。

第四节　移动新闻端 APP 的页面设计

互联网时代,智能终端炙手可热,各种形式的移动互联网应用软件在用户日常生活中发挥着越来越重要的作用。其中,借助移动互联网信息传播的即时性和形式的多样化,手机新闻客户端为用户提供了更加便利的新闻获取途径,成为越来越多手机用户的装机必备应用。新闻 APP 作为一种新型的新闻资讯平台已经被广泛使用。目前,常见的新闻类 APP 有网易新闻、今日头条、搜狐新闻、腾讯新闻等。但与此同时,以手机为载体的新闻 APP,其快节奏切换的使用场景和碎片化的信息,使人们给予同样信息量内容的关注时间越来越有限。目前市场上的新闻 APP 之间存在着激烈的竞争,为了改善用户体验,除了在内容上做到为用户推送感兴趣的"定制新闻",在页面布局方面,如何使用户的浏览行为更加高效也非常重要。

现有的手机新闻 APP 页面布局主要有左文字右图片和右文字左图片两种形式。根据受众的操作习惯和眼动规律,常见的页面表现形式有以下几种。

①强调短时间内提供给用户更多信息的热点新闻或时效性强的新闻,宜采用左文右图的布局方式。用户在内容型频道内阅读采用的是文字导向性的视觉浏览方式。左文右图的布局有助于提高用户的阅读效率,同时手指的滑动操作也不会对文字内容造成遮挡。

②对于图片内容类的新闻,可通过在左文右图的主要布局内穿插一些左图右文的图片内容类新闻。通过图片打断用户在左部文字区域内的视觉流,提高对本条新闻内容的关注度。

③在傍晚到深夜时段,用户时间比较充裕,可深度阅读长文,易穿插一些上文下图的布局结构的新闻。通过采用对比度高的图片吸引用户点击,提高页面的点击率与转化率。

附录

（一）拓展内容

网站的创意设计就是满足人的审美需求。在达到基本功能的要求之后,网站为了突出自己的特色和优势,必须从审美上入手。而目前很多国内网站在这方面做得显然不够,表现在以下四个方面。

（1）"塞"。

"塞"主要体现在网站的内容设计上,将各种信息诸如文字、图片、动画等不加考虑地塞到页面上,有多少挤多少,不加以规范化、条理化,更谈不上进行艺术处理。页面五花八门,不分主次,没有很好地归类,整体一个大杂烩,导致浏览时会遇到很多的不便,让人难以找到需要的信息。

（2）"花"。

有的网站把花哨当作"美",页面花哨但不实用。例如,采用颜色很深的、带有花哨图案的图片作为背景,严重干扰了用户浏览信息,使得用户获取信息很困难。此外,有些网站还采用了颜色各异、风格不同的图片、文字、动画等,使页面五彩缤纷,整体风格不统一。尽管有些页面内容不多,但是浏览起来仍然特别困难。这种过度的包装甚至不如不加任何装饰的页面,不加任何装饰最起码不会损害对其基本功能的需求。

(3) 千篇一律。

很多网站从标题的放置、按钮的编排到动画的采用都模仿一些成功的网站。当然这种模仿对初学者来说是很有帮助的,但对一个成熟的网站创意设计人员来说,单纯的模仿只会使网站显得毫无特色。这主要是网页设计师本身的原因,他们没有充分地利用自己的知识,分析自己网站的优势,凸显自己网站的特点,而是采用走捷径的方式,即用大众化的方法去做。失去了自己特点的网页就像流水线上生产的产品,随便看哪一个都一样,这样就不能起到为网页进行设计的目的。

(4) 纯技术化。

在这种纯技术化的网页上,充斥了许多纯粹为了炫耀技术的东西,如多个风格迥异的动画(缺乏美感甚至与主体无关),有的还大量地利用 JavaScript 和动态 HTML 的技术,但始终没有把握住整体这个中心,造成页面的混乱。此外,大量的动画设计会严重影响浏览速度,从功能上来说,也是不可取的。

综合以上的分析,可以找出目前很多网页在设计上存在的不足,特别是审美上的不足。在照顾网页功能需要的前提下,要有针对性地采用一些美的形式来使网页做得更加有生气、更吸引人。

(二) 参考文献

[1] 宋文官,王晓红. 网络信息编辑实务[M]. 北京:高等教育出版社,2008.

[2] 王晓红,谭云明,李立威. 网络信息编辑[M]. 北京:北京航空航天大学出版社,2009.

[3] 赵丹. 网络编辑实务[M]. 杭州:浙江工商大学出版社,2010.

[4] 李凌凌. 网络传播理论与实务[M]. 郑州:郑州大学出版社,2004.

[5] 韩隽,吴晓辉,梁利伟. 网络编辑[M]. 3版. 大连:东北财经大学出版社,2015.

(三) 思考题

①试归纳网络新闻页面的特点。

②从受众需求和网站的引导作用两个方面分析新闻页面的规划和设计的目的。

③小组合作,结合本章所学知识,完成一个网络新闻网站的导读页及正文页的设计方案。

④登陆本校校园网,对其视觉设计的内容进行分析,指出网站设计的优缺点,并提出改进方案。

第九章 网络编辑的专业内涵与素养

内容提要

新媒体、大数据、人工智能等技术推动了网络传播的巨大变革,形成了新的传播特征与传播秩序,也导致网络新闻运行法则的变革。以智能手机和平板电脑为主的移动媒体有其独有的特征,成为新闻传播的重要渠道。移动媒体新闻的编辑原理就是在深入理解并掌握其传播规律,现时结合互联网和新闻传播规律的基础上,概括、归纳出的指导移动媒体新闻编辑的基本理论与方法。社会化属性的自媒体,公民新闻与碎片化新闻兴起,人工智能的新闻业运用,均为网络编辑这个职业注入了新的职业内涵与要求。作为信息专业设计师和建设者的网络编辑,迫切需要调整自己的思维、观念与业务模式,提升自己的专业素养与能力。

第一节 网络编辑的新闻专业主义坚守[①]

一、新媒体环境下新闻专业主义面临的质疑和挑战

新闻专业主义是大众传媒理念、价值观和操作方法的整个体系。学术界比较具有代表性的定义,新闻专业主义是"包括一系列定义媒介社会功能的信念,一套规范新闻工作的职业道德,一种受政治和经济权力支配的更高权威精神,以及一种服务于公众的自觉态度"[②],这实际上是媒体或新闻工作者在具体工作过程中应当遵循的基本规范,其核心概念是"客观性"。由于客观性界定的复杂性以及在新闻操作层面存在的障碍与问题,虽然作为经典自由主义新闻学的核心理论之一,新闻专业主义在新闻社群规范与认同凝聚方面居功至伟,但对

---

① 吴飞、唐娟:《新媒体时代的新闻专业主义:挑战、坚守与重构》,《新闻界》,2018 年第 8 期。
② 陆晔、潘忠党:《成名的想象:中国社会转型过程中新闻从业者的专业主义话语建构》,《新闻学研究》,2002 年第 4 期。

于新闻专业主义仍一直存在着各种争论。即便如此,传统媒体时代,新闻传播规范的遵守与道德伦理的自律一直是媒体的基本要求。

公民新闻、社交媒体环境下自媒体等兴起,人们接受和评价新闻的方式变化,新闻内涵的延伸,使新闻专业主义理念面临新的挑战。近年来,新闻工作的自主性和权威性正面临日趋严重的威胁,编辑记者等新闻从业人员职业的合法性受到了博客、UGC(用户生产内容)等各种形式的挑战,以至于何为好的新闻业、如何从事新闻工作已经成为备受关注的议题。随着作为业余人士的公众侵入原本专业记者编辑独享的文化工作,新闻业出现了"去专业化"(deprofessionalization)的现象。这些现象的出现引发了一些质疑:非专业人员的大力参与,是否会挑战新闻专业主义,是否意味着专业主义的过时?学者们的分析以不同维度,主要集中于以下几个方面。

一是质疑公众参与无法创造真正多元和自主的新闻,无法代表真正的公共性。专业从业人员一般通过专业教育,或在新闻编辑实践中成长起来,接受过典范的教育和培训。但公民记者、新媒体编辑没有接受过这样的正规教育或者训练,他们往往将"观点当成事实,将谣言当成报道,将传闻当成信息"。更有些人的专业、媒介素养低下,存在许多不规范、不合法的行为。总体而言,"由于'公民记者'和'社会媒介'鱼龙混杂、良莠不齐,其权威性和公信力往往比传统媒体更低——网民似乎只适合当爆料人和调查者,而不适合下定论"①。

二是专业的新闻工作者已经表现为盲从和屈服于网络群体的非理性行为,为网络民意所驱动时,为迎合网络民意而失去理性与客观性,从而将新闻权威的管辖权拱手让出。②

三是新闻从业者线上群组交流和话语互动,成为其日常生活的一部分。底层从业者与管理层之间的沟壑变得更深,传统的新闻管理模式被消解,促使记者们的职业认同和阶层认同也更强烈。但这种"记者联盟"也存在伦理风险,如群体中的民粹主义倾向,对"新闻真实"的冲击,以及对组织伦理的背叛等。③

四是人工智能技术的出现,将会对新闻传播生态产生更大冲击。虚拟现实和增强现实技术的发展,将会模糊现实和虚拟的边界。对何谓真实,何谓新闻的真实性等,这些原本为新闻业生死攸关的问题,将会受到根本的挑战。而那些掌握了大数据运用以及更为先进的算法等新技术的公司,正宣称基于我们的兴趣来进行精准推送,甚至使用机器人进行新闻写作。但从人的经验角度来看,我们真的知道我们需要什么吗?机器程序真的能写出人的心境、情感与思想吗?

正如胡翼青所认为:"我们的新闻专业主义在社会角色定位方面本身有问题或者有危机,因此在新媒体和公民新闻的映衬下,它显得非常弱不禁风。它有没有在重大新闻事件中充分运用自己的组织和资源优势始终主导话语权?它有没有代表公共性的声音在社会事件中发言?它有没有真正地遵循了它的职业操守和法律规范?"④总之,新媒体时代,实现专业主义的障碍,除了传统国家的介入之外,又叠加了在新情境下专业意识形态的解体,以致人们愈加失去对新闻专业主义的信任,认为这是不现实的。

---

① 郭镇之:《公民参与时代的新闻专业主义与媒介伦理:中国的问题》,《国际新闻界》,2014年第36卷第6期。
② 白红义:《汹涌的网络民意对新闻专业主义的挑战——以近期几起公共事件报道为例》,《新闻记者》,2011年第6期。
③ 彭华新:《社交媒体中的自发式"记者联盟":身份、环境、伦理》,《国际新闻界》,2017年第7期。
④ 胡翼青:《自媒体力量的想象:基于新闻专业主义的质疑》,《新闻记者》,2013年第3期。

二、肯定与坚守

多数研究者和从业者对自媒体时代专业主义的坚守持肯定态度。目前看来,无论是在技术层面还是在新闻专业主义理念层面,自媒体与公民新闻似乎对传统媒体和新闻专业主义构成了威胁,而最终这些变化也必然会促进新闻更加专业,定位更加明确,信息传播更加繁荣。

(1)公民对新闻真实的需要,对新闻专业主义理念的接受。

无论何时,公民的民主生活甚至是日常消费,都离不开及时与精确的新闻信息。虽然传统媒体的衰落和新媒体的兴起,确实带来了信息的虚假繁荣和假新闻的泛滥成灾,但我们也不能因此认为,公民乐于接受这种信息,这种想法肯定是不负责任的。皮尤研究中心(Pew research center)2018年初发布了一份在38个国家进行的公众调查报告。报告显示,虽然在全球范围内,各国公众对本国新闻媒体的评价差异巨大,但他们对新闻客观性和中立性原则的认可仍是共识。

无论传媒业的边界与版图发生什么样的变化,它的社会环境监测、舆论监督、社会整合、文化传承等功能都不会消失,其职责的履行仍只能由专业性支持。李良荣教授认为"新媒体确实是打破了新闻生产由专业人士所垄断贩售的局面,但其作为一个理念在今天还是有用的。即使是个体化的小媒体,新闻报道也要求真实、客观、全面、公正。新闻要求真实、全面、客观、公正,这是任何社会的常识……因此新闻专业主义理念能够被社会接受"[1]。

传统新闻专业主义价值观虽然受到冲击,文化资本受到商业资本的挑战,但仍然掌握着边界上的阐释主导权,商业主义的统合压力下,专业主义没有退场,仍主导着既有的新闻秩序。[2]

(2)新闻专业的核心精神必然与数字时代新闻的主要特质相结合。

经过长期的新闻专业主义的熏陶,美国主流新闻界至今仍信奉如下准则:①严格限权自由主义;②客观性;③社会责任感;④人民的知情权;⑤信用差距(credibility gap);⑥为公众利益服务;⑦监督权力;⑧保持平衡与公正;⑨具有同情心;⑩保卫《第一修正案》;⑪保持独立性;⑫勇敢无畏;⑬思考你的忠诚;⑭自我意识与良知;⑮忠于社会;⑯忠于自己的付出(loyalty to the hand that feeds you);⑰忠于专业同行;⑱在"纷乱"的世间做到行为得体(acting ethically in a "messy" world)。[3]

虽然这些伦理规范和行为准则,确实没有哪一条是轻易就能实现的。新闻专业主义可能正受到多种不同力量的冲击,但新闻专业主义所追求的理想乌托邦仍然具有很重要的意义,它至少让我们在纷繁复杂而且往往是以假乱真的信息空间里面保持定力。展江教授认为,客观性是一种可望而不可即的理想和难于实现的神话,但是它的确有助于形成一种健康的新闻伦理和独特的新闻精神。

2010年,尼基·亚瑟在《纽约时报》做了5个月的田野调查。他的研究发现,数字化时代新闻具有三大特质——即时性、互动性和参与性,"尽管以客观性理念为核心的新闻专业主

---

[1] 李良荣:《新闻专业主义的历史使命和当代命运》,《新闻与写作》,2017年第9期。
[2] 曹林:《扩张、驱逐与维权:媒体转型冲突中的三种博弈策略——以兽爷、咪蒙、呦呦鹿鸣争议事件为例》,《新闻大学》,2019年第6期。
[3] 吴飞、唐娟:《新媒体时代的新闻专业主义:挑战、坚守与重构》,《新闻界》,2018年第8期。

义依然在起主导作用,但这些新的特性已开始嵌入新闻生产的常规(routines)之中"①。

新闻专业主义的基本理念在新媒体时代,依然具有规范和解放能力;这种生命力来自新闻业的再出发,更根植于激励着再出发的公共生活重构;而得以重新阐释的不仅是媒介和新闻从业者的职业期许,更是作为其基础的公共生活的核心价值。

(3) 多元主体共同实践的专业性重塑,必然会发生。

"人人都是记者"的提法,可能是值得商榷的,因为这种提法抹杀了新闻专业主义建构者的全部努力。毕竟不是每一位公民都有能力去采集、组织、分析并且能够清楚地陈述新闻事实,他们更没有能力进行长久的新闻报道与传播。更重要的,他们只是作为一种新闻的参与者而不是主导者。即便如此,新闻的重要价值观对公民记者而言仍然会是一种社会理想和态度,"公民记者作为非职业的新闻共同体的阐释社群,……也和职业记者一样视社会责任、信息获取、知识增长和(非职业的)新闻专业主义观念为重要价值"②。

无论边界如何打破,未来各种力量的共同努力方向,都是专业性的重塑,这种重塑的专业性是一种多元主体共同实践的专业性,除了媒体对新闻专业主义的坚持外,各种参与公共信息生产与传播的主体,都需要某种程度上的专业性,即具备一定的专业素养和专业伦理。

生产主体、模式和格局都发生了深刻变化,传媒业的专业性也将升级,由多种主体以多种方式塑造。多元主体与多重路径边界消融之时,过去只属于专业媒体的专业性,也必然向其他主体延伸。

除了媒体对新闻专业主义的坚持外,各种参与公共信息生产与传播的主体,都需要某种程度上的专业性,即具备一定的专业素养和专业伦理,因此,未来的传媒业的专业性,是一种多元主体共同实践的专业性。尽管不同主体在未来的传媒业中扮演的角色不同,其专业性表现和实现路径也会有所不同,但它们都建立在"公共性"的基础上,也就是遵从公共价值,为公共目标服务。③坚守专业主义、再树专业性标杆,对于专业媒体的从业者,或者以自媒体方式从事着职业化新闻生产的内容创业者,新闻专业主义仍应是其核心坚持。

(4) 社会主义新闻事业服务公共利益的要求。

习近平同志认为:"新闻学作为一门科学,与政治的关系很密切。但不是说新闻可以等同于政治,不是说为了政治需要可以不要它的真实性,所以既要强调新闻工作的党性,又不可忽视新闻工作自身的规律性。"他明确指出:"(新闻工作者)要严于律己,遵守职业道德。新闻工作者要讲究职业道德。"习近平同志虽然没有使用新闻专业主义一词,但他讲的新闻规律以及新闻的职业道德等与新闻专业主义的核心内容有交叉之处,所以我们完全可以将新闻专业主义视为一个对话领域,没有必要惊慌失措。我们可以接收新闻专业主义这种宣称是为公共利益服务的一种专业性的理念。我们完全可以以一种创造转化的心态来面对所有的外来观念,对新闻专业主义同样也适用。

总之,新媒体时代,传媒业的边界与专业壁垒正在被打破。一方面,公民新闻、社交媒体与自媒体等的兴起,挑战专业媒体的社交传播力,也会放大信息茧房、后真相等困扰,正在考验专业媒体及其从业人员的成色。另一方面,这种趋势在客观上也有助于推动专业力量的

---

① 王敏:《回到田野:新闻生产社会学的路径与转向》,《南京社会科学》,2016年第12期。
② Sue Robinson, Cathy De Shano. "Anyone can know": Citizen journalism and the interpretive community of the mainstream press. Journalism, 2011,12(8).
③ 彭兰:《无边界时代的专业性重塑》,《现代传播》,2018年第5期。

提升。传统媒体一贯依赖的渠道垄断难以为继,话语权被削弱。同时,他们不能不更为充分地关注每一种或新或旧的传播渠道,思考其传播动力,理解其流量逻辑。在此基础上,也要寻找内容生产与内容分发的最优配置。但最重要的,他们只能用专业守望来维护良好的内容生存,维护自身存在的价值。虽然人工智能的新闻业应用,又在侵蚀着人机边界,但未来新闻业的新可能,仍然需要用专业价值引导机器的发展方向。①

第二节 网络编辑的专业核心思维

一、技术驱动与"以用户为中心"

"以用户为中心"是个性化信息服务区别于传统信息服务的本质特征,也是网络编辑应该持有的核心工作理念;同时,新媒体的本质特征是技术驱动,这对网络编辑提出了更高的技术要求。从传统媒体时代到新媒体时代,再到人工智能时代,传播技术的发展使新闻传播形态发生变化。事实上,人类的数字化生存已经来临,人机互联已渗入人们的生活。在新闻生产领域,人工智能与大数据、云存储、虚拟现实、传感器等智能技术的应用,促使新闻业务进行深度变革。传统意义上的编辑工作模式逐渐被淘汰或改写,甚至网络编辑模式也在发生变化,不得不面临人工智能的竞争。2016 年,Facebook 解散自己的"热门话题(Trending)"团队,用机器算法抓取头条取而代之,已释放出人工编辑处于尴尬境遇的信号。尽管目前人工智能与媒体的协同信息生产仍处于探索时期,新闻编辑的微观工作内容尚未细化,但思维转向是其能否可持续发展的关键因素,与时俱进地探求新型思维机制已然提上日程。

(一)以用户为中心的编辑工作理念②

交互服务是互联网个性化、多样化服务的重要发展。技术的发展使新媒体的平台属性得到强化,总体而言,平台机构的职责是作为各种网络服务的提供者和信息共享平台的锻造者。而网络编辑无论作为专职的媒体内容建设者,还是用户自生产内容的管理者,其所有工作内容都属于网络信息服务。

新媒体信息服务的社会主体被称为"用户",个性化信息服务必须"以用户为中心"。个性化信息生产与服务逐渐被社会认同,正成为当今信息服务的主导潮流。如何使用户从海量的数据和信息中获取有效信息?如何及时地获取满足用户不同需求的最新信息?如何提高信息检索与推送的智能水平?在网络环境下,用户信息需求呈现出多元化个性特征,表现出对信息新颖性、及时性和针对性的关注。用户需要"一站式"检索和个性化信息提供的服务,需要通过更加友好的界面方便快捷地获取分布式异构信息。

"以用户为中心"是网络编辑应当具备的基本观念,把握用户需求体现在很多细节方面,

---

① 彭兰:《无边界时代的专业性重塑》,《现代传播》,2018 年第 5 期。
② 师静:《Web2.0 与网络编辑的用户观》,《新闻爱好者》,2010 年第 3 期。

比如对网页下载速度和兼容性的严苛追求、重视网站首页的更新和呈现方式,等等。对于网站的编辑来说,他们已经不再是网站中发布内容的角色,在为网站提供内容时有了更新的要求。尽管渐渐失去了网站内容创造者的一些功能,但网络编辑仍然需要对网站的内容负责,即由原本内容的主要提供者转变为对内容提供者即用户的管理,从而达到网站内容引导的效果。

网站日趋平台化,用户也更加张扬个性。网络编辑在这种环境下,需要改变思维方式,必须不断学习思考,不断了解时下的新思想。而且网络编辑的工作内容在不断扩展,与用户互动、进入用户圈子、引导用户都是他们必须做的事情。脱离了"网络搬运工"身份后,网络编辑增加了策划和管理工作,在职业性质上更为高端,需要以一个比较广阔的视野去了解整个网站。总之,面对不同的用户需求、更加多元化的工作,网络编辑需要不断提升自身素质才能胜任;作为网络编辑,应秉持为读者服务的态度,要对工作认真仔细,充满责任心。

在移动网络与智能新闻技术环境下,对编辑的用户意识要求更高。信息传播链条的终端受众因移动网络的普及已被用户概念所替代。从编辑业务角度来看,新闻报道对用户的关注,首先需明确两个问题:第一,新闻内容与报道形式是否与移动网络中的用户消费理念相适宜;第二,用户接入网络端口众多,既有 PC 端的新闻门户,也有移动端的社交媒体和新闻客户端,如何根据不同端口特征将新闻更好地呈现与传达。为实现编辑推送与网络新闻消费衔接的个性化传播,新闻编辑通常要将新闻素材的标题、导语、正文等传播内容和形式进行多样化处理,还要依托智能化技术展现富有冲击力、吸引力的情节和场景,满足智能化传播的用户体验。

(二)互联网与新媒体技术意识

互联网意识是相对于传统媒体意识而言的。新媒体与传统媒体有不同的技术与传播方式,不同的传播对象、内容与途径,因此,新媒体编辑首先要懂互联网,要具有互联网与新媒体技术意识。[①]新媒体编辑应先是互联网人才,然后才是编辑人才。新媒体编辑必须对新媒体的本质与特点有充分的认识和理解,并在工作中培养与强化这种意识。在媒体转型过程中,具有互联网意识的人往往转型比较顺利,能够较快适应新媒体的环境,并发挥自己的新闻专业优势。另外,由于不同平台定位不同,其编辑流程存在差异,因此新媒体还应熟练掌握多种软件操作功能,了解新的计算机语言及其功能。新媒体编辑要掌握编辑工作中必备的新技术和本领,提高服务意识以更好地满足用户需求。在技能方面,主要包括文字功底、新闻敏锐性、编校能力以及多种图片处理软件和音视频软件的熟练使用,掌握一定的计算机技能、网络基础知识、HTML 等各类语言,并根据它们的不同作品形式在不同平台(如两微一端)的编辑后台进行使用。

网络媒体的本质特征是技术驱动、用户中心。新媒体编辑的互联网意识就是要求编辑深刻理解并善于具体运用网络媒体"技术驱动、用户中心"的理念。媒体形态不断变革,传播手段不断革新,但万变不离其宗,核心仍然是内容。具备互联网意识就是要具备互联网技术应用能力,理解各种新技术如何推动内容产品推陈出新,并在此基础上进行内容策划与建设。在工作过程中,始终贯穿信息服务要满足用户需求的观点,养成"以用户为中心"的思维模式。这是新媒体编辑具有的互联网意识的核心所在,也是与传统媒体的根本区别之处。

[①] 何先义、戴姝英、李缨:《新媒体编辑要有八种意识》,《中国广播电视学刊》,2012 年第 12 期。

(三)智能化趋势下的人机协作意识

人机融合、自我进化的智能媒体时代的来临,脱胎于传统媒体的新闻编辑思维方式和思维过程,不可避免地要去适应智能化编辑的格局。

新闻编辑部分工作内容的权利正在向人工智能让渡。人工智能进入新闻生产环节,使得编辑作为业务数据家的能力得到突破。自动化数据采集帮助编辑搜索新闻线索,归纳分类新闻原始素材,自动进行用户分析,可根据算法向用户推荐喜欢的内容,实现小众化用户的精准定位,改变了过去很长一段时间由编辑掌握的内容分发权和信息输送决定权。2017年底,新华社"媒体大脑"作为中国第一个媒体人工智能平台展示了MGC(机器生产内容)视频新闻的魅力,它通过摄像头、传感器等设备智能收集数据和信息,实时跟踪新闻事件,结合新闻发生地附近的多种数据,进行数据分析、数据可视化绘制、内容分类、稿件撰写、视频编辑、录音配音等一系列工作,实现了机器智能生产由文字转向视频的进化历程。可见,智能化的机器简化了编辑工作,解放了编辑刻板、机械的重复性劳作。

编辑工作不可避免地面临更大的技术挑战。如果说传统媒体时期编辑工作以选题策划、发掘新闻、报道配置和报道合成等"软性"工作为主,那么智能媒体则要求新闻编辑在各环节的工作都开始向多种软件技术应用的"硬性"工作倾斜。如在美国,可通过Geofeedia围绕一个位置搜集Twitter、YouTube、Flickr上的文章,点击"拼贴"按钮,可监测到社交平台上信息的具体内容、发布者和发布时间;可用TinEye实现"反向图片搜索",确定图片信息源;可用Authorware、Directors等常用软件进行音视频处理,实现新闻呈现的场景化。尤其是作为机器编辑肇始的Google News,其开创的新闻自动选择和推荐、排序的方法,对新闻门户产生巨大冲击和影响。国内腾讯的Dreamwriter、新华社的快笔小新、今日头条的Xiaomingbot的机器人写作,以及VR/AR、直播云平台等技术引发的沉浸式新闻,都对新闻编辑工作提出了技术挑战。

编辑与技术团队的协作能力更强,要求更高。一般性的新闻编辑与技术之间关联性不大,智能化产生了许多原来编辑业务中没有的新内容。在整个编辑人员群体中,在技术性编辑人员比例增加、内容性编辑减少的同时,分工越来越细。如《华尔街日报》《华盛顿邮报》的新闻编辑部除各自新成立了"实时新闻编辑部""突发新闻编辑部"外,还试图把程序员调到网络新闻编辑部共同工作,以实现多资源整合。而Buzzfeed拥有100余人的数据技术编辑团队,他们运用Wrike工具进行信息追踪,通过测试和回收的数据信息锁定受众喜欢的内容类型,进行整合编辑再推送。[①]我国新华社也在加快推进智能编辑部的建设,将成立一个"基于信息技术和人机协作的新的新闻编辑部",推动人工智能的纵深发展。人工智能的数据化、数字化为编辑部带来了活力,如《数据新闻手册》一书所记录的很多案例,都是新闻人员与计算机专家合作的结果。时下,新闻编辑与数字技术人员的团队融合无形中对新闻编辑素养提出了更高的技术要求。

可以预见,未来智能化将走向更广泛的媒体领域,语音交互、面部识别、传感物联等尚处于尝试阶段的智能技术将重塑新闻现场,重塑新闻编辑的角色与认知,使编辑思维发生根本性变化。在变与不变之中,唯有前瞻性地、正面积极地进行思维转向,才可引导适应智能媒体发展的生态需求,发挥编辑的核心价值。

---

① 郑晓迪:《美国网站新闻编辑数字化工具使用分析》,《编辑之友》,2017年第4期。

二、公共意识

网络是现实生活、现实社会的映射和延伸,网络上所生存的群体、所反映的信息并不完全虚拟。现代网络的一个发展方向是为网民营造"个人门户"平台,满足网民对网络从网络媒体到网络社会的诉求,营造一个网络社会形态。"个人门户"满足了人们个性化的传播需要,但人们毕竟生活在一个作为整体、系统的社会之中,网络媒体生产和消费的个性化发展趋势并不意味着会削弱甚至消灭"大众门户"存在的价值。总之,门户与"个人门户"均不再仅仅是人们与外界进行双向信息交换的"窗口",也是他们构建自己社会关系的平台,人们以此为核心来发展自己的社会网络。

在这样的背景下,网络媒体仍必须坚持发挥专业媒体的"连接"和"整合"的作用。一是从内容为王到"内容＋关系"为王,也就是网站必须全面调整自己的思维与方向,从 Web 1.0 时代的内容为王,转移到重视社会关系的建构,以"内容＋关系"为着力点,发展网站的思维角度上来。网络编辑需要改变思维,进入社会化媒体平台,学习和掌握这个平台的传播规则,争取利用自己的专业优势,成为这个平台的标杆。同时,网络编辑应在推动信息传播的个性化的同时,坚持和传递社会的公告信息和公告价值,成为个体间连接的纽带和整合社会的重要力量。具体而言,编辑应坚持以下几种公共意识。

(一) 把关意识与侧重点转向

新媒体时代,网络编辑工作的侧重点转向——要处理好把关工作的"抓"和"放"的问题。自媒体环境下,"低门槛、零编辑"技术与网络编辑的把关在信息发布和取舍范畴内是一对不可调和的矛盾体。网络世界中"把关人"层级的简化,消弭了传播者和受众之间的界线,信息流动性增强,信息传播高度自由化。网络给了用户信息传播的主动权,但无法保证用户都能正确使用。为遏制谣言和虚假信息,网络平台设立了"管理员"和关键词过滤系统,但是,对于聊天室、论坛、微博、微信等社会化媒体而言,把关效果显得微不足道。这就要求网络把关人要对虚假、有社会危害的信息进行有效控制。现在,把关工作必须跳出现有思路,放在媒体技术环节和社会管理大背景下重新进行考量,即"抓技术,放把关权"。[①]

一是技术攻关——从人为把关转向侧重技术升级。面对海量的信息源,网络编辑不可能一一过目,只能从人工智能方面来弥补。如今,网民可以轻易地躲过某种技术把关,并且大部分的网民都知道如何运用"翻墙"技术;现有的把关技术设定,已经无法甚至赶不上民间的"破解"速度。智能化的过滤也达不到预期的效果。所以,技术的自助把关一定要及时更新、升级,不断地掌握最新的网络语言指向和动态,提高技术把关的可行性。

二是把关权下放——采取专业和非专业相互配合的编发模式。自媒体琐碎的信息会随着其本身的重要性或显著性要素不足而逐渐"沉下去",而引起公众重大兴趣的信息会随着点击率或转发率的上升而"浮出水面",从而进入网络编辑力所能及的范围内。但网络编辑的工作,不能仅依赖信息自己"浮上来"或"沉下去",而要正视在传播过程中自身角色的变化——从以往的绝对主导地位下降为相对主导地位。传统的把关人仍然拥有对信息的修改权和删除权,只是这个层面的把关人仅能在信息发布之后实施这一权力。这就意味着,媒体工作者不能像以往那样在"发布信息"这一传播环节就对信息进行筛选,所以,采取专业和非

---

① 王志华、刘弋枫:《自媒体化生存对网络新闻编辑的重构》,《编辑之友》,2012 年第 8 期。

专业相互配合的编发模式就显得很有必要。自媒体基本上是个人综合素质的写照,在上传前完成把关工作将是一个值得期待的尝试。

(二) 道德与守法意识

新媒体传播新业务、新形态的不断涌现,增加了网络信息监控、汇总的难度。网络编辑必须严格遵守新闻职业道德,做好网络信息的编辑及网络舆论的引导。一是在观念上加强自身政治素养,坚持正确的舆论导向;二是在对信息的编辑过程中,严格遵守新闻工作者的职业道德,塑造与引领先进的新闻文化,尤其是在网上社区、微博等互动性强的领域中,要做好网络信息的把关,避免不实信息的散播;三是尤其要强调的,作为网络编辑,树立公共性意识很重要,不要被极端的个人情绪、言论所左右。

新媒体新闻中的违法违规现象,主要表现在侵犯著作权、肖像权、个人隐私权,发布和传播有欺诈、暴力、淫秽和危害国家公共安全内容的信息,以及大量游离于法律法规与社会伦理道德边缘的、违背社会文明、违背中华优秀传统文化、违背社会公德的各种低俗信息、垃圾信息、骚扰信息等。2017年12月,国家互联网信息办公室就传播色情低俗信息、违规提供互联网新闻信息服务等问题,约谈以编辑智能类媒体著称的今日头条,其后,今日头条加强了信息治理,大规模招聘内容审核编辑岗位,加强内容审核。文化能为人民提供坚强的思想保证和丰润的道德滋养。新闻编辑把关信息入口与出口,都要坚持文化引领,塑造先进文化,这也是编辑不能忽视的传播思维。

(三) 舆论掌控与引导意识

自媒体与公民新闻的繁荣,深刻地影响了专业媒体新闻生产和再生产的过程,从而影响到网络编辑的工作内容。尤其在重大事件发生时期,网络编辑应该发挥自身舆论控制与引导能力,仅顾及浏览量与经济效益是不负责任的表现。

对于公民新闻的甄别、使用和编辑,成为网络编辑工作中的一个重要内容。一方面,在编辑的过程中,应加强对公民新闻的补充核实。公民新闻在初期必然存在良莠不齐的局面,这甚至会使人们无法判断新闻的真伪。在这样纷繁复杂的情况下,专业媒体的报道将成为人们判断公民新闻所提供的信息的真实性、客观性、全面性等的参照。要完成这样一种标杆的任务,网络编辑应加强对公民新闻的编辑,并进行补充、核实,确保其真实性。在编辑公民新闻时,对其消息来源的权威性和可靠性要加以注意。同时,由于公民新闻中往往包含着主体自己对新闻事件的感性认知和感情体验,这些感性认知和感情体验在传播中又会影响主体对新闻事件客观的认知与评价。因此,专业编辑就要把公民新闻中的事实与意见区分开来,以使新闻更加接近于事实,而不受采写主体的思想感情偏见的影响。另一方面,在使用公民新闻的过程中,应坚持公正平衡原则,以保证新闻的客观公正。要平衡地反映各方观点,尤其要表达事件各方的意见,并按照新闻价值的大小,赋予其相当的发言位置;对公民新闻中的意见和评论要重新审视,将新闻与评论分离,以避免判断中的偏见。

(四) 知识导航意识

新媒体同样具有与传统媒体一样的传播、积累和传承科学文化知识的基本功能。网络编辑应该有科学文化知识的导航职能,要把知识导航运用到网络编辑工作中去,为广大的网民上网查询、阅读、学习、研究提供方便。搞好网络知识导航工作的关键要当好"三种人"。

一是当好"索引工"。高质量的"网络索引"是网民读者遨游"信息大海"的指路明灯。一个合格的网络编辑,应是一个合格的"索引工",他能迅速地将当天的大量新闻信息,按栏、按目扼要地"索引"在网络的首页或目录上。二是当好"讲解员"。如果仅做把关与信息整合工作,网络编辑的知识导航功能就没有很好地发挥出来,无法满足广大网友上网学习、浏览的需求。网络编辑要充分运用网络媒体技术的优势和特长,借助一些辅助性服务功能,如导航服务模块等手段,进行特殊化的"讲解",把用户引入知识的殿堂。三是当好"指路人"。发挥网络编辑的信息管理经验,根据用户的具体使用要求和爱好需求,为其进行网上信息查询和浏览提供向导服务,成为网络导游和信息参谋。具体而言,是向用户提供经过组织、分类、提炼的,类目清晰、内容丰富的网络信息资源。

第三节　网络编辑的专业素养与能力新要求

在工作职能上,网络编辑与传统媒体编辑的工作有较大区别。传统媒体编辑承担的责任更多是编校,新媒体环境下的网络编辑必须在实践的过程中提升自身能力,包括内容创造能力,信息把关、分辨、整合与解读能力,舆论的掌控能力,也应当具备一定的经营能力,才能在自媒体与公民新闻时代掌握话语权。明确网络编辑应具备的素养与技能,不仅对于网络编辑自身的职业发展,而且对新媒体行业的整体发展都至关重要。

一、内容创造与建构多维话语空间

新媒体形态的多样化,要求网络编辑在内容上下功夫。新媒体改变了传统媒体单一的业务形态,兼具与融合多种媒体的优势,因此,网络编辑不能仅仅依靠筛选新闻、制作专栏作为网站的主要内容。网络编辑应根据各种媒体的特点制作合适的传播内容,突破传统的内容创造模式,在内容贴切、形式创新、渠道多样上更好地加以把握。具体而言,在专题专栏、新闻评论方面均应有创新意识。

网络编辑在编辑方针的指导下,按相关性的主题制作专题专栏。专题专栏是在特定的主题和议程设置下,运用网络技术和多媒体的表现手法,对已有的新闻信息资源进行深度开发,并进一步探讨、挖掘新闻信息背后的真相和联系,使新闻信息的传播效果达到最大化。新媒体新闻信息极度丰富,不少重点信息、焦点新闻被淹没在杂乱性、多元化的新闻信息中。对此,许多新媒体都采取了梳辫子、结对子、编组入伙的办法进行再编辑,用新闻专题的形式进行发布,收到了良好的传播效果。现在,网络用户新闻专题阅读的可选择空间越来越大,媒体间的争夺日趋激烈。如何独辟蹊径,从网络受众需求出发,契合网络新闻专题的特点,制作高质量的网络新闻专题,打造网络媒体的品牌,成为对网络新闻专题编辑业务的新要求。

新闻评论对网络编辑有特殊的要求。要成为有力量的媒体,就要强化新闻评论,要邀请新闻评论员、意见领袖、特邀嘉宾、场外观众参与意见和观点表达。新闻评论在新媒体的各个题材品种中,占有极其重要的地位。网络上卷起惊天动地的狂风大浪,往往不是信息本身,而是铺天盖地的评论。为此,新闻评论编辑水平的高低,对新媒体特别是网络媒体的影响尤为重要。

新媒体的新闻评论与传统媒体有很大的不同。新媒体编辑既要具有传统媒体编辑所要求的政治政策、指导性等意识,又要具有新媒体所要求的特殊的新闻评论意识:一是语言口语化、大众化;二是文风要犀利、一针见血;三是尽力维护不同评论主体发表渠道的畅通;四是严格与细致地审核把关。①

(1) 拒做标题党。在生活压力大、工作任务繁杂的今天,为适应用户碎片化、多样化和随意化的阅读方式,新媒体往往采用夸张而醒目的关键词来吸引读者眼球。由此也衍生出以追求点击率为目的的"标题党"现象。编辑在文章的标题、内容中故意夸大事实,使用编造出的信息以谋取点击量。此举虽能在短期内获得一定效益,但从长期来看势必会对其自身乃至新媒体行业整体造成不可逆转的恶劣影响,更严重的是,如有捏造事实、散播谣言的情节甚至会构成违法行为。为杜绝"标题党"现象,编辑应做到:①恰当用词。在标题中切忌使用过于肯定或否定的词语,如一定、过时等词由于显得过于笃定因此不够恰当。②做谣言的"终结者"。培养信息判断能力,并形成自觉封堵虚假信息和谣言的意识,做一名终结谣言的智者。③恰当拟题。避免片面地提取文中"吸睛"信息而忽视文章主旨,以偏概全,要在完整反映全文思想的基础上进行标题信息的提取和拟定。

(2) 发挥创新意识,满足差异化需求。主要体现在:①形式创新。包括报道体裁、展现形式等方面的创新,如字体的调整、篇幅大小、图片与文字搭配的方式等。②内容创新。通过偏好调查,挖掘新的热点、兴趣点和关注点,及时调整选文内容。③观点创新。通过调查和阅读积累往往会产生的新观点。

(3) 网络编辑需要致力于建构多维新闻话语空间。②网络媒介的开放性提供了热点话题讨论的公共空间,在这个空间里,穿着"马甲"的网民隐去了现实社会中学历、职业上的差异,致使网络编辑面对多维的话语表达体系。在新闻媒体主流话语与自媒体话语、精英话语与大众话语、官方新闻话语与平民新闻话语、传者新闻话语与受众新闻话语的互动胶着中,网络构建的新闻传播话语空间具有多向度、多层级、杂糅性的特点,即使人工智能得到长足发展,网络空间中的多元话语仍处于"流"的状态。实际上,当大量的人工智能作用于新闻报道时,会更加及时、快捷地将公共性话题置于网民视野中,进而引发人们关注和热议。网络编辑的联动思维突出服务于媒体新闻报道内容的全面和形式的多样,尊重新闻事实,追求客观平衡,给予人们合理的表达权,提倡多元意见的交流与沟通,有助于提升新闻媒体的公信力和权威性。从整个新闻信息系统出发,建立多维新闻话语空间,是网络编辑拉近媒体与受众关系的重要手段。

二、信息分辨与选择能力

网络编辑一定要具备分析和鉴别信息的能力。由于开放式的信息发布特点,编辑把关的难度大增。虽然分析系统和工具的研发逐渐受到重视,但是对于大多数提供信息服务的网站来说,信息的分析和鉴别仍主要依靠网络编辑人工完成,这就要求网络编辑具备必需的职业素质。一般而言,网络编辑除了应该具备基本的政治素养、文化素养、道德判断力、语言

---

① 何先义、戴姝英、李缨:《新媒体编辑要有八种意识》,《中国广播电视学刊》,2012年第12期。
② 蒋琳:《智媒趋势下新闻编辑思维的转向与拓展》,《编辑之友》,2018年第10期。

组织能力外,还应具备良好的信息分辨能力,才能在纷繁复杂的网络世界里提取到有益信息,过滤网络谣言。如对于难以判断而又极具爆炸性的信息是决定"压一压"讨论后再发布,还是在第一时间发布,以何种形式、何种方法发布,会产生什么样的社会效益,这都要依靠网络编辑的信息分辨力。

随着专题专栏的出现,编辑工作开始摆脱"信息搬运工"的层次,技术含量开始增加,如要求懂基本的 HTML 代码,具备选择新闻的能力,即根据专题的要求与策划思路,选择符合专题立意的新闻,并放在合适的位置上。

三、信息挖掘、整合与解读,构建多维传播体系

传统的复制、粘贴信息加工方式已经不能满足现代社会的要求,碎片化信息需要整合、深度挖掘和解读,这些已成为网络编辑的日常工作。同时,应善于从多源化信息中寻找联系、挖掘深度,通过结构化的整合来实现对新闻的全面展现、深层解读。

公民新闻与生俱来的特征之一就是"碎片化",公民新闻的繁荣使得网络上充斥着海量的碎片化的信息,受众往往无所适从。信息的严重过载,也使得媒体的竞争更加激烈和随机。网络编辑加强对信息的结构化筛选和整合工作,可以降低受众阅读的选择成本。公民新闻带来的另一个效应就是迅速刷新新闻"时效性"的纪录,传统网络传播的速度优势受到致命的冲击,因此,网络媒体应转变竞争方向,从追求传播速度向内容深度拓展。由于目前网络媒体受到没有独立采访权的限制,这种转变更多的就是依靠网络编辑的整合思维与逻辑思维的能力。

人工智能元素融入传统新闻编辑工作,编辑工作需要体现智能新闻编辑工作的特性。新闻编辑应围绕产品与用户,利用网络技术提供的丰富工具,突出网络网状节点勾连延展出的平等、开放、交互与人性化,构建多维传播体系。新闻编辑工作以下三个方向的转向,将使新闻制作智能化系统与传播平台既可成为编辑思维活动中协助进行分析、判断、求证、自动生成新闻文本的有力工具,又可有效打破新闻编辑传统思维定式的窠臼。

一是集成式内容生成与循环机制的建构。Web 2.0 技术环境下社交网络的兴起让新闻聚合成为一种常见的新闻内容提供方式。在全球范围内,新闻聚合的类型既有网站型,如谷歌新闻、《赫芬顿邮报》等,阅读器型如 News360、NewsBlur 等;又有社交化型,如 BuzzFeed、红迪等;还有个人化型,如 NewsPrompt 等。新闻聚合的主流化使聚合类新闻平台深受网民青睐。与传统新闻内容服务模式相比,新闻聚合的优势在于信息传播平台通过技术完成新闻集合,并借助大数据向新闻用户精准推送,从而让网民实现"一站式"阅读。对于新闻编辑来说,新闻聚合不单单是集纳式地推送新闻,而是能将新闻聚合的媒介实践转化为一种编辑思路,即将算法以及相关阅读器的应用设计作用于新闻优质内容的制作与推送,不仅包括提供某一类新闻内容的超链接服务和专题策划服务,还要考虑文字、图片、视频、图表、动画等多媒体融合叙事方式,把新闻化零为整,主导新闻价值的发现与解读。

聚合思维意味着编辑运作模式从线性流程向具有整合特色的非线性流程转变。在编辑过程中,要围绕一个报道核心,把所有相关信息视为潜在素材,充分发掘信息之间的关联性,且在把握新闻整体效应的基础上,拓宽信息含量,加深信息挖掘,为用户提供全新的"悦读"服务,使新闻信息呈辐射状延伸至更多相关内容,还让用户处于轻松的浏览心境中。以 2018 年全国两会人民网报道为例,参照此前两会运用 360 度全景相机、谷歌眼镜、智能眼镜、VR

摄像机、移动视频直播等技术设备报道丰富内容的经验,此次人民网采用 AR、AI 等智能技术,在人民视频客户端采用直播、微视频、访谈等手段及时发力,创新"稿库传图"系统,引入智能机器人"汪仔"亮相新闻报道,全景式、全方位地透视两会,为受众提供集纳式新闻内容,成为受众了解两会的最佳方式。聚合思维是策略也是优化路径,"生成—聚合—再生成—再聚合"的智能化循环机制,让编辑活动拥有了数字机械工业的特征。

二是运用场景思维,进行立体化信息呈现。与 PC 时代的互联网传播相比,移动时代场景的意义大大强化,移动传播的本质是基于场景的服务,即对场景(情境)的感知及信息(服务)的适配。

案例 9.1 将场景置于读者手中:增强现实新闻报道的创新实践

在影视拍摄中,场景是为了剧情需要,通过人物在特定时间与空间内发生的行动或产生的关系构成的具体画面。罗伯特·斯考伯和谢尔·伊斯雷尔提出的场景五力——大数据、移动设备、社交媒体、传感器和定位系统直指受众对此情此景的实时需求。场景五力依托的技术是把物理空间变成了虚拟世界与现实世界融合的媒体界面,通过场景,整个世界成为一个增强现实的流动环境和可供受众观看的三维屏幕。场景在新闻报道中构建实时新闻动态,记者和编辑可用文字、镜头和录音设备搜集碎片化的真实信息,用 VR 和网络直播系统让网民身临其境,用定位功能直接呈现信息地点以提供场景信息,用二维码扫描延伸动画、动漫等信息内容,用图像识别应用程序,将数字内容整合到纸质版报道中。在美国,场景式新闻报道渐受青睐,如 ARc 与美联社合作,通过六个三维场景画面来解释特朗普财富帝国构成的新闻《唐纳德·特朗普的帝国》;在中国,场景意识也已显现,不仅人民网、新华网这样的国家级媒体注重开发场景传播信息,就连《成都商报》这样的地方媒体也正加大场景式新闻报道的开发力度。从新闻生产的角度看,场景置于新闻报道中,有助于增强新闻的可阅读性,极大地促进受众与新闻事件的互动。

典型案例

ARc 是 Empathetic Media 公司最近开发的一个增强现实新闻报道程序,该公司主要是与各个新闻机构合作,对一些新闻事件进行场景重建。ARc 提供的场景信息包括三维动画、地图、音频,以及叠加文本注释的信息图形。目前,该公司已经与《华盛顿邮报》、美联社、非营利媒体 ivoh 等媒体和社会组织合作,开发了 6 个增强现实新闻报道(截至 2016 年 12 月)。与以往媒体组织对增强现实的应用相比,ARc 提供了更加完整的新闻叙事报道和场景化信息,是增强现实新闻报道的一大进步。2016 年 5 月,《华盛顿邮报》与 ARc 合作公布了它的第一个增强现实新闻报道——《弗雷迪·格雷被捕事件》。2015 年 4 月,25 岁非洲裔美国人弗雷迪·格雷遭到巴尔的摩市警方逮捕。随后,格雷被塞入警车,在运送过程中,格雷陷入昏迷,在一周后死亡,他的死亡在巴尔的摩市引发了一系列的抗议事件。

以这一事件为背景制作的增强现实新闻报道,由 8 个三维立体场景构成,在每一个场景中,都嵌入了《华盛顿邮报》记者 Lynh Bui 对当时场景解释的音频旁白。

读者的增强现实体验始于警察对格雷的追捕,终于格雷心脏骤然停止,被送往医院。读者点击屏幕中的"眼睛"按钮,会显示3个功能按钮:音频叙述按钮(audio),是关于这一事件的音频叙事解释;场景按钮(context),提供文字解释;地图按钮(map),提供事发当时的位置信息。

(案例来源:张建中,《将场景置于读者手中:增强现实新闻报道的创新实践》,《新闻界》,2017年第1期。)

场景思维是新闻情景化的报道考量,也是一种多形态立体化报道的叙事理念,在当前新闻消费过度饱和、新闻内容同质化严重的信息过载时期,场景思维为新闻报道另辟蹊径,增加更多附加价值。当然,对编辑而言,实现场景思维需要对智能技术进行创造性应用,要能针对不同的新闻内容设计场景的呈现方式,还要能突破技术上的"花哨卖弄",把新闻转化成有意义的社会故事,体现新闻价值。

三是提供沉浸体验新闻认知。麦克卢汉经典概念"媒介即人的延伸"强调传播媒介对人体感觉中枢的影响。在媒介传播中,与人的感官最为接近的是听觉、视觉、触觉体验带来的身体快感。人工智能中VR、AR、传感器及音频技术在新闻报道中的使用直接改变了新闻报道"在场性"的形态,将受众带入幻真的视听世界,360度全方位的镜头与震撼的现场声之间,实现现实与虚拟的交融,满足受众对新闻报道场景与事实沉浸式扫描的客观认知。近年来,国内媒体利用人工智能视听技术涉及多个领域,奥运会、两会、演唱会、电视直播等都将VR和传感器作为亮点,打造身临其境的身体体验。为保证新闻信息的客观真实,传统媒体时代采用的第三人称报道形式转换为第一人称的逻辑叙述形式,使用户由传统媒体时期被动的观看者、旁观者变成新闻现场的见证者、参与者,用近似真实的场景体验与新闻对话,营造"共情共振"的情感氛围。不仅如此,大数据分析报道的可视化表现形式充分调动了复合型符号的内在意义,完成数据新闻的视觉化。在视觉框架内,数据不再简单、乏味,图标、页面背景与多线条的组版,构建了全新的数据关系和阐释空间。在人工智能应用中,人的感官不再局限于自己被困的现实环境,而是突破时空限制,进入虚拟的、具有艺术美学的、可触摸的新闻视域。

用感官接触外部世界是人类认识客观事物的重要途径。新形势下,新闻编辑的感官思维要实现两个目的:一要以人工智能为基础,运用数据判断客户的需求与喜好,进而根据新闻事件的性质选择合适的人工智能视听传播方式;二要考量新闻报道中屏幕页面的风格、布局、图片展示,与音频、视频的穿插等交互设计,以便为受众设立"同一页面多种感官"的信息接收场景。重视感官思维,能够调动受众的点击欲望和阅读兴趣,从报道全局提高报道平台的竞争力,提升用户体验质量。

四、联动思维与交互协同满足用户的能力

新闻传播领域人工智能与三方面因素相关:一是内容生产,二是信息监控,三是渠道分布。网络信息碎片化、浅阅读与移动交互的媒介属性决定了以往新闻作品不分目标受众、忽略受众需求的普遍"撒网"式的制作机制和分发形式已不合时宜。基于用户洞察的内容配置是当前网络编辑推动新闻的重要依据。为了更好地实现新闻传播的有效性,网络编辑需要培养联动思维,通过"联合"与"互动"新闻传播链条中的一些相关环节,加工精品,满足智能

媒体运行下的受众需求。

一是网络编辑需要与庞杂的网络数据、变量进行互动。智能分析的数据之间通常具有一定相关性,这种关联复杂凌乱,并非简单的线性连接,尽管人工智能可自制新闻,但对数据隐含的价值与意义的把握需要网络编辑进行把控和透析,网络编辑应善于从浩如烟海的数据中挑选有价值的信息,探索、判断和利用大数据生产出对受众有益的内容,帮助人们更好地理解数据反映的客观现实。

二是注重与其他编辑记者之间的互通。智能生产新闻并不意味着完成所有新闻类型的报道,当前机器人写作多集中于体育、财经等相对固定的版式新闻中,新闻报道的选题策划、深度报道、调查性报道、通讯写作、排版设计等工作仍依赖于"人"的操作。网络编辑要树立大编辑理念,实现编辑与编辑之间、编辑与记者之间的团队协作,充分发挥头脑风暴的优势,确立人机协同的报道框架。

三是创新互动传播,将网络新闻的及时性和交互性发挥到极致。移动社交网络的大众参与性使得UGC新闻生产模式备受网络新闻平台的重视。正如美国的亨利·詹金斯教授所分析的,当今世界已形成两大潮流:一是媒介间壁垒被逐渐打破,媒介融合速度和广度在不断推进;二是参与性文化蓬勃兴起,新技术尤其是互联网技术为受众创造了更多参与信息内容生产和实践的机会。用户的个人门户和留言帖的信息节点正在挑战大众媒体的中心地位,因此,积极与用户互动,维护与用户间的关系应纳入网络编辑的业务范畴。在与用户建立的联系中,网络编辑一方面需要利用技术潜入并及时把握用户提供的重量级信息,另一方面需要积极与用户沟通对话,建立互动和谐的人际交往关系,并在此基础上搜集整理有价值的信息,使新媒体提供的及时性与交互性能够充分得以发挥。

创造与创新是对人们已有知识经验进行改组或重建,从而在头脑中产生新的想法和形象。网络编辑工作具有独创性,无论何时,运用创造与创新思维从事新闻传播是编辑工作的常态。在智能媒体趋势下,网络编辑在创造与创新上集中于两个方面的内容:一是创造性地利用移动终端、大数据、传感器以及场景转换等智能技术所产生的资源,利用机器算法个性化地匹配用户需求;二是传播形态的创新,唤起受众的参与欲,通过建立场景、信息、受众三位一体的互动机制,提高新闻传播纵深互动效果。

典型案例

2017年《人民日报》在建军90周年之际,推出H5《快看呐!这是我的军装》(见图9-1)活动,上线两天浏览量破2亿,关注度与刷屏频度同时在线,让人们在过了一把军装瘾的同时,见证了媒体人在新技术、资源使用上的创造性及与受众互动的视觉创新。未来人工智能技术会越来越复杂,但也越来越有生机,网络编辑要能用好它,创作出更多优秀的、引起受众共鸣的新闻创意。

案例9.2　H5案例分享——《人民日报》:"快看呐!这是我的军装"

图 9-1 《快看呐！这是我的军装》活动页面

五、网络编辑的经营能力

现在网站通常的两大考核办法是以频道的 PV(pageviews,一定时间内用户浏览的页面数量)和广告上版额来作为衡量频道业绩的标准。前者是看频道内容的受众黏度,即给网站带来多少"人气",后者看这些"人气"能转换成多大的广告效益。虽然这种考核方法有失偏颇,无法衡量真正的新闻质量,但在一定程度上也说明了频道内容的价值。具体到编辑个人,可能每个人创造的价值无法全部量化,但是作为一个频道/栏目建设的参与者,个人的工作直接影响着整个频道/栏目的发展。因此,网络编辑需要具备一定的经营思想和经营能力,其经营能力应该体现在以下方面。①

一是重点抓好频道/栏目内容的品质和吸引力。

二是加强与用户的互动。如编辑应当在页面设计和栏目规划、专题制作时为网友提供尽可能多的参与平台,无论是调查、论坛、博客、微博、留言板,都要尽可能地配合内容提供入口,方便随时发表自己的言论;网络编辑还可以策划一些线上或线下的活动,增强频道的黏性。

三是主动推介公司产品及自己所在的频道。许多网络编辑在公司新产品推出后都会想方设法地把它应用到自己的频道中去。比如博客、微博等产品能在短时间内发展迅速,一个重要的原因是网络编辑利用自己的人脉资源进行大力推广。一些网站会规定每个网络编辑每月需要发展的普通博客用户以及"核心用户"的数量。一个"核心用户"可以抵扣大量的普通用户。随着网络媒体竞争日益加剧,发展"核心用户"已经成为网站考核网络编辑的重要指标。

四是通过搜索引擎优化(searchengine optimization,SEO)对自己的网站或频道进行网

---

① 李青:《试论媒体融合背景下网络编辑的媒介素养》,《今传媒》,2012 年第 4 期。

络营销。另一个增加网站浏览量的方法是与访问量高的网站交换友情链接。凡此种种方式都可以增加网站或频道的知名度,提升访问量,吸引广告客户,从而创造经济价值。

五是内容上必须加强与传统媒体的合作。大多数网站仍停留在从合作媒体上转载新闻,然后进行二次加工,通过"再创作"以专栏、专题等形式发布信息,因此网站内容同质化现象严重。在目前国家有关部门不能全面放开网站采访权的情况下,网站要想做好内容必须加强与传统媒体间的合作。

六是运营协调能力。网络编辑不能只靠一个人的力量,而需要协调各个部门的力量集思广益。网络编辑要具有一定的沟通与协调能力,充分利用各个部门的优势,发挥其最大的能力才能取得最佳表现。

加拿大技术哲学研究者安德鲁·芬伯格在《在理性与经验之间》中指出,每一次技术形态的变革,都在不同程度上冲击、调整或重塑着现实世界的结构、秩序以及人们的思维方式。[1]进入移动网络与智媒时代,新媒体技术与人工智能在新闻报道中表现出的优势给新闻业带来了革命性的影响。网络编辑思维转向的意义在于,网络编辑工作已经远远超越了传统媒体时期直观的线性思维,网络编辑应该重新思考媒体功能,应以事实真相的探求力量换取受众的信任,应善于将技术内化为指导思想,减少与避免技术产生的负面效应。网络与智能技术是媒体生存无法逃避的挑战,网络编辑唯有转换思维,提高对技术的理解与驾驭能力,适应调整业务内容,才能更好地实现"人机共生",彰显核心价值。[2]

附录

(一)拓展内容

编辑面临新问题:网络写作与文化生产

基于网络技术的超文本链接、跨通信运营商和跨操作系统平台等特点,微信公众号的界面呈现图文并茂、声乐共起、链接纷纭、设计讨巧,更像一份精美的图文杂志。"作为以定期推送为主要传播模式的微信公众号,其实质是一本兼具视听效果的活动杂志,运营公众号的个人或者机构及其团队就是一群传统意义上的杂志编辑。"这意味着公众号写作的形式尤为重要,包括标题、表情包、字体、字号、颜色、疏密,甚至分行、分段等,就连音频或视频链接,其视听效果都要有精致的考究,需要网络"小编"花心思来经营。从生产的角度看,高端网络公众号确实像是由相应网络红人或者文化机构及其团队专人打理的期刊。由网络文化时代的公众号写作可见,网络写作、页面呈现和后台管理各环节等都与网络编辑的关系重大。这样看来,在网络文化发达的当下,传统意义上的编辑理念和工作内容的内涵和外延都已发生了很大的变化。

传统出版理念下的编辑,指为以出版物为主的各种媒体在出版前进行的后期制作,包括文字、图像和声音的审核和校对,以及多媒体生成处理和制作。一般的文字编辑主要负责行文措辞、知识点描述、内容结构等,负责对选定内容进行细致化的整理和修改,是编辑的基础工作内容。但编辑的高级功能,不仅需要读懂某一种类型的图书,还要对专业性内容做出评

---

[1] 姚建华、郑春风:《云技术神话:现实起源、人类生存境况与不确定性的未来——评〈云端:动荡世界中的大数据〉一书》,《新闻界》,2017年第12期。

[2] 蒋琳:《智媒趋势下新闻编辑思维的转向与拓展》,《编辑之友》,2018年第10期。

审。因此,一本书、一篇论文或文章的出版或是发表与否,编辑有决定性作用。有些负责图书出版前端定位和服务的编辑,常被称为"策划编辑",因为这类编辑需要分析确定选题的方向、中心思想、学术真伪和理论价值等。

总体而言,编辑作为一种社会职业,是某一种具有专业素质,并从事该专业的文字工作的文职人员。

在当代,网络红人、文化机构及其团队对编辑的要求,并不只是为网络写作提供文字工作服务,而且需要基于新媒体运营的以"新媒体编辑"为代表的各类型复合人才。所谓"新媒体编辑",除了一般工作上所需的细心、敏锐观察力、良好沟通、清晰逻辑与分析能力之外,也需要有灵活的大脑,可以有源源不断的创意想象:热爱新媒体,热爱写作;敏锐的热点捕捉能力,能及时发掘网络热词、热句,擅长写段子。而规定的工作一般是负责公众号和微博的段子文案、设计四格漫画剧情和短剧剧情等。这样看来,在网络文化写作时代,编辑的工作内涵已移至最新创意征集、相关语言积累,甚至包括素材的发掘和相应的洗稿能力。

在网络写作时代,如何看待编辑和作者的关系?是互助合作关系,是传统的同志或朋友关系,还是雇佣式关系?编辑如果仅仅是负责文字方面的工作,那么其负责的选题的思想性和专业价值,由谁来判断?相关标准是什么?当前网络写作的创意、思想、议题和讨论,及其形成的张力、不确定性、不稳定性,这些在不在编辑的考虑之列?在感觉的共同体之内,搞笑娱乐的消费性、情感励志的沟通性和普及提高的文化教育又该如何平衡?更重要的是,相关写作的社会效应对当代本土文化所形成的影响或冲击,是不是在编辑考虑的范围内?高度的生产性和灵活性,与相应范围内的在地性和共同体的稳定性相比,孰轻孰重?这些或许是当代网络编辑、文化生产者乃至社会管理者所亟待考虑的根本问题。

另外,网络文化时代出现的互动性对传统编辑理念的调整也提出了要求。过去要求真诚为读者服务,与读者保持联系,征求读者意见,注意各层次需求,注重趣味性和提高相应的能力,现在则可能更需要注重互动和管理,一方面吸引读者,迎合消费,开发商机;另一方面又要留心控制,甚至排斥和"拉黑"。但此间仍然会出现网络时代的新问题。如何看待网络文化时代的编辑?网络时空里的写作、编辑和互动,是维持相互联系的原子化封闭个人,还是形成亚文化的激情群体?是保持网络分散化的个人主义和沉默,还是推进真正的意义沟通和交流?是推进网络交往和社会信任,还是停留于话语狂欢的煽情、敷衍和催眠?这些都是作为新兴的网络文化编创行业所必须面对的主体自觉,是行业自律的必然要求。当然,这些问题不只是相关行业单方面的事情,也是整个社会、广大公众乃至相关监管部门所亟须面对的问题。

(材料来源:陈雪虎,《网络写作的主体呈现、深层逻辑与编辑问题》,《中国编辑》,2017年第11期。)

(二) 参考文献

[1] 彭兰.无边界时代的专业性重塑[J].现代传播,2018(5).

[2] 曹林.扩张、驱逐与维权:媒体转型冲突中的三种博弈策略——以兽爷、咪蒙、呦呦鹿鸣争议事件为例[J].新闻大学,2019(6).

[3] 吴飞,唐娟.新媒体时代的新闻专业主义:挑战、坚守与重构[J].新闻界,2018(8).

[4] 詹春华.新媒体环境下如何坚守新闻专业主义[J].云梦学刊,2019(2).

[5] 杨奇光.媒体融合时代的新闻室矛盾:基于新闻可视化生产实践的考察[J].新闻大

学,2018(1).

［6］王立君,文婧.析论新媒体编辑应具备的素养与技能［J］.编辑学刊,2018(6).

［7］刘超.新媒体编辑的媒介素养论［J］.编辑学刊,2017(4).

［8］蒋琳.智媒趋势下新闻编辑思维的转向与拓展［J］.编辑之友,2018(10).

［9］甘险峰,邵延鹏.新媒体环境下编辑人才培养的再认识［J］.现代传播,2017(5).

（三）思考题

①与传统媒体编辑相比,网络编辑的媒介素养应在哪些方面有所提升？

②网络编辑应该如何看待自身把关权力的下降？如何正确处理？

③网络编辑为什么有必要承担起正确引导舆论的职责？平衡原则可能包括哪些方面？在编辑工作中应该如何把握平衡原则？

④人工智能的新闻业应用,对网络编辑提出了哪些新的观念和能力要求？

引用作品的版权声明

为了方便学校教师教授和学生学习优秀案例,促进知识传播,本书选用了一些知名网站、公司企业和个人的原创案例作为配套数字资源。这些选用的作为数字资源的案例部分已经标注出处,部分根据网上或图书资料资源信息重新改写而成。基于对这些内容所有者权利的尊重,特在此声明:本案例资源中涉及的版权、著作权等权益,均属于原作品版权人、著作权人。在此,本书作者衷心感谢所有原始作品的相关版权权益人及所属公司对高等教育事业的大力支持!